Thomas Brandlmeier

Douglas Sirk und das ironisierte Melodram

Douglas Sirk und das ironisierte Melodram

Thomas Brandlmeier

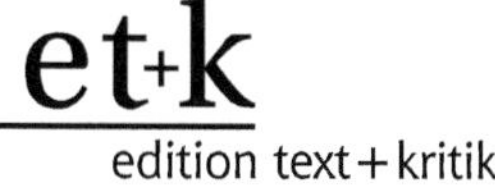

Gefördert durch die Stiftung Kulturwerk der VG Bild-Kunst, Bonn.

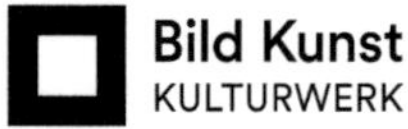

Bibliografische Information der Deutschen Nationalbibliothek
Die Deutsche Nationalbibliothek verzeichnet diese Publikation in der Deutschen Nationalbibliografie; detaillierte bibliografische Daten sind im Internet über www.dnb.de abrufbar.

ISBN 978-3-96707-610-3

Levelingstraße 6a, 81673 München
www.etk-muenchen.de

Umschlaggestaltung: Thomas Scheer
Umschlagabbildung: Douglas Sirk: WRITTEN ON THE WIND (1955/56)
Satz und Bildbearbeitung: Olaf Mangold Text&Typo, 70374 Stuttgart
Druck und Buchbinder: Beltz Grafische Betriebe GmbH, Am Fliegerhorst 8, 99947 Bad Langensalza

Inhalt

»Ich wette, dass mir seit den letzten großen Melodramen der Romantik keiner ein gültiges Stück zeigen kann, das heißt seit hundert Jahren.«

(Antonin Artaud, 1938)

Einleitung

Vom Theater zum Film

Douglas Sirk/Detlef Sierck (1897–1987) stammt aus einer Hamburger Bürgerfamilie. Den Ersten Weltkrieg verbringt er bei der Kriegsmarine. 1918/19 erlebt er als Sympathisant die Räterepublik in München. Er trifft Leviné und Landauer, später schreibt er ein (offenbar verlorenes) Theaterstück über die Räterevolution. Er studiert unentschieden Jura, Philosophie, Malerei und Kunstgeschichte, u. a. bei Panofsky und Cassirer; Albert Einstein erlebt er bei einer Präsentation der Relativitätstheorie. Blutjung kommt er zum Theater. 1920 Dramaturgie-Assistent, 1921 Dramaturg, 1922 Regisseur am Deutschen Schauspielhaus in Hamburg. Eine Blitzkarriere, eine Glückssträhne. Nebenher übersetzt er Shakespeare-Sonette, die skandalumwitterten homoerotischen, die die Fair Lady durch den Fair Boy ersetzen. Sirks Faible für das Ambivalente hat auch eine erotische Seite.

Auf dem Höhepunkt seiner Theaterlaufbahn war er Direktor des Alten Theaters Leipzig, von 1929 bis 1935. Er war ungeheuer produktiv, über 100 Inszenierungen, dazu Übersetzungen, Adaptionen, Bearbeitungen. Sirk inszenierte neben dem Repertoire die Expressionisten, die ›Dreigroschenoper‹ und noch 1933 Georg Kaisers ›Silbersee‹. Die ›Silbersee‹-Inszenierung (Musik: Weill, Bauten: Neher) setzte Sirk gegen SA-Randale durch. Nach diesem Abend, wie später Hans Rothe schrieb, ging der Vorhang über dem deutschen Theater nieder.[1] Die Anfeindungen gegen seine Theaterarbeit wurden so heftig, dass er 1935 die Intendanz niederlegte, um einer Entlassung zuvorzukommen. Sirk wollte emigrieren. Und für Sirks jüdische Frau, die Schauspielerin Hilde Jary, ging es um das blanke Überleben.

Sirk hat sich nach 1933 um eine Alternative als Filmregisseur bemüht und 1934 mit ersten kleinen Regiearbeiten bei der Ufa begonnen. Die Atmosphäre beim Film war noch freier als beim Theater. Und er arbeitete auf eine Emigration hin; deshalb wollte er sich als Filmregisseur für eine international brauchbare Arbeitsmöglichkeit qualifizieren. Allerdings wurde 1934 auch sein Reisepass wegen einer Denunziation eingezogen. Jahrelang lauerte Sirk auf eine Gelegenheit zu emigrieren. Von 1934 bis 1938 war er bei der Ufa beschäftigt. Zwangsläufig kam Sirk dabei zum Melodram, dem Lieblingsgenre der Bourgeoisie, aber auch dem einzigen Genre innerhalb der Filmindustrie, das ausdrücklich von der bürgerlichen Gesellschaft handelt.

Der melodramatische Rahmen wurde für Sirk zu einem Vehikel, Unbequemes, Unzeitgemäßes und Unangepasstes ins Kino des Dritten Reichs zu schmuggeln. Erleichtert wurde ihm dies durch seine Beschäftigung mit Brecht, der auch triviale und populäre Formen erfolgreich für seine Zwecke adaptiert hatte.

Der riesige Erfolg der Filme mit Zarah Leander, seiner Entdeckung, brachte ihm Ende 1937 einen Reisepass ein. Offiziell wollte er in Italien Drehorte besichtigen. Zwischenzeitlich wurde ihm ein neues Filmprojekt übertragen, es hieß ›Das Lied vom Gold‹. Zarah Leander wurde durch Lída Baarová ersetzt. Lída Baarová war die tschechische Geliebte von Goebbels und Sirk besaß plötzlich allerhöchste Protektion. Tatsächlich schlüpfte Sirk aber mit seiner Frau in einem Kloster in Rom unter, von wo sie in die Schweiz und dann weiter nach Frankreich fliehen konnten. In Paris kommt es zu einem letzten Versuch der Ufa, den Star-Regisseur zurückzuholen. 1939 emigriert Sirk mit seiner Frau über die Niederlande in die USA. Es ist das letzte Schiff, das die Niederlande Richtung USA verlässt. Er amerikanisiert seinen Namen Detlef Sierck in Douglas Sirk, legt sich in dem deutschfeindlichen Zeitklima eine dänische Herkunft zu und macht sich drei Jahre jünger, weil ein jüngeres Alter in Hollywood Gold wert ist.

Sein Start war hart. Vorverträge mit Hollywood, die ihm immerhin die Einreise in die USA ermöglicht hatten, platzten. Seine späte Emigration wurde ihm angekreidet, da die genauen Umstände nicht bekannt waren. Das wurde ihm noch lange nachgetragen, um seine Person und sein Werk zu verunglimpfen.[2] Als Hühnerfarmer war er zwar erfolglos, aber er lernte die amerikanische Kleinstadt aus nächster Nähe kennen. 1942 kam er wieder zur Filmregie, zunächst mit unabhängigen Produktionen und kleinen, sehr persönlichen Filmen. Ab 1948 arbeitete er unter dem Hollywood-Studio-System, ab 1950 für Universal, bald als deren Star-Regisseur. 1959, mit dem unglaublichen Erfolg von IMITATION OF LIFE im Rücken, hört Sirk auf zu filmen. Es folgen in den 1960er Jahren noch kleine Theaterarbeiten in Deutschland, in den 1970er Jahren drei Kurz- und Lehrfilme für das Fach Regie an der Hochschule für Fernsehen und Film in München.

Sirk als ästhetische Alternative

Sirk hat nicht nur Melodramen gedreht, aber in allen seinen Filmen sind melodramatische Momente prägend. Lange galt er deshalb als Melodramen-Regisseur schlimmster Sorte. Langsam entdeckt wurde Sirk erst ab den 1960er Jahren. Andrew Sarris schreibt 1963 in Film Culture: »Even in his most dubious projects, Sirk never shrinks away from the ridiculous, but by a full-bodied formal development, his art transcends the ridiculous, as form comments on content«,[3] und reiht ihn gleich nach den zehn Pantheon-Regisseuren ein. 1968, in seinem Standardwerk ›The American Cinema‹, übernimmt er diese Einschätzung.[4] 1966, im legendären Filmlexikon von Bellour und Brochier, heißt es: »Sirk ist der am meisten vernachlässigte Regisseur im ganzen amerikanischen Kino (...) eine der interessantesten und aufregendsten Personen der ganzen Filmgeschichte.«[5] 1967 bringen die Cahiers du Cinéma eine Sirk-Nummer heraus. 1971 erscheint Jon Hallidays grundlegender Interviewband ›Sirk on Sirk‹. Im selben Jahr kommt eine Sirk-Nummer von Screen heraus (Screen, Nr. 2, 1971). Und 1972 schreibt Thomas Elsaesser in seiner Zeitschrift Monogram über das amerikanische Melodram mit besonderer Würdigung von Sirk.[6]

Damals, zu einem Zeitpunkt, als unter engagierten Filmleuten eine heiße Debatte ausbrach, wie man im Kino ein Gegengift gegen die Bewusstseinsindustrie finden könne, war Sirk extrem umstritten. Den einen erschien er als Inbegriff melodramatischer Verlogenheit, den anderen als eine Art dritter Weg neben der Eisenstein- und Vertov-Linie: mit den Mitteln des populären Genre-Kinos arbeiten, aber es ironisieren, verfremden, übertreibend pointieren. Viele renommierte Regisseure wie Rainer Werner Fassbinder, Pedro Almodóvar, David Lynch, Quentin Tarantino oder Todd Haynes berufen sich auf Sirk. Von Fassbinder erscheint 1971 der legendäre Text ›Imitation of Life‹.[7] So, wie Werner Herzog mit seiner Entourage nach Paris zu Lotte Eisner pilgerte, fuhr Fassbinder mit seiner Mannschaft nach Ruvigliana am Luganer See zu Sirk. Aber auch Godard, der 1959 über A TIME TO LOVE AND A TIME TO DIE (1957/58) eine emphatische Kritik schrieb, hat sicher bei Sirk mehr gelernt, als er zugibt.[8] TOUT VA BIEN (1972), sein genial missglücktes Experiment, basiert auch auf einer klassischen Melodramen-Konstellation. Und Truffaut schreibt schon 1957, dass Sirks Melodramen »zum Besten gehören, was es in dieser Richtung gibt«.[9]

Es gibt kaum einen Text über Sirk, in dem nicht auf seine Ironie verwiesen wird. In diesem Buch geht es darum, den durchgängigen und vielfältigen Gebrauch ironischer Gestaltungsmittel nachzuweisen. Aber Ironie ist bei Sirk weit mehr als ein Gestaltungsmittel. Es ist der entscheidende Kunstgriff in seinem Werk. Durch Formen der Ironie gelingt es ihm, das populäre Genre des Melodrams zu bedienen und gleichzeitig zu kommentieren. Es ist sicher nicht übertrieben, von einem Brecht'schen Verfahren im Kino zu sprechen. Dieses Buch beschränkt sich auf Sirks Regiearbeit beim Film. Vieles kann nicht berücksichtigt werden, wie z.B. seine Zusammenarbeit mit

Produzenten, Autoren, Musikern, Filmeditoren, Ausstattern und anderen Partnern. Lediglich über die Zusammenarbeit mit Kameramännern wird kurz gesprochen, weil sie so wichtig ist.

Seine Theaterarbeit ist andernorts bereits abgehandelt.[10] Von 1963 bis 1969 inszenierte er wieder Theater in Deutschland. Nicht alle mochten seine zurückhaltende Regie, andere sahen ihn direkt neben Schweikart und Kortner.[11] Und Joachim Kaiser hielt seine Inszenierung von ›Der König stirbt‹ im Residenztheater München für »gelungener als in Paris«.[12] Sein ›Tempest‹ von 1965 (Residenztheater München) ist mir eine bleibende Jugenderinnerung. Auch kleinere Nebentätigkeiten als Autor, Versionenregisseur, Ideenlieferant, künstlerischer Berater etc. sind hier aus Gründen der Stringenz nicht berücksichtigt. Dafür sind manche Punkte dreimal in all ihrer Vielschichtigkeit behandelt. Relektüre als notwendige Redundanz: als Aspekt der Theorie, als technisch-stilistisches Problem und im Kontext des jeweiligen Films.

Heute ist Sirk anerkannt, viele der Vorbehalte gegen sein Werk sind durch eine umfangreiche Literatur, nicht zuletzt auch durch Sirks äußerst hilfreiche Selbsterklärungen, entkräftet. Sirk ist auch einer der letzten Regisseure der alten Garde, der Leute, die mit dem Kino groß geworden sind. Ein prägendes Kindheitserlebnis verdankt Sirk seiner Großmutter. Sie hat ihn, den Großbürgersohn, oft heimlich ins Kino mitgenommen; das Melodram als Guilty Pleasure. Sirk braucht man heute nicht mehr zu verteidigen. Ich will mich darauf beschränken, an exemplarischen Punkten aufzuzeigen, was Sirk mit der Form gemacht hat. Sirk ist auch der sehr seltene Fall eines Hollywood-Regisseurs, mit dem man über Euripides und Hebbel genauso diskutieren kann wie über Hegel und Derrida. Als ich das erste Mal etwas über Sirk schrieb, das war 1974, war Sirk wieder einmal ziemlich krank. Die Gerüchte über seinen Gesundheitszustand hatten sich so verdichtet, dass eine Schweizer Zeitschrift, die meinen Artikel nachdruckte, Sirk für tot erklärte. Als ich ihm das später erzählte, hat er sich königlich amüsiert. Sirks ausgeprägten Sinn für schwarzen Humor, Ironie und Doppelbödigkeit finden wir in seinen Filmen als Instrumente der Distanz. Auch im persönlichen Gespräch war für ihn die Ironisierung stets das Mittel der Wahl, um Distanz zu schaffen.

Danksagung

Mein Dank gilt den KollegInnen von epd-FILM, FILM-Dienst, Cinegraph, Filmmuseum München, Bundesarchiv Filmarchiv sowie Bibliothek und Archiv der Hochschule für Fernsehen und Film in München.

Der Reclam-Verlag hat freundlicherweise dem leicht veränderten Abdruck meines Textes über DAS MÄDCHEN VOM MOORHOF zugestimmt (aus ›Der NS-Film‹, herausgegeben von Friedemann Beyer und Norbert Grob, 2018).

Ohne die großzügige Unterstützung der Stiftung Kulturwerk der VG Bild-Kunst wäre dieses Buch nicht zustande gekommen.

Theorie. Mutter braucht Geld

»Mutter braucht kein Wasser, Mutter braucht Geld!«
(aus: Has Anybody Seen My Gal?)

Unter seinem bürgerlichen Namen Detlef Sierck drehte Sirk in den Jahren von 1935 bis 1939 in Europa seine ersten Filme. Sein ganzes Werk ist gekennzeichnet durch eine ungewöhnlich emotionale, ästhetisch gewagte Darstellung von Familienverhältnissen. Familienmelodramen werden Sirks Filme deshalb genannt, eine Kategorie, die in Sirks europäischem Werk in ihrer reinen, gewissermaßen idealen Form verwirklicht ist. In den USA werden seine Familienmelodramen handfester. Die Grundlage seines Werks bilden die beiden hier zusammengeschlossenen Begriffe ›Familie‹ und ›Melodram‹.

Das Melodram

»This is the dialectic – there is a very short distance between
high art and trash, and trash that contains the element of craziness
is by this very quality nearer to art.«
(Douglas Sirk)

»Dass man sich nicht täuscht, es gab kaum etwas, wie das Melodram;
es war die Moral der Revolution.«
(Charles Nodier)

»Racine schrieb über die Tragödie, sie rühre die Passionen auf, um dann zu zeigen, wie man sie der Räson konform mache. Die Räson war sicher für ihn die Sprache. Das Melodrama will ohne große formale Umwege möglichst direkt das Unbewusste der Zuschauer treffen. Es macht sie hilflos mit heftigen Konflikten, je unlösbarer die Verwicklungen, umso besser« (Frieda Grafe).[13] Begrifflich ist das Melodram weit hergeholt, insbesondere fragt man sich, was die filmischen Melodramen mit Melos und Drama zu schaffen haben. Sirk hat auf diese Verbindung immer größten Wert gelegt. Die nonverbale Wirkkraft von Musik unterstreicht ein Genre, das doppelt argumentiert, rational und emotional. Schubert in Lured und Meet Me at the Fair, Beethoven und Tschaikovskij in Schlussakkord, Beethoven und Chopin in Magnificent Obsession, Liszt und Brahms in All That Heaven Allows.

Und Songs aller Art, die einen musikalischen Kommentar liefern. Jeder kennt Melodramen, kann sie beschreiben und ist sich der Bestimmtheit des Begriffs gewiss. Nur bleibt die begriffliche Fassung vielfach bei der trefflichen Beschreibung stehen.

1971 verfasst Frieda Grafe einen kleinen Text, der die ästhetische und politische Problematik des Melodrams schön umreißt: »Das Melodrama ist staatserhaltend, letzte Ausprägung bürgerlicher Kunstkonzeption. (…) Das sind erste Behauptungen, keine Definitionen. (…) Nirgends ist die Rede von der Bedeutung, die wir meinen, wenn wir eine Situation, ein Stück Kunst als melodramatisch bezeichnen. Das ist ein Symptom. Das Melodram ist ein Gegenstand unterm Strich. (…) Das Leben ist das schönste Melodram, sagt Douglas Sirk und meint damit, dass seine Filme direkt aus dem Leben gegriffen seien: einfach Probleme unter einfachen Leuten. Doch ehe er sich's versieht, wird sein Joe Doe zum Superman, seine einfache Geschichte bekommt Dimensionen von shakespearischen Königsdramen. Sirks Filme sind das Künstlichste, was man sich vorstellen kann.«[14]

Inzwischen hat es sich rumgesprochen, dass das Melodram als Genre-Bastard eigentlich ein Supergenre ist, das sich jedes beliebige Genre einverleiben kann. Cawelti sagt: »Melodrama can contain all the other fantasies and often does.«[15] Und Eric Bentley erklärt schon 1967: »It is drama in its eternal form; the quintessence of drama.«[16] Das Melodram sollte eher als Gattung denn als Genre verstanden werden; dieses Problem ist auch die Achillesferse von Steve Neales Genretheorie.[17] Diese Universalität macht das Melodram fit für die Kunstform der kapitalistischen Modernisierungsschübe schlechthin. Seriöse Literatur zum Melodram versteht sich heute als Gesellschaftsanalyse. Die Literatur über das Melodram ist aber immer noch ein Musterbeispiel deskriptiver Wissenschaft. Über die gesellschaftliche Notwendigkeit des Melodrams erfahren wir meist wenig. Sirk selbst bekennt: »Das Melodram ist schwer zu definieren. (…) Die meisten großen Stücke basieren auf Situationen oder kennen Wendungen, die melodramatisch sind.«[18]

Die Vorgeschichte des Melodrams ist die Vorgeschichte des Bürgertums. ›Melodramma‹ hieß eine neue Form der musikalischen Selbstreflexion in den italienischen Renaissance-Metropolen. Emilio di Cavalieri verfasst 1600 das Melodramma ›Rappresentazione di Anima, et di Corpo‹. Da heißt es:

> »Corpo: Anima mia che pensi? / Perche dogliosa stai / Sempre trahende guai?
> Anima: Vorrei riposi e pace: / Vorrei diletto e gioia, / E trovo affano e noia.

> Corpo: Ecco, i miei sensi prendi, / Qui ti reposa, e godi / In mille varij modi.
> Anima: Non vo' più her quest'acque / Chè la mia sete ardente / S'infiamma maggiormente.«

> »Körper: Meine Seele, was denkst du? / Warum verbleibst du im Schmerz / Und bist immer hingezogen zu Trübsal?
> Seele: Ich wollte Ruhe und Frieden: / Ich wollte Entzücken und Freude, / Und treffe nur auf Kummer und Langeweile.
> Körper: Siehe, bediene dich meiner Sinne, / Die dir Ruhe geben, und erfreu dich / Auf tausend verschiedene Weisen.
> Seele: Ich will nicht mehr trinken von diesem Wasser / Das meinen brennenden Durst / Nur noch mehr entflammt.«

Das ist eine Form der Selbstreflexion, die bereits das bürgerliche Subjekt in seinem schmerzlichen Zerfall in Körper und Seele voraussetzt. Kein transzendenter Trost, nur Immanenz. Der Bürger ist ein Selfmademan, seines Glückes Schmied ebenso wie seines Unglücks. Der Beginn der großen Entfremdung. Der Bürger mag Probleme mit der Welt haben, aber macht daraus ein Problem mit sich selbst. Höhepunkt dieser Selbstbespiegelung ist Rousseaus Mélodrame ›Pygmalion‹ von 1762, weil hier das Moment der Selbstschöpfung hinzukommt.[19] ›Pygmalion‹ ist eine Pantomime mit Musik und Textvortrag. Pantomime spielte im frühen Melodram eine große Rolle, die Aufführungspraxis war dem Stummfilm, in diesem Fall dem Kinoerklärer, nahe.

Rousseaus Gleichstellung der Natur mit dem Guten – der Mensch ist von Natur aus gut – ist konstituierend für das Naturtheater des Melodrams. Dieser ganz und gar künstliche Naturbegriff ist ein ideologisches Vehikel: das natürliche Leben im Gegensatz zum unnatürlichen der Aristokratie. Sirk wird das Naturtheater vielfach aufgreifen und dekonstruieren. In den deutschen Filmen DAS MÄDCHEN VOM MOORHOF oder SCHLUSSAKKORD und in den amerikanischen Produktionen ALL THAT HEAVEN ALLOWS, WRITTEN ON THE WIND, INTERLUDE oder A TIME TO LOVE AND A TIME TO DIE.

Das Gute bei Rousseau ist gedoppelt, naturrechtlich und als Bien Commun. Es bildet später neben der Erfindung des Contrat Social und des Volonté Générale die ideologische Trinität der Französischen Revolution. Im ›Pygmalion‹ skandalisiert Rousseau aber sein Naturverhältnis, indem sich der empfindsame Mensch seine eigene Natur erschafft. Im Gegensatz zum Tier, das mit und in der Natur lebt, kann sich der Mensch darüber erheben und Kenntnis des Guten erwerben. Rousseau ist kein Vernunftfanatiker, wie viele Aufklärer. Empfindsamkeit ist in seinem Naturverhältnis genauso

Blumen

Blumen bei Sirk sind immer Totenblumen, für echte Tote, lebende Tote und totgeborene Liebe.

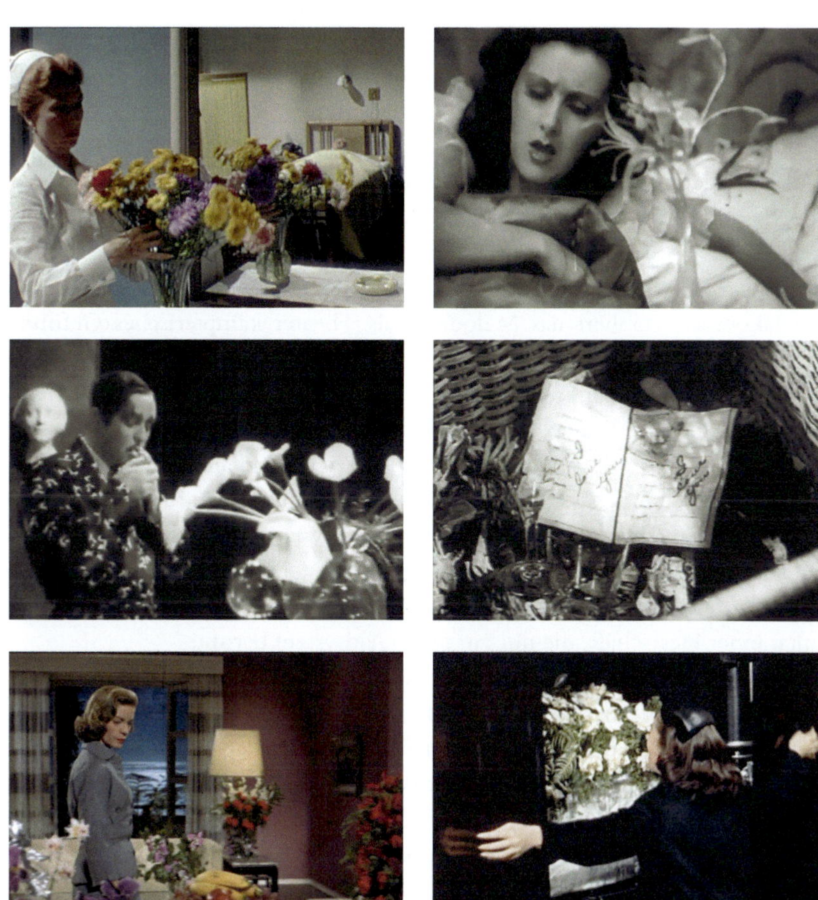

Beispiele aus: MAGNIFICENT OBSESSION, SCHLUSSAKKORD (2x), SUMMER STORM, WRITTEN ON THE WIND, IMITATION OF LIFE

wichtig wie Vernunft. Aber die Vernunft ist hilfreich für den natürlichen Hang zum Guten: »Der Mensch hat keine angeborene Kenntnis davon [des Guten, TB], aber sobald die Vernunft es ihn erkennen lässt, veranlasst ihn sein Gewissen, es zu lieben.«[20] Sein Erziehungsroman ›Émile‹ ist der ›Pygmalion‹ als pädagogische Theorie. Ich sage ausdrücklich Theorie, denn in der Praxis hat Rousseau seine Kinder in ein Waisenhaus abgeschoben.

Die Französische Revolution ist die Geburtsstunde des Melodramen-Theaters. Die Zahl der Theater in Paris explodiert, aber die Hits sind nicht Corneille oder Racine, sondern Pixérécourt und – was hierzulande kaum bekannt ist – Schiller, meist gekürzt auf die melodramatischen Momente. Dieser Wechsel im Programm entspricht ziemlich genau auch den beiden Schauspieltechniken, die Diderot in seinem ›Paradox sur le comédien‹ diskutiert: rational kontrolliert vs. mitbewegt. Pixérécourt, obwohl selbst alles andere als ein Jakobiner, etabliert das Melodram als Theater kämpferischer Gefühle. Bürgertum gegen Adel, Kleinbürger gegen Großbürger, später auch Proletarier gegen Kapitalisten, in jedem Fall Unten gegen Oben sind konstituierend für das Melodram. Eine Art umgekehrte Ständeklausel. Charles Nodier sagt 1835 über Pixérécourt, er schreibe »die einzige populäre Tragödie, die zu unserem Zeitalter passt«.[21] In dieser Gesellschaft stürzt man in keine namenlosen Untiefen mehr. Die Helden kleben an ihr wie an einem Kaugummi und landen immer in demselben Sumpf allgemeiner Gleichheit und Freiheit, wie sie in der entwickelten kapitalistischen Gesellschaft durchgesetzt sind als Resultat einer Herrschaft, die nur auf dem Geldsystem beruht.

In dem manichäischen Gegensatz von Held und Schurke ist die Theorie der edlen Gefühle wirksam. Wenn man diese vom Kopf auf die Füße stellt, wird sie zur Praxis des selbstsüchtigen Subjekts (Schurke). In der Politik heißt das so: »Das Prinzip republikanischer Regierung ist die Tugend; oder, wenn nicht, Terror« (Saint Just).[22] Aufgabe des Melodrams ist es, »to ›prove‹ the existence of a moral universe«, wie Brooks sagt.[23] Die Tugend ersetzt die Religion, das Melodram ist säkular oder pseudoreligiös. Spätere Melodramen ab Victor Hugo führen ambivalente Figuren ein, das Melodram wird psychologisch. Sirk schätzt ambivalente Figuren in einer sehr melodramatischen Variante als schizophrene Figuren, die zwei Seiten derselben Medaille zeigen. Im Film noir ist die Ambivalenz Programm.[24]

Ambivalenz im Melodram ist Spaltung im Reich der Suture, die vernäht wird. Das Melodram zeigt das Geldsystem in seiner Ideologie und seiner praktischen Wirkung. Das Geld ist sächlich und kennt keinen Unterschied außer seiner quantitativen Bewegung und den derselben immanenten Störungen. Unterschieden in seiner quantitativen Bewegung weist sich das

Geldsystem aber als Ungleichheit und Unfreiheit aus, ohne die schon begrifflich das System der Freiheit und Gleichheit nicht existieren könnte. Dem Schein von Freiheit und Gleichheit stehen die Normen und Zwänge gegenüber, die die Unfreiheit und Ungleichheit zementieren. Das Melodram korrespondiert mit der Logik des Geldsystems, beides ist ambivalent in sich selbst. Ben Singer schreibt über das Melodram: »Everyone is in competition with everyone else. (…) Melodrama, in short, was at the center of a culture war, one that essentially was also a class conflict.«[25]

Die Entstehung des heutigen Melodrams folgt auf die Zeit der großen Dramen, in denen das Bürgertum um Menschenrechte und politische Macht kämpfte. »Hegels Systematik folgend, scheint in der theatralen Durchführung des Dramas die Geburt des bürgerlichen Menschen als eines handlungsfähigen Subjekts buchstäblich in Szene gesetzt« (Hermann Kappelhoff).[26] Im Melodram erweist sich die Gefühlswelt dieses handlungsfähigen Subjekts als durchaus fremdbestimmt. In einer Art Wiederholungszwang versichert sich das Publikum in immer neuen Varianten des ideologischen Regelwerks seiner Gefühle. Das Ganze erinnert stark an eine erträumte Wirklichkeit und den Freud'schen Familienroman. Der Triumph des halbseidenen Melodrams gehört zu einem Stadium der bürgerlichen Gesellschaft, das es zu keinem echten Drama mehr bringt. Vieles, was unter der Kategorie Drama segelt, ist längst melodramatisch vergiftet. Stücke von Ibsen, Hauptmann, Sudermann, Werfel, Schnitzler, Wedekind sind deshalb häufig Ansatzpunkt für Melodramen; Murnaus FAUST gehört auch hierher.

Symptomatisch für die heutige Situation ist das Statement Dürrenmatts, dass man heute keine Dramen mehr schreiben kann, sondern nur noch Komödien. Aber dass sich keiner täuscht: Heinrich George in STÜTZEN DER GESELLSCHAFT oder Ferdinand Marian in LA HABANERA sind in ihrem Scheitern an immanent unauflösbaren Widersprüchen der Gesellschaft durchaus tragische Figuren im klassischsten Sinn, nur werden Sirks Filme dadurch noch keine Tragödien. Das vielbelächelte Verdikt von Arnold Hauser hat durchaus seine Berechtigung: »Das Melodrama ist nichts als die popularisierte, wenn man will, verdorbene Tragödie. (…) Das Melodrama ist alles nur keine spontane und naive Kunst, es befolgt vielmehr die raffinierten, in einer langen und bewussten Entwicklung gewonnenen Formprinzipien der Tragödie.«[27]

Im Melodram wird der Deus ex Machina durch das Happy Ending ersetzt.[28] Sirk geht noch einen Schritt weiter: »Ob aber das Leben, nach dem diese Menschen suchen, jemals erreicht werden kann, lassen meine Filme gewöhnlich offen, oder verdecken die Antwort mit einem unhappy Happy-

End.«[29] Während der Deus ex Machina gemessen an der Ausweglosigkeit der klassischen Tragödien wie ein Wahnsinnsakt wirkt, ist der Hoffnungsschimmer zu Ende von Sirks Filmen häufig nur der Rekurs auf verlorengegangene Illusionen. Das kleine Glück, das realisiert wird, ist oft nur die Rückkehr zur Ausgangssituation. Das Unhappy Happy Ending ist die adäquate Schlussfigur seiner im Sande verlaufenden Filme: da capo. Seine Filme steuern zielstrebig auf Verlaufsformen gesellschaftlicher Widersprüche zu, da sie sie nicht zu lösen vermögen. Der Bürger hat eigentlich ein Problem mit der Gesellschaft, aber in seiner Unfähigkeit, dies zu realisieren, macht er daraus ein Problem mit sich selbst, ein psychisches Problem. Sirk formuliert das als »Unmöglichkeit des Menschen, Einfluss zu nehmen auf Gestaltung und Gang seines Lebens, kurz eine irrationale und tief pessimistische Welt.«[30]

Der Witz, dass eine solche Art von ›schaumgebremstem‹ Drama sich Melodram nennt, scheint wohl aus der vermeintlichen Seichtheit des italienischen Melodramas zu entspringen. Der Einsatz der Filmmusik bei Sirk ist durchaus dramatisch und in SCHLUSSAKKORD und INTERLUDE ist die Musik konstituierend für das Melodram. Sirk, der gerne kokettiert, sagt, er wisse nicht so recht, was ein Melodram ist, bringt aber die überschwellende Emotion mit dem Melos in Verbindung. Im Körper des melodramatischen Darstellers wirken Musik und Gefühl zusammen. »Über die Musik wird das melodramatische Kino zu einem Kino des Körpers« (Michael Palm).[31] Das synästhetische Empfindungstheater ist eine genuine Schöpfung des Melodrams. Später hat der Melodramatiker Wagner den Begriff Gesamtkunstwerk geprägt. Für diese Verbindung gibt es im Filmteil dieses Buchs eine Vielzahl von detaillierten Analysen.

Als zentralen Begriff des Melodrams nennt Sirk den Zufall.[32] Besonders rein ist das Prinzip Zufall in SCHLUSSAKKORD verwirklicht: Eine Mittelstandsfamilie mit der Erfahrung des gesellschaftlichen Abstiegs ihres Stands. Der Vater, in dunkle Geschäfte verwickelt, erschießt sich. Das Kind wird von einem Dirigenten adoptiert. Die Mutter wird Kindermädchen bei eben dem Dirigenten. Die Frau des Dirigenten betrügt diesen und begeht Selbstmord. Schließlich wird wieder eine Familiengemeinschaft hergestellt durch die Heirat des Dirigenten mit der Mutter seines Adoptivkinds. Die Realität der bürgerlichen Gesellschaft, in der die blindwütige Zufälligkeit der ökonomischen Entwicklung die berühmte ›Chance für Jeden‹ eröffnet, ist der Hintergrund des Melodrams. Bei Sirk aber ist das Prinzip Zufall verinnerlicht in die Familie hereingenommen, und in dieser verinnerlichten Form liegt denn auch der Ermöglichungsgrund dessen, was Sirk »überschwellende Emotion« nennt.[33]

Kant denkt Rousseau weiter, indem Moral und Vernunft zusammenfallen. Im Melodram ermöglicht dies der Zufall. Der Zufall ist gewissermaßen Agent der bürgerlichen Moral. »Alles Zufällige hat eine Ursache« (Kant).[34] Den Zufall in der Poetologie kennen wir in verschiedenen Gestalten. Er bringt die Personae Dramatis zusammen und zerschlägt den melodramatischen Knoten. Er kulminiert in der poetischen Gerechtigkeit, dem Deus ex Machina, und dem Happy Ending. Immer muss der Zufall herhalten, um die Ideologie zu kitten. Man braucht hier nach der Ursache des Zufalls nicht lange suchen. Da bei Kant Vernunft und Moral zusammenfallen, resümiert er über die moralischen Gesetze: »Mithin gehören diese allein zum praktischen Gebrauche der reinen Vernunft.« Und verknüpft dann diese Gleichung mit dem Glück: »Ich sage demnach: dass eben sowohl, als die moralischen Prinzipien nach der Vernunft in ihrem praktischen Gebrauch notwendig sind, eben so notwendig sei es auch nach der Vernunft, in ihrem theoretischen Gebrauch anzunehmen, dass jedermann die Glückseligkeit in demselben Maße zu hoffen Ursache habe, (...) und dass also das System der Sittlichkeit mit dem der Glückseligkeit unzertrennlich, aber nur in der Idee der reinen Vernunft verbunden sei.«[35] Sprich: Das Glück ist mit dem System der Sittlichkeit untrennbar verbunden, aber nur in der Theorie. Über die Praxis werde ich im nächsten Kapitel noch schreiben. Kant entwickelt so einen Tugendbegriff, der bestens zur Verehrung von Tugend und Vernunft in der Französischen Revolution passt: »Die Tugend also, so fern sie auf innerer Freiheit gegründet ist, enthält für die Menschen auch ein bejahendes Gebot, nämlich alle seine Vermögen und Neigungen unter seine (der Vernunft) Gewalt zu bringen.«[36]

So muss in SCHLUSSAKKORD das Wellenmeer des atlantischen Ozeans herhalten, um die Gefühle einer Mutter darzustellen, und gleichzeitig spülen die Wellen des Ozeans ganze Schichten gesellschaftlicher Realität weg, bis nur noch deren verinnerlichte Erscheinungsformen übrigbleiben. Verarmung, Tod des Mannes und schließlich Verlust des Kindes reduzieren sich Stück für Stück, bis nur noch die Liebe der Mutter zu ihrem Kind übrig bleibt; und um dies letzte, was ihr noch geblieben ist, zu realisieren, muss sie sogar noch zur Dienerin ihres eigenen Kindes werden. Natur und Zufall, Tugend und Glücksversprechen wirken auf wunderbare Weise zusammen. Diese vermittelten Erscheinungsformen der Familie in der bürgerlichen Gesellschaft sind der eigentliche Gegenstand in Sirks Filmen. Das Melodram ist also die klassische Form, in der die Konflikte der bürgerlichen Gesellschaft im Privaten, Familiären und Emotionalen ausgetragen werden. Der Genre-Bastard ist durch eine klischeehafte Abstrahierung der gesellschaftlichen und familiären Erscheinungsformen, durch eine idealistische (und ganz und gar unwahrscheinliche) Dramaturgie und einen Exzess der Form gekennzeichnet. Das Melodram hat sich mit der politischen, sozialen und ökonomischen Herausbildung des Bürgertums entwickelt. Synchron mit der Veränderung der bürgerlichen Verkehrsformen verläuft die Evolution des Melodrams.

Die Familie

»Die Bürde der Ehe trägt sich leichter zu dritt.«
(aus: A Scandal in Paris)

Hegel, Zeitgenosse der bürgerlichen Revolution und Hofphilosoph des Bürgertums zu seiner Glanzzeit, hat in seinem Werk in einzigartiger Weise die Philosophie der Familie aus der höchsten historischen Form, der bürgerlichen Gesellschaft, entwickelt. Er wird damit zum dritten Theoretiker und philosophischen Wegbereiter des Melodrams. Was dabei als Idee der bürgerlichen Familie monolithisch dasteht, entspricht in geradezu frappierender Weise den deutschen Sirk-Filmen, nur dass bei Sirk diese idealen Formen mit der schmutzigen Wirklichkeit zu kämpfen haben und die für die Realität gehaltenen ideologischen Formen sich als das ideale Abbild, das Lichtbild dieser Realität erweisen.[37] So ist bei Hegel die bürgerliche Familie die aufgehobene bürgerliche Moral, denn Hort der Moral kann nur die Gemeinschaft sein. Diese Gemeinschaft wiederum ist auf die kleinste Monade geschrumpft, Konstituens der Familie ist das Geschlechtsverhältnis der vereinzelten Individuen; Gens, Sippe, Großfamilie sind endlich bei der Ausschließlichkeit zweier Individuen angelangt. Dieser Moment kündigt sich schon am Ausgang des Mittelalters im Minnesang an, kommt aber erst zu seiner vollen Bedeutung, wenn bei allgemeiner Konkurrenz das vereinzelte, selbstsüchtige ökonomische Subjekt durchgesetzt ist. Hegel wird so zum dritten wichtigen Theoretiker des Melodrams.

Hegel hat den Widerspruch zwischen Gemeinschaft und ökonomischem Subjekt ins Positive formuliert: »Um des absoluten natürlichen Einsseins (...), worin der Gegensatz der Persönlichkeit und Subjekts aufhört, ist der Überfluss nicht ein Eigentum des einen; denn die Indifferenz ist nicht formal nach dem Rechte. Es fällt, also auch aller Vertrag[38] über Eigentum, Dienstleistung und dergleichen hinweg; denn alles dies gründet sich auf die Voraussetzung eigener Persönlichkeit.«[39] Dies gerade ist aber die Tragik eines George (Stützen der Gesellschaft) oder Marian (La Habanera). Sie scheitern an der Anforderung, gerade in der Familie nicht das sein zu sollen, was sie als Individuen in der Gesellschaft sind – oder in der Familie nicht eigene Persönlichkeit sein zu sollen, weil das, was diese ausmacht, nämlich selbstsüchtiges ökonomisches Subjekt zu sein, sich gerade nicht mit Gemeinschaft verträgt. Beide bringen ihren ökonomischen Charakter mit dem Familiären nicht zusammen. Unternehmer oder Grundbesitzer zu sein kollidiert mit Ehefrau, Kind oder Bruder. Am deutlichsten wird das, wenn das eine das andere zu vernichten droht. Die Schiffskatastrophe, die der Reeder im einen Fall, die Tropenkrankheit, deren Verbreitung der Plantagenbesitzer im anderen Fall aus ökonomischer Selbstsucht verursacht, richtet sich in beiden Fällen gegen das Kind.

Das Kind aber ist die geheiligte Substanz der Familie. »In dem Kinde ist die Familie selbst ihrem zufälligen empirischen Dasein, oder der Einzelheit ihrer Glieder entrissen (...) Das Kind ist gegen die Erscheinung das Absolute, das Vernünftige des Verhältnisses und das Ewige und Bleibende, die Totalität, welche sich als solche wieder produziert.«[40] Und so ist es nur konsequent, dass, wenn die Liebe schon längst erloschen ist, das Kind das Einzige ist, was noch bleibt, dass die Eltern auf diese Inkarnation ihrer Liebe immer noch manisch fixiert sind. In La Habanera schließt sich Zarah Leander mit ihrem Kind im selben Maße ein, wie der nicht auf Liebe, sondern auf der ökonomischen Macht ihres Mannes beruhende Charakter ihrer Ehe offenbar wird. Und in Schlussakkord wird die Mutter tatsächlich zur Dienerin ihres eigenen Kindes.

Gleichzeitig beinhaltet aber die Liebe zum Kind nicht nur das Vernünftige des Eheverhältnisses, sondern auch die Voraussetzung desselben, die Rationalität der Gesellschaft. Heinrich George (in Stützen der Gesellschaft) spricht es anlässlich der Enthüllung seiner Büste überdeutlich aus: Diese Büste steht nicht für seine Person, sondern für seinen Sohn, da alles, was er tut, für seinen Sohn getan ist, und da alles, was er für seinen Sohn tut, beinhaltet, sein Sohn soll ihn, den großen Unternehmer, noch an Größe übertreffen. Im Inhalt der Liebe selbst reproduziert sich nochmals die Gesellschaft. Die ganze Elternliebe enthüllt sich als Mittel, um das durchzusetzen, was die Gesellschaft an allgemeinen Anforderungen stellt. Wenn George mit seinem Sohn Indianer spielt, ist das eine Sache, wenn der Sohn zu den Indianern durchbrennt, ist das eine Katastrophe.

In den späteren amerikanischen Filmen von Sirk taucht dieses Thema so nicht mehr auf. Entweder sind die Kinder schon erwachsen oder sie gerieren sich wie kleine Erwachsene und tragen ihrerseits die internalisierten gesellschaftlichen Ansprüche an die Eltern heran. Die Kinder haben sich schon damit abgefunden, dass es keine Liebe geben kann, wo die Liebe immer für etwas anderes stehen muss, nämlich die Bedingungen, die das Geldverhältnis an Ehe und Kindererziehung stellt. Bei Sirk wird der rührend sentimentale Schleier des Familienverhältnisses gesponnen und zerrissen zugleich. Für die Familie, in der als ökonomische Einheit die gesellschaftlichen Verhältnisse in der Gemeinschaft aufgehoben sein sollen, stellt sich in der ökonomischen Unabhängigkeit der Frau ein drittes Problem. Es handelt sich dabei einerseits um einen Anachronismus, den die bürgerliche Familie noch an sich trägt, da die Einbeziehung der Frau in den Arbeitsprozess der Industriegesellschaft alle historischen und kulturellen Schranken der Geschlechter zunehmend niederreißt, andererseits ist dies aber das klassische Konstituens der bürgerlichen Familie, da die Égalité dieser Emanzipation jede dauerhafte Gemeinschaft selbst destruiert. Nicht zu vergessen: Eine der großen Errungenschaften der Französischen Revolution war die Scheidung.

Sirks Ufa-Filme sind auf die klassische Form der Familie beschränkt; in seinen späteren Filmen ist die Beseitigung dieses Anachronismus nicht weit vorangeschritten. Der Trennungsstrich ist bei Sirk sehr scharf gezogen; solange die Frau selbstständig ist, kommt die Familie gar nicht zustande, wie in Zu neuen Ufern, später auch in All I Desire oder Imitation of Life. Diese Sirk-Heroinen sind dann gleich das Gegenteil vom Bild der zurückgezogenen Frau: Schauspielerin, Sängerin, Show-Business. Die Ehefrauen in Sirks Ufa-Filmen aber sind ganz in die Ehe integriert, sie tragen keine ökonomischen Probleme in die Ehe, sie bringen keine ›eigene Persönlichkeit‹ ein, sie sind vielmehr euböische Inseln, auf denen man sein geplagtes Haupt ausruhen kann. Bei Dion, in einem abendländischen Schlüsseldokument, heißt es: »Neben dem Mann saß die Hausfrau. Und eine Tochter in heiratsfähigem Alter wartete auf. (...) Ich kam nicht umhin, diese Menschen zu preisen und sie für die glücklichsten von allen Menschen, die ich je kannte, zu halten.«[41] Diese Ehefrau definiert sich später als Bürgersfrau über ihre Schlüsselgewalt. In La Habanera wird Zarah Leander nach ihrer Hochzeit die Schlüsselgewalt ausdrücklich und mit institutioneller Gewalt zuerkannt. (Später, in All I Desire, wird sich das mit Barbara Stanwyck wiederholen.) Die ökonomische Unabhängigkeit der Frau innerhalb der Familie entwickelt zugleich ökonomische Abhängigkeitsverhältnisse, die sie einerseits an die Ehe ketten, die andererseits jeder wirklichen Gemeinschaft den Boden entziehen.

Die Ehefrau in Schlussakkord (Lil Dagover) mag Willy Birgel betrügen, ihn zu verlassen wird ihr nicht gelingen. Die Frau des Dirigenten könnte sich ja scheiden lassen, aber ihre Identität als Ehefrau hat sie bereits verschlungen, mit dieser Identität würde sie ihren hohen sozialökonomischen Status verlieren. Ihre Liebe ist ganz davon abhängig, was der Mann repräsentiert; gesellschaftliche Stellung und Besitz muss er haben, ohne das gibt es keine eheliche Liebe. Im Adjektiv der Liebe sind aber die ökonomischen Verhältnisse, und deshalb kann der Mann die Liebe auch fordern, und weil er sie fordern kann, ist das Geschlechtsverhältnis ökonomisches Mittel und keine Liebe. Das muss Zarah Leander in La Habanera erfahren. Alle Exotik erweist sich als persönlicher Besitz von Don Pedro. Im Verlauf ihrer Ehe bleibt schließlich von aller Exotik nichts anderes übrig als Don Pedros Herrenhaus, wie ein Gefängnis mit einem Innenhof und vergitterten Fenstern, und die Räume, in denen sich Zarah Leander selbst nochmals einschließt mit zugezogenen Vorhängen, gitterartigen Jalousetten und hölzernen Rippen, die überall ihre langen, streifigen Schatten werfen. Aber auch Don Pedro erscheint mitunter in diesem visuellen Stil: Er ist ein Gefangener seiner selbst, einer, der nicht aus seiner Haut kann.

Im Gegensatz zu den Herrschaftsverhältnissen in der Gesellschaft sollten diese in der Familie aufgehoben sein. »Diese Indifferenz des Herrschafts- und Knechtschaftsverhältnisses, in welcher also die Persönlichkeit und die Abstraktion des Lebens absolut eins und dieselbe ist und dies Verhältnis nur als das Äußere, Erscheinende, ist die Familie« (Hegel).[42] Denn die eheliche Liebe zu ökonomisieren ist gleichbedeutend mit deren Verlust: »Was aber nach dem Verhältnisse des Kontrakts zum Eigentum des anderen werden sollte, könnte schlechthin nicht in seinen Besitz kommen. Es bleibt, da das Verhältnis persönlich ist, Eigentum der Person, wie überhaupt an sich kein Kontrakt über persönliche Dienste möglich ist, da das Produkt allein, nicht das Persönliche in den Besitz des andern übergehen kann. Der Knecht kann, als Ganzes der Persönlichkeit, Eigentum werden, und so auch die Frau; aber dies Verhältnis ist nicht die Ehe (...) denn eben insofern sie in der Ehe sich frei geben soll, gibt sie mit sich selbst, und ebenso der Mann, die Möglichkeit des Kontraktes auf (...) Durch einen positiven Kontrakt aber würde jedes sich zu einer Sache machen, die in Besitz ist, seine Persönlichkeit als eine Bestimmtheit seiner selbst setzen, an welche es zugleich absolut gebunden ist; aber als freies Wesen muss es keiner Bestimmtheit sich absolut verbunden betrachten, sondern als Indifferenz derselben (...) aber sich als absolute Sache, als absolute Verbindung mit einer Bestimmtheit setzen, ist die höchste Vernunftwidrigkeit und Infamie« (Hegel).[43]

Was Hegel an der Unmöglichkeit des Kontrakts konstruiert, ist die Grundlage für die Zwitterhaftigkeit von Don Pedros Herrenhaus als Gefängnis. Es ist Gefängnis und Nicht-Gefängnis zugleich, da das Verhältnis auf freiem Willen beruht (hölzerne Rippenvorhänge und deren Schatten sind eben das Gefängnis, das sich Zarah Leander selber macht!). Wer in dieser Gesellschaft

Durchblicke

Durchblicke dienen als Mittel der Distanz.

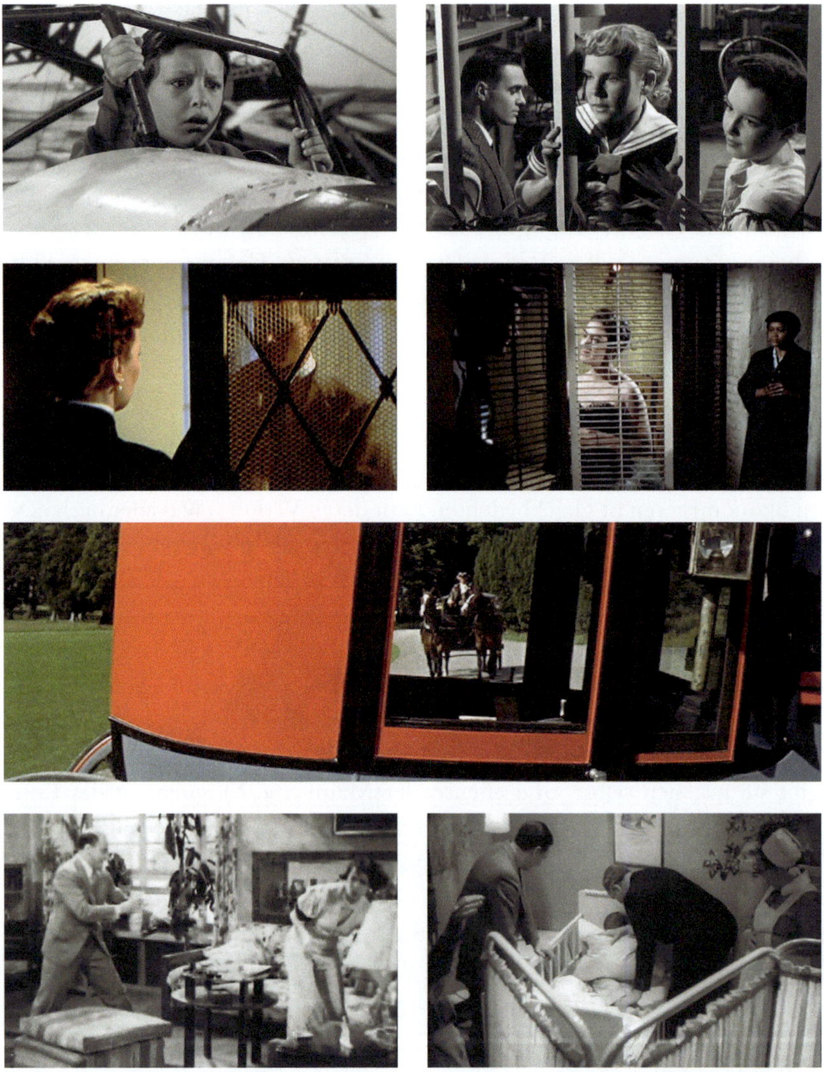

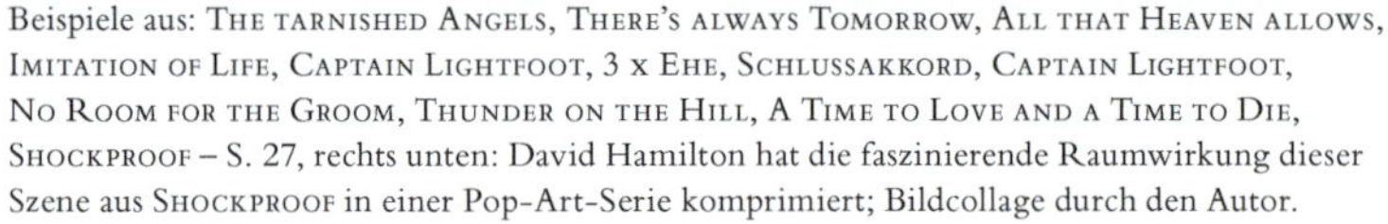

Beispiele aus: The tarnished Angels, There's always Tomorrow, All that Heaven allows, Imitation of Life, Captain Lightfoot, 3 x Ehe, Schlussakkord, Captain Lightfoot, No Room for the Groom, Thunder on the Hill, A Time to Love and a Time to Die, Shockproof – S. 27, rechts unten: David Hamilton hat die faszinierende Raumwirkung dieser Szene aus Shockproof in einer Pop-Art-Serie komprimiert; Bildcollage durch den Autor.

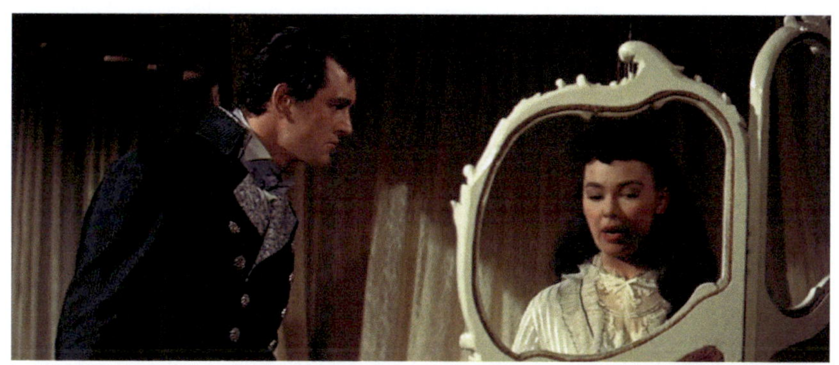

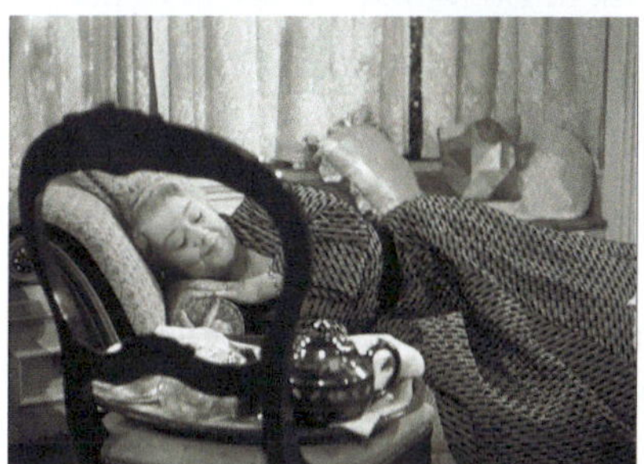

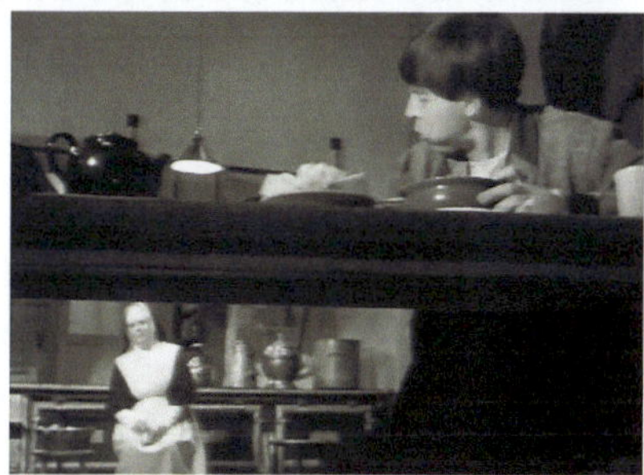

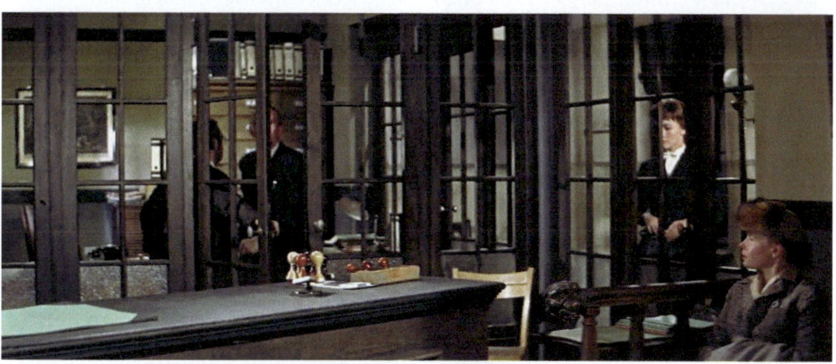

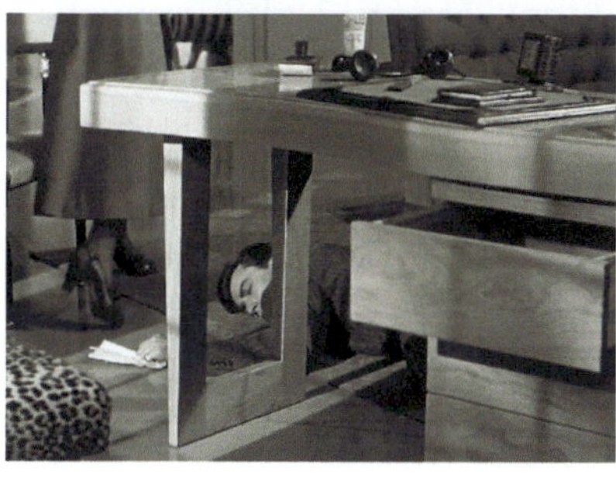

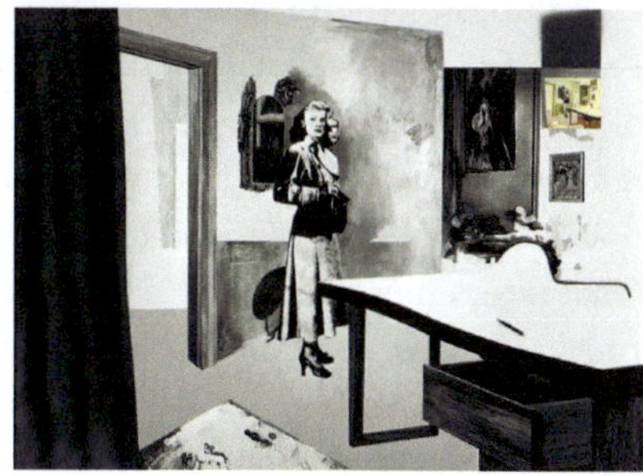

über seine Unterdrückung klagt, spricht sich selbst das Urteil des Selbstbetrugs, da in dieser Gesellschaft alle Abhängigkeitsverhältnisse auf freier Übereinkunft beruhen. Und so ist auch die Ehe Gemeinschaft und Nicht-Gemeinschaft zugleich; sie ist Gemeinschaft, aber nicht die, die sie sein soll, sondern die »Gemeinschaft der Ehefrauen« (Marx/Engels).[44] Der Schicksals-Gemeinschaft der Ehefrauen steht die Doppelmoral des Patriarchats gegenüber. So steht es Willy Birgel frei, Zarah Leander an neuen Ufern nachzusetzen, aber nicht um der Ehe willen, sondern trotz der Ehe. Und schließlich der Doppelcharakter der Liebe: Sie ist Liebe und Nicht-Liebe zugleich, Gattungsverhältnis und Ware, persönliche Beziehung und Mittel. Auf die Spitze getrieben ist diese Dialektik in Zu neuen Ufern; es findet ein tatsächlicher und direkter Austausch Gefängnis gegen Ehestand statt.

Das reine Lichtbild

»So sehe ich unter allem Erkennbaren mühevoll die Idee des Guten. In ihrem Anblick muss man anerkennen, dass sie für alle die Ursache alles Richtigen und Schönen ist, das sichtbare Licht und die Sonne, von der es ursächlich kommt. Im Erkennbaren bringt sie als Alleinherrscherin Wahrheit und Vernunft hervor. Dies muss sehen, wer vernünftig handeln will, sei es in privaten oder öffentlichen Angelegenheiten.«
(Platon)

Dem paradigmatischen Charakter, den Sirks deutsche Filme haben, kommt der Schauspielertypus der Ufa-Zeit entgegen. Ulrich Kurowski etwa schreibt über die ›Schwere‹ der deutschen Filmschauspieler: »Ein Medium, dessen Grundeigenschaft doch die Bewegtheit sein soll, wurde statisch und starr.«[45] Sirk nützt diesen Typus in seiner Verbohrtheit, seiner Prinzipienreiterei. Das Spiel eines Heinrich George oder der Zarah Leander, die Bestimmtheit ihres Wesens, verweist auf ihnen vorausgesetzte äußere Bedingungen, die ihren Handlungsspielraum abstecken. Man wird an Charaktermasken erinnert, an Personifikationen gesellschaftlicher Verhältnisse, deren Geschöpf sie sozial bleiben, so sehr sie sich subjektiv über sie erheben mögen. Ihre Prinzipienreiterei ist der auf den Hund gekommene Idealismus.

Und der ambigue Charakter Willy Birgel? Er trifft genau den ambiguen Charakter einer Moral, die den scheinheiligen Unterschied macht zwischen Ehefrau und Frau überhaupt. Dies ist seine Rolle in Zu neuen Ufern und, ins Positive verkehrt, in Schlussakkord. Wo die Frau nicht Ehefrau ist, darf sie verraten werden, und wo die Ehefrau die Ehe verrät erst recht. Dieser Typ geht über Leichen. Ideologie als ein Instrument, mit dem man skrupellos töten kann. Später hat Sirk John Carradine als Heydrich auf diesen Typ hin inszeniert und die brutale Seite herausgearbeitet; als er im Sterben liegt, entpuppt er sich als egozentrischer Aufsteiger, dem das Dritte Reich nur ein Mittel zur Karriere ist. Es sind Schauspielertypen, die zur Ufa gehören, und deren Stil nur aus der deutschen Geistesgeschichte verständlich wird (man darf nicht vergessen, dass Sirks Ufa-Filme alle in die Zeit des Dritten Reichs fallen). Denn in dem Maße, in dem die Deutschen den Geist aus ihrer Geistesgeschichte verbannten und den Gedanken in die Emigration schickten, konnten sich die allgemeinen gesellschaftlichen Charaktere in ihrer reinen Gestalt durchsetzen. Ein Akt schier altgermanischer Rachsucht gegen den Gedanken der bürgerlichen Gesellschaft, der eine so verquere Wirklichkeit hervorgebracht hat. Weimar und die liberale Rumdenkerei gehen bekanntlich immer mit dem Pluralismus einher.

Die Idee der Familie in ihrer makellosen Reinheit ist Sirks erster bedeutender Filmstoff. Das Mädchen vom Moorhof. Dieses norddeutsche Bauerndrama ist in seiner Idealität geradezu unheimlich. Ein normaler Ehestand wird eingeleitet durch Güterabwägung, und alles spricht für eine Verbindung des Bauern Karsten mit der Großbauerntochter Gertrud. Aber da ist die Episode mit Helga Christmann, Opfer der engstirnigen Erneuerermoral der Reformation, jener halbherzigen Reaktion auf die Neuzeit, die an der Religion festhaltend diese funktionalisiert und gerade darin ihre Paralyse vorbereitet. Gleichzeitig verdankt Helga der Moral das Einzige, was sie positiv besitzt. Dies ist ihr moralischer Kredit bei Karsten, da sie lieber ihre Klage um juristische Anerkennung zurückzieht als einen Meineid des Vaters ihres unehelichen Kindes zu provozieren. Mit diesem Kredit wird sie die reichste Bauerntochter der ganzen Gegend ausstechen. Denn Karsten nimmt sich ihrer ökonomischen Situation an, und im Verlaufe dessen erkennen sie sich wechselseitig als Menschen in ihrer Besonderheit. Ihre Erkenntnis ist ganz im biblischen Sinne nicht nur Wissen, sondern auch Gefühl. Und dies wird zur Gewissheit, als sich zeigt, dass jeder um des anderen willen bereit ist, auf Glück zu verzichten, und sie gerade dadurch zeigen, dass sie ohne einander nicht sein können.

»Die Vernichtung der eigenen Form ist gegenseitig, aber nicht absolut gleich; es schaut jedes in dem andern an, als zugleich ein fremdes und dieses ist Liebe« (Hegel).[46] Dazu kommt noch das Kind der Helga Christmann als Ausgangspunkt, als bereits vorausgesetzte Vernünftigkeit des Gattungsverhältnisses, das es nur noch einzulösen gilt. So verwirklicht Karsten das Ideal der bürgerlichen Familie und realisiert tatsächlich Liebe (wobei es die Bedeutung des Geschehens nur unterstreicht, wenn er dabei gegen eine Reihe gesellschaftlicher Konventionen verstößt). Gleichzeitig realisiert er aber auch den geschäftstüchtigen Geist der Reformation, indem als Nebenprodukt der reinen Moral auch noch materielles Glück vermittelt wird. Was gut ist, das ist wirklich, und was wirklich ist, das ist gut, möchte man in Paraphrase von Hegel sagen.

Dieses Alabastergebilde ist von Sirk abwechselnd in flimmernd atmosphärischem Licht und dumpfer erdhafter Schwere gefilmt. Beides zusammen ergibt den unheimlichen Charakter des Films, was verstärkt wird durch ein Element heidnischer Rituale, das gar nicht in den Rahmen dieses Films zu passen scheint (die Gestalt des Peter Nolde, das Aschestreuen, das Zeichen am Schuh ...). Dieser, im Ort des Moors kulminierende unheimliche Untergrund des Films verleiht ihm eine fast Dreyer'sche Qualität. Erst der Rekurs auf Spökenkiekerei in Sirks brillanter Inszenierung macht es möglich, dass in diesem Film die ungegenständliche Idee wahr wird. So wird man für die Ekelhaftigkeit des Sujets von Selma Lagerlöf entschädigt durch den doppelten Boden der Sirk'schen Regie: Ein ungegenständliches Ding ist ein Unding. Aber so furchterregend und schrecklich im Großen und Ganzen die Auflösung des alten Familienwesens innerhalb des kapitalistischen Systems erscheint, so schafft nichtsdestoweniger die Durchsetzung der ökonomischen Vereinzelung die Grundlage für eine höhere Form der Gemeinschaft, für die historische Verwirklichung der darin angelegten individuellen und personalen Liebe.

Mit dem Film Boefje, einer kurzen Zwischenstation in Rotterdam, schloss Sirk sein europäisches Werk ab. Es ist ein kleiner ›proletarischer‹ Film über einen Jungen, der alle unsere Probleme schon hinter sich hat, nichts mehr zu verlieren hat und sich dementsprechend völlig ungeniert in der Rolle dessen gibt, der alles zu werden bestimmt ist. Aber dann wird er von einem Priester zur Raison gebracht, in ein Erziehungsheim gesteckt, wo er sich schließlich freiwillig zu bleiben entschließt – aber das ist schon die Zuckmayer-Moral, irgendeine Gemeinschaft ist besser als gar keine... Danach sehen wir schon Detlef Sierck wie Karl Martell in La Habanera auf einem der großen Schiffe von Rotterdam aus ins gelobte Land aufbrechen. In Amerika wird er mit dem neuen Namen, unter dem ihn die Filmgeschichte kennt, als Douglas Sirk, auch eine neue Schaffensperiode beginnen. Denn der Weg vom ›Moorhof‹ zu ›Imitation of Life‹ ist – ohne, dass ich deswegen Sirk irgendwo unterstellen möchte, er wäre ›realistisch‹ – der Weg von der Idee zur Wirklichkeit.

Die vorgenommene Zweiteilung des Werks von Douglas Sirk in seine europäischen und amerikanischen Filme bedeutet weder, dass Sirk sein

Grundthema gewechselt hat, noch, dass sein Werk einer willkürlichen Kategorisierung unterworfen werden soll. Deutlich unterscheiden sich seine amerikanischen Filme allerdings – auch die, die sich noch eines europäischen Milieus bedienen – durch eine bewusste Thematisierung von Amerikanismen: »Bald darauf dann, mehr und mehr amerikanisiert, waren es nur noch typisch amerikanische Themen, die mich interessierten« (Sirk).[47] Indem Sirk an der amerikanischen Erscheinungsform der bürgerlichen Familie Amerikanismen bewusst aufgreift, wird er zum Schöpfer einer Art Metaamerikanismus. Was andere Hollywood-Regisseure in ihre Themen hineinlegen, holt Sirk aus seinen Themen heraus. »Was ich aber für eine Serie von späteren Filmen hier lernte, war nicht umsonst. Es war eine genaue Kenntnis dieser kleinstädtischen amerikanischen Gesellschaft. Ein ständiger, intimer Verkehr mit ihren Repräsentanten, ein Vertrautwerden mit ihren Vorurteilen, ihrem Familienleben, ihren Hoffnungen und Nostalgien« (Sirk).[48]

Amerika oder das gelobte Land

»Immer dieser Kaviar – Wasser und trocken Brot machen die Wangen rot!«
(aus: MAGNIFICENT OBSESSION)

»Manchmal kommt mir in den Sinn / Nach Amerika zu segeln, /
Nach dem großen Freiheitsstall; / Der bewohnt von Gleichheitsflegeln.«
(Heinrich Heine)

Es ist nicht unbedingt falsch, wenn die Soziologie vom Nationalcharakter eines Volkes spricht, und es ist sicher kein Zufall, dass die Amerikaner immer nur ihr Coca-Cola im Kopf haben. Nur dass das Verdienst der Soziologie, eine Vielfalt von Beobachtungen und Begriffen zu diesem Thema zusammengetragen zu haben, eher auf ihren Mangel verweist: den Mangel, ihr Material nicht begrifflich systematisieren zu können. Eins vom ersten, was aller Soziologie zum Thema Amerika einfällt, ist das Verhältnis des Amerikaners zur Natur, zur Weite des Landes. Die ganze amerikanische Geistesgeschichte durchzieht dieses Thema – Thoreau, Whitman, Emerson ... Sirk sagt dazu: »Amerika ist noch immer ein Kontinent, auf dem es viel Platz gibt, wo jemand, wenn er bedrängt wird, immer noch ausweichen kann in vorübergehende Träume der Freiheit.«[49] Tatsächlich sind hier zwei völlig inkommensurable Dinge kurzgeschlossen, nämlich bürgerliche Ideale wie Freiheit und die Weite des Landes, kurz Natur. Ursprünglich stellte sich die amerikanische Revolution als zweierlei dar: Sie musste genau so sehr als Revolution gegen die Natur des neuen Kontinents wie gegen das feudalistische Mutterland erscheinen. Die Weite des Landes ist geblieben und das Charisma des Letzteren ging auf das Erstere über. Freilich lehren die Stacheldrähte im Western, dass es auch immer enger wird. ›Don't fence me in‹ ist ein Dauerhit in den USA. In diesem Naturverhältnis sind Naturidolatrie und – in der maßlosen Vernutzung und kulturellen Umwälzung – Naturzerstörung ursächlich zusammengeschlossen und in die gesellschaftlichen Verhältnisse eingeschlossen. In drei recht exotischen Filmen hat Sirk diesen Konflikt ausgetragen: ALL THAT HEAVEN ALLOWS, SIGN OF THE PAGAN, und TAZA, SON OF COCHISE.

So, wie Rock Hudson am Anfang von ALL THAT HEAVEN ALLOWS die Bäume im Garten von Jane Wyman stutzt, wird er zum Schluss des Films den Spießbürger aus sich herausholen. Denn einen Gärtner bestellt man nicht, um die Natur zu belassen, wie sie ist. Rock Hudson ist in seiner Unschuld genauso naiv wie die Gesellschaft, die sich ihm gegenüber geltend macht. Während Rock Hudson in seiner Liebe zu Jane Wyman, durch die Beziehung auf sie, die Gesellschaft gegenübertritt, muss er sich gleichzeitig auf eine Gesellschaft einlassen, die auch die Liebe nur unter der Gestalt des Mittels kennt, d. h. den Konflikt, den Rock Hudson erfährt, gar nicht kennt. Wie wenig die Gesellschaft, die ihm in Jane Wyman gegenübertritt, mit dem zu schaffen hat, was ihn quält, kann man an der Szene sehen, in der die Kinder von Jane Wyman ihr einen Fernsehapparat schenken, in der Annahme, mit diesem Hilfsmittel den Skandal mit dem Gärtner aus der Welt zu schaffen. Ersatz ist nicht sein Thema. »Der Film, der der wenig später beginnenden Jugendbewegung vorausging, deutete denn auch schon ihren Ausgang an, so wie wir ihn heute erleben. Der Naturmensch wird, gegen das Ende des Films hin, als durch die bürgerlichen Formen der Liebe verwandelt gezeigt, sowohl in Kleidung wie im Bestreben, seine spartanische Farmscheune umzugestalten in ein rustikal modisches Heim für ihn und die Frau, die ihn liebt. Man ahnt, er wird schließlich sich eben jener Gesellschaft, die er verachtet und abgelehnt hat, integrieren« (Sirk).[50]

In SIGN OF THE PAGAN ist das reduziert auf eine kleine Parabel über die Liebe, die Wunder tut – aber natürlich nicht jede, sondern nur die sanktionierte, die ihren christlichen Zweck erfüllt: der Sieg der Kultur über Jack Palance, den Herrn der weiten Steppen, den Barbaren. In TAZA, SON OF COCHISE ist dieses Thema in das Gewand eines indianischen Familienmelodrams gebracht. Der Sieg der Zivilisation über die Indianer ist hier schon in der Anfangssequenz, die Bezug nimmt auf THE BROKEN ARROW (Delmer Daves, 1950), vorausgesetzt. Der Konflikt ist in seinen beiden Seiten in den feindlichen Brüdern personifiziert. Taza, der sich um einen Kompromiss bemüht und damit die Integration auf der einen Seite vorbereitet, und sein Bruder, der den Widerstand fortsetzt und damit den Untergang auf der anderen Seite herbeiführt. Im Film wird der Konflikt aber in erster Linie – wie sollte es bei Sirk auch anders sein – familiär ausgetragen als Rivalität um das Indianermädchen Oona.

Der Weg vom Steinzeitalter zum Melodram ist ohne Zweifel die gründlichste Naturzerstörung, die es gibt. Denn nicht nur, dass es keinen Weg mehr zurück aus der Kultur gibt, dass die Vorgeschichte des Menschen zu Ende geht – auch alle Formen ästhetischer Natur, der ›Landschaft‹, tauchen in Sirks Filmen nur als Orte der Bedrohung auf, meist durch Theaterdonner angezeigt, (SUMMER STORM, A SCANDAL IN PARIS, THUNDER ON THE HILL, ALL I DESIRE, INTERLUDE) und/oder als Orte infantiler Regression (WEEK-END WITH FATHER, WRITTEN ON THE WIND, INTERLUDE, ALL THAT HEAVEN ALLOWS), soweit nicht überhaupt eine Landschaft vorherrscht, die die Außenseite der Innenseite ist, sich auf Natur nur negativ bezieht: mechanisierte Natur, Ölfelder, Ölpumpen, im Extrem Bombenlandschaft, Imitation of Life. Die Kehrseite der naiven Unschuld des Sirk'schen ›Naturmenschen‹ ist die infantile Regression, wie etwa der lächerliche Leiter eines Kinderlagers in WEEK-END WITH FATHER, ein Tarzanplagiat, das auf der Stufe des Erdhörnchens stehengeblieben ist, oder Dorothy Malone, die in WRITTEN ON THE WIND zum Ort ihrer Kinderspiele mit Rock Hudson zurückkehrt.

Die komödiantische Variation des Themas ist TAKE ME TO TOWN. Das Showgirl Vermilion O'Toole, gespielt von Ann Sheridan, landet auf der Flucht vor Sheriff und Gesetz bei den ungehobelten Westlern der 1880er Jahre. Ihre ganze, von mondänem Luxus umgebene Erscheinung ist die Verkörperung der Segnungen der Kultur gegenüber den Hinterwäldlern. Städtisches Raffinement kämpft gegen die Herrschaft des Kochlöffels. Ann Sheridans Bühnenauftritt im örtlichen Saloon ist die Schlüsselszene des ganzen Films. Sie beginnt ihren Song hinter einer Pappstaffage, die in verschossenen bläulichen Farben das triste Dasein der Frontiersfrauen zwischen Kochtopf und Traktatenbüchlein darstellt. Dann schiebt sie den ganzen Plunder weg und die Showgirls schwingen ihre Beine.

Der Farbton des Bildes hat jetzt ganz von dem sterilen Blau zu dem roten Touch des damaligen Technicolor gewechselt, der mit Ann Sheridans roten Haaren korrespondiert. Schon zu Anfang des Films fallen einem die vielen Baumstümpfe und das rohe, unverarbeitete Holz auf, wovon die ganze Siedlung geprägt ist. Und tatsächlich wird Ann Sheridan im Verlauf des Films zur Frau des Holzfällers und Predigers Sterling Hayden (Rock Hudson war in ALL THAT HEAVEN ALLOWS Gärtner!). Ann Sheridans erstem Bühnenauftritt entspricht eine, von ihr arrangierte, Veranstaltung zur Finanzierung einer Gemeindekirche. Die wohlanständigen Farmersfrauen werden dabei in Showgirls verwandelt, und ein Theaterstück wird aufgeführt, das sich Melodrama nennt. Dieses Melodrama fällt natürlich mit dem dramatischen Höhepunkt des Films zusammen, und der Film selbst wiederum endet, als wäre er nur eine verfilmte Moritat gewesen, mit dem Lied über Vermilion O'Toole. Vielleicht steckt darin eine versteckte Melodramen-Definition: Ein Melodram ist, wenn die Spießbürger aufs Glatteis gehen.

Unschuld oder Vorstellung und Wirklichkeit

»Are children really pure? I don't think so. The innocence they have will be destroyed. They are symbols of melancholy, not of purity.« (Douglas Sirk)

Fred MacMurray spielt in THERE'S ALWAYS TOMORROW einen Spielzeugfabrikanten. Verheiratet ist er mit einer jener schrecklichen Mütter, wie sie in vielen Sirk-Filmen als eine Art verkörperter Momismus vorkommen. In dem Maße, in dem sie die Familie zum Hort der gesellschaftlichen Konvention machen, steigt ihre Macht. Ist das nicht der Fall, handelt es sich um so ›schreckliche‹ Frauen, wie sie von Barbara Stanwyck exemplarisch repräsentiert werden. Ein Liebesverhältnis zwischen Fred MacMurray und Barbara Stanwyck nimmt seinen Ausgang am Ort von MacMurrays Flucht vor der Unerträglichkeit seiner Ehe und Familie; er zeigt ihr seine Spielzeugwelt, die Fluchtpunkt in doppeltem Sinn ist: Arbeit und Regression. Aber die Flucht in den umgekehrten Weg der Sozialisation bringt ihm keine Befreiung von den Zwängen der Gesellschaft, sondern fördert nur das Werkzeug der Sozialisation zu Tage. Er baut einen Spielzeugroboter, will ein Ding schaffen, das seinem Willen gehorcht, ein Spielzeug. Aber das Spielzeug ist der spielerische Umgang mit der Wirklichkeit, und er muss erkennen, dass sein Roboter die Wirklichkeit über ihn selbst ist. Die Liebe zu Barbara Stanwyck, die im Spielzeugladen beginnt, ist auf Sand gebaut.

Gerade die vernünftigen amerikanischen Kinder, die ihr Spielzeug zerbrochen haben, wie Hegel sagen würde, sind es auch hier, die die Familie wieder in Ordnung bringen. Was sie als Liebe geltend machen, ist in Wirklichkeit ihre Rolle als Gefängniswärter, oder: ›Kinder kitten die Ehe‹. »Die Kinder in diesem Film, wie auch im vorhergehenden ALL THAT HEAVEN ALLOWS, agieren als moralistische statusbewahrende Kräfte, welche den Erwachsenen in die Käfige helfen, die die Gesellschaft für sie bereithält. So wandern zuletzt, in THERE'S ALWAYS TOMORROW, der Spielzeughersteller und seine nichtssagende schwätzende Frau Arm in Arm durch das vor der drohenden emotionellen Zerstörung bewahrte Haus – indessen die beiden durch die Stäbe des Treppengeländers von ihren Kindern neugierig beobachtet werden, wie gefangene Tiere im Zoo« (Sirk).[51]

Im Spielzeug als vorgestellter Wirklichkeit ist eingeschlossen das Verhältnis von Vorstellung und Wirklichkeit. Auf die Spitze treibt dies Sirk in WRITTEN ON THE WIND. So ist in der Schluss-Szene des Films Dorothy Malone zu sehen, wie sie mit dem Spielzeug ihres Vaters, einem Miniaturbohrturm, an dessen Schreibtisch sitzt. Über ihr das Bild ihres Vaters, in dessen Händen die Miniatur wie ein Zepter Symbol seiner Macht und seines Ölimperiums ist. Alles, was Dorothy Malone bleibt, als Rock Hudson sie verlassen hat, ist in diesem dürren Gerippe der Frustration enthalten. In zwei Sirk-Filmen gibt es Bohrtürme und beständig ins Bild ragende, geschäftig stampfende Ölpumpen; in diesem Film und in SHOCKPROOF. Im Kinosaal riecht es nach Öl, man weiß, dass das Blut der Erde für die vergewaltigte Natur und die gebrochene Naivität steht. Und die Geschäftigkeit der Maschinerie steht für die Schäbigkeit, die der Sexualität der Protagonisten abverlangt wird. Sirk hat das Problem von Vorstellung und Wirklichkeit mindestens so genau studiert wie Hitchcock: In THE FIRST LEGION hat ein Pater eine Vision, während seine Mitbrüder gerade einen Film über Indien sehen; damit ist Sirk der Geniestreich gelungen, eine Vision wirklich werden zu lassen, denn wie man in der Kinovorstellung einen indischen Elefanten sehen kann, der gar nicht da ist, so kann man in der wirklichen Vorstellung unwirkliche Dinge sehen.

Mit einem Spielzeug ist auch Robert Stack, der unglückselige Bruder Dorothy Malones, in WRITTEN ON THE WIND gekennzeichnet. Der Anblick eines Kindes auf einem Kaufhauspferd, das für ein 10-Cent-Stück zum Pferd wird, lässt Robert Stacks Potenzängste zur Eruption kommen. Während Rock Hudson in die Fußstapfen seines altgewordenen Vaters tritt und praktisch dessen Macht exekutiert, scheitert er selbst schon in seiner Ehe mit Lauren Bacall. Das Unverhältnis zwischen der Macht eines Hadley und der im Alkoholismus ertränkten Erkenntnis, dass alles, was er ist, er nicht aufgrund seiner selbst, sondern aufgrund des Hadley'schen Ölimperiums ist, bringt diese klassische amerikanische Melodramen-Figur hervor. Wenn Dorothy Malone sich mit einem Mann einlässt, können die allmächtigen Hadleys ihn mit Gewalt und polizeilicher Unterstützung davonjagen, wenn Rock Hudson der Frau Robert Stacks nahesteht, ist dieser machtlos. Denn in Rock Hudson ist ein Prozess personifiziert, in dem die persönliche All-

Fenster

Fenster sind ähnlich wie Durchblicke ein zentrales Mittel der Distanz in Sirks Kino.

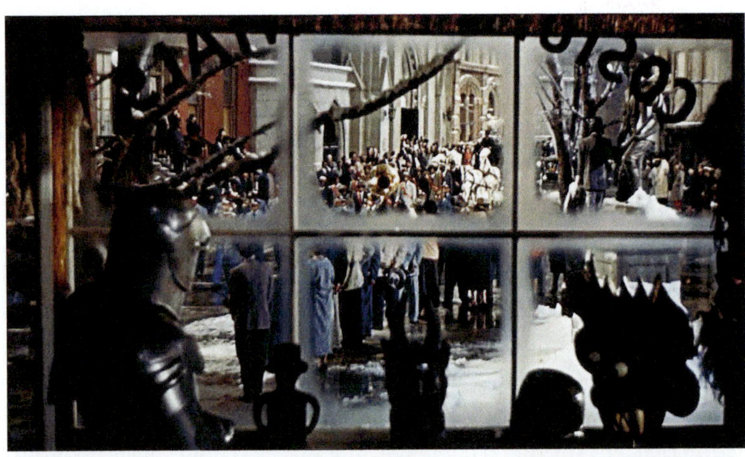

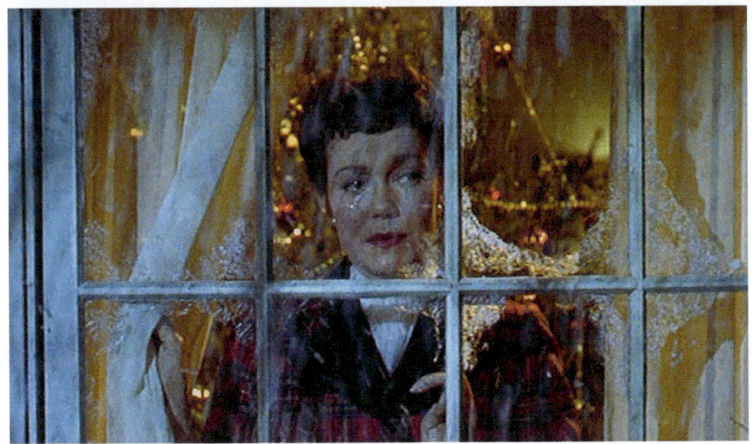

Beispiele aus: Imitation of Life, All that Heaven allows

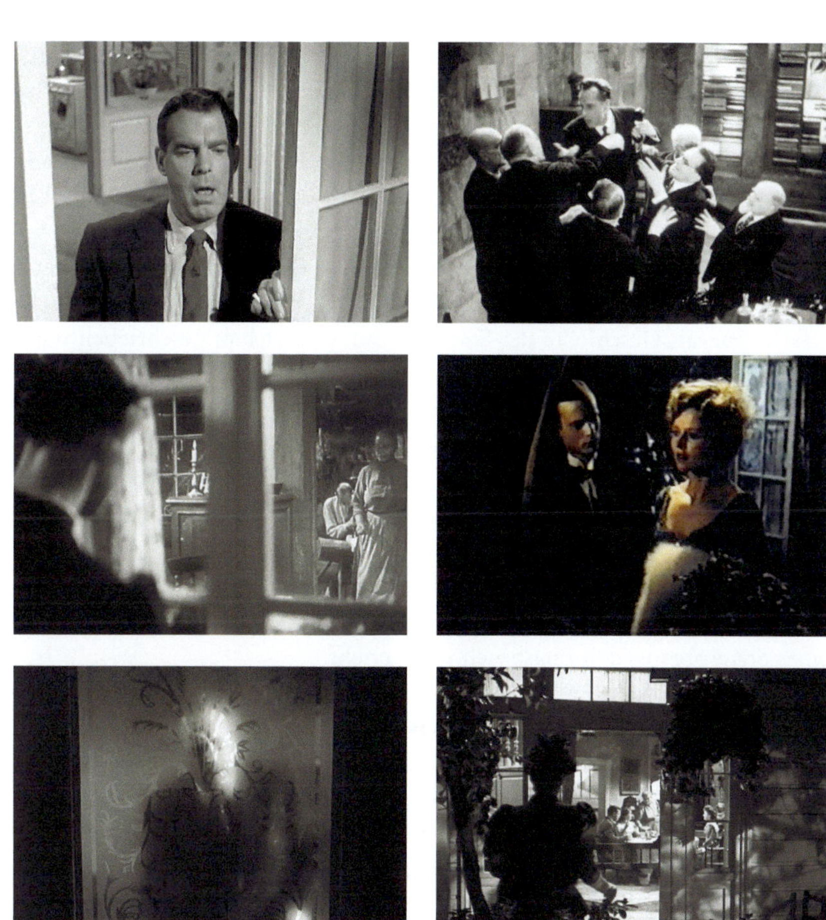

Beispiele aus: There's always Tomorrow, Zwei Windhunde, Das Mädchen vom Moorhof, Silvesternacht – ein Dialog, Sleep, my Love, All I desire,

macht des Kapitalisten sich auflöst in die Wahrnehmung von Funktion nach Maßgabe des zugrunde liegenden ökonomischen Zwecks. Die seit der ersten Skandalszene mit Dorothy Malone latente Gewalt kommt immer wieder zum Ausbruch; Robert Stack versucht jene Allmacht zu demonstrieren, die ihm nicht mehr zukommt, er macht sich zum Staat und Richter, tötet in seinem Kind seine Liebe und wendet sich schließlich gegen Rock Hudson.

Aber schon seit der Exposition des Films weiß man, dass dieses stolze Herrenhaus zwar Macht demonstriert, diese aber brüchig ist. Die Potenzangst wird bei Sirk wahr, der Sturm wirbelt welke Blätter ins Herrenhaus. Potenzangst – dieser meist unverständliche Salonmief der amerikanischen Bourgeoisie – lässt bei Sirk noch seinen gesellschaftlichen Zusammenhang erkennen: die Privatmacht, die erst gebrochen werden muss, um den kapitalistischen Staat durchzusetzen, was ins Positive verkehrt als amerikanische Geschichte, als Geschichte der Staatenbildung überhaupt geschrieben wird. Die politische Macht musste nicht gegenüber einem Feudalstaat, sondern erst gegen die Potentaten der Territories ausgebildet werden, und die Bildung von Staatsfunktionen im Inneren musste gegen ein halbfeudales Besitzbürgertum (American Aristocracy) und die Freiheit der Siedler durchgesetzt werden. Nicht zuletzt musste um die Abschaffung der Sklaverei ein Bürgerkrieg geführt werden, um die Lohnarbeit durchzusetzen und damit das industrielle Kapital gegenüber dem Grundbesitz. So erfolgt die Lösung des Konflikts in diesem Film auch durch den Tod des Impotenten und den Akt eines Staatsorgans, den Freispruch vor Gericht.

Den Widerspruch zwischen ihrer eigenen Winzigkeit und ihrer wirklichen oder angemaßten Macht, zwischen dem Maß ihrer Angepasstheit und ihrem freien Willen, decken Sirks Gestalten mit eben jenen sozialen ›Schwächen‹ zu, die die Amerikanistik kompiliert. Robert Stacks Alkoholismus und gewalttätige Potenzangst, Lauren Bacalls neurotische Ambiguität zwischen Berechnung und Puritanismus, Dorothy Malones Laszivität und Frustration – der Businessman Rock Hudson nimmt sich daneben noch wie der Heilige Georg aus. »There is a recurring use of doctor's consulting rooms, garish bars, and churches – the locales of breakdown«, schreibt Jon Halliday.[52]

Diese gesellschaftlich konzessionierten Tarnmanöver setzen sich in der Mode der 1950er Jahre fort, die von Sirk ebenfalls ganz bewusst eingesetzt wird: »Meine Vorbilder waren die zahllosen Home- und Garden-Magazine der mittleren 50er Jahre, vollgestopft mit glanzfarbigen Bildern solcher Behausungen, die ihre Besitzer zwischen sanften Tapeten und unaufregenden Bildern vor den Problemen der Zeit beschützen. Das Glück, was man so

Glück nennt, gibt es nur als die Verpflichtung, es darzustellen in diesen Räumen, und es ist – was alle ängstlich ahnen – illusionär; wie die Freiheit es ist, in dieser erstickenden Mittelmäßigkeit zwischen Country Club, Kirche und dem Urteil der Nachbarn, wie die Liebe, die für alle schon lange nicht mehr als ein Wort ist«.[53]

Möbel und Anzüge sind im selben Maß ausgestopft und aufgeblasen zugleich und verstärken die Maskenhaftigkeit seiner Charaktere (das auch in historischem Milieu: George Sanders in A SCANDAL IN PARIS oder die papageienhafte Aufmachung von Rock Hudson in CAPTAIN LIGHTFOOT). Dekorativ aufgebaute Blumenbouquets nehmen sich in diesem Rahmen unnatürlich und morbide aus – »Leichen der Schönheit«, sagt Sirk – und die großen Spiegel multiplizieren die beständige sterile Krankenhausatmosphäre seiner Filme.[54] Bei Sirk weisen die vermittelten Erscheinungsformen der Eisenhower-Ära bzw. der amerikanischen Gesellschaft überhaupt auf die zugrunde liegenden Widersprüche zurück, sie sind nicht mehr zufällige Form, sondern konsequenter Ausdruck. Denn, um auf das eingangs erwähnte Coca-Cola zurückzukommen, es ist kein Zufall, dass einer Nation knabenhafter Naturburschen ausgerechnet eine Kräuterlimonade zum Nationalsymbol wurde.

Die Wirklichkeit. Blind gegen die Verblendung

»Seeing through a glass darkly. Everything, even life,
is inevitably removed from you. You can't reach or touch, the real.
You just see reflections. If you try to grasp happiness itself your
fingers only meet glass. It's hopeless.«
(Douglas Sirk)

Dass Kinofiguren von definierter Persönlichkeit sind, ist keine Besonderheit. Bemerkenswert ist dies allerdings, wenn Personen solchen Wechselfällen ausgesetzt werden, wie das bei Sirk geschieht. In A SCANDAL IN PARIS wird George Sanders, ursprünglich Ganove, erst Leutnant und dann Polizeichef. Es ist das Thema des gerissenen Frontenwechslers, der die immanenten Widersprüche von legalem Ausbeuten und illegalem Ausrauben, von legalem Töten im Krieg und illegalem im Frieden im jeweils richtigen Moment auszunutzen versteht und schließlich selbst das staatliche Gewaltmonopol ausübt. Dieses Thema kennt Hollywood schon in den ambivalenten Detektiven des Film noir, aber erst in den Western der 1960er Jahre kommt es im Herzen Amerikas an. Der Held bleibt sich immer gleich, immer derselbe Heilige

Georg, der irgendeinen Akim Tamiroff aufspießt (eine Rolle, die später der Sirk-Star Rock Hudson perfekt ausfüllt). Mag in Russland eine Revolution stattgefunden haben, in der man mehr aufgeräumt hat als in allen Jahrhunderten zuvor – George Sanders verhält sich gegenüber der Wahrheit nach wie vor gleich töricht (SUMMER STORM). Die Zeit geht an Sirks Protagonisten spurlos vorüber. ›Vremja/Zeit‹ steht auch über dem Redaktionsgebäude, in dem Graf Volski zu Beginn von SUMMER STORM die Bekenntnisse von George Sanders abliefert.

Und Ann Sheridan in TAKE ME TO TOWN? Ihre geschäftige Religiosität fügt sich reibungslos zusammen mit ihrer alten Geschäftstüchtigkeit – nur dass sie jetzt die Geschäfte betreibt, wie sie den ›Töchtern der Revolution‹ in ›Gottes eigenem Land‹ eher anstehen. George Sanders in SUMMER STORM oder A SCANDAL IN PARIS, Wesley Addy als Pater John in THE FIRST LEGION, Patricia Knight in SHOCKPROOF erweisen sich in ihrer bis zur Identität von Handlungsabläufen zeitlosen Unveränderlichkeit als soziale Krüppel. In aller Schärfe zeigt sich das an den Filmen mit wirklichen Krüppeln: Jane Wyman in MAGNIFICENT OBSESSION, Marianne Koch in INTERLUDE, Dorothy Adams in THE FIRST LEGION. Sie fordern es heraus, dass man sich an ihnen reibt. Nur scheinbar ist es Rock Hudson, der sich in MAGNIFICENT OBSESSION ändert; in Wirklichkeit hat er sich Jane Wyman zum Schluss so zurecht gebogen, wie er sie von Anfang an haben wollte: Eher wird ein Krüppel geheilt, als dass sich Rock Hudsons Ron Kirby wandelt. Und wie wenig sich Rossano Brazzi oder June Allyson durch ihr ›Zwischenspiel‹ tatsächlich geändert haben, beweist der melodramatische Selbstmordversuch von Brazzis Frau, der alle auf ihren Ausgangspunkt zurückwirft.

Was im Verlauf des Films an Sirks Personen geschieht, ist unter die Kategorie des Verlusts zu fassen: Verlust an Illusionen, Verlust an Liebe eines Menschen, häufig als direkter physischer Verlust gekennzeichnet (Tod des Geliebten in A TIME TO LOVE AND A TIME TO DIE, Tod der Mutter in IMITATION OF LIFE). Am reinsten ist dies in THERE'S ALWAYS TOMORROW und ALL I DESIRE dargestellt. Anfangs- und Ausgangssituation sind sich in diesen Filmen völlig gleich, was dazwischen liegt, ist Zerstörung von Illusionen – die Geschichte selbst kann man in drei Worten erzählen. »Das ist auch im Grunde der resignierte Grundton des Filmtitels ALL I DESIRE. Eine modisch mondäne Frau aus ferner Stadtwelt kommt zurück mit allen ihren Träumen, ihrer noch nicht ganz zu Schatten gewordenen Liebe, und findet nur eine mittelständische, langsam verfaulende, traurig vertrocknete Familie vor« (Sirk).[55]

Diese Resignation kann aber nie in offenen Pessimismus umschlagen, da ihr Gegenstand, der stupide Durchschnitt des bürgerlichen Daseins, seiner selbst spottet. So sind Sirk auch halbe Komödien gelungen (No Room for the Groom, Take Me to Town, Week-End with Father, Has Anybody Seen My Gal? u. a.), wenngleich und weil sein Witz immer schon aus dem Missverständnis der Wirklichkeit entspringt. In Interlude beispielsweise fällt der einzige wahre Satz im Salzburger Mozarthaus, ausgesprochen von einem zünftigen Touristen, mit Bundhose und Rucksack als solcher gekennzeichnet: »Janz schön arm hat der ja jelebt, der Mozart.« Gegen diese Selbstverspottung einer Kultstätte kann man Mauricio Kagels aufgemotzten ›Ludwig van‹ wegwerfen.

»Weil, sagte sie, ich meine Augen ganz fest schließen möchte, ganz, ganz fest, dass alles schwarz würde, wirklich schwarz, völlig, aber ich schaffe es nicht. Dieses Schwarz, das ist das Sujet, das Douglas Sirk in A Time to Love and a Time to Die behandelt«, schreibt Godard über den Sirk'schen Melodramen-Pessimismus.[56] Die konsequenteste Form des Illusions-Resignations-Themas ist die Kultivierung und Ästhetisierung des Pessimismus, wie in Sleep, My Love als Gattenmord, in Thunder on the Hill als Geist der Einkehr, Demut, ›vanitas vanitatum‹ … Am ausgeprägtesten in Lured, wo sich der Pessimismus gemütlich einrichtet zwischen Beaudelaire und künstlerischer Exzentrik, zwischen den Fleurs du Mal und Lustmord. Resignation, Pessimismus und insbesondere die Abwesenheit von Liebe als vermitteltes Produkt der Form, in der sich die Privaten aufeinander beziehen müssen, der Zirkulations-Gesellschaft, dies ist in Sirks Werk in allen Höhen und Tiefen der menschlichen Existenz entwickelt. Der Reflex auf eine Realität, die nicht länger durch Ideen und Illusionen verstellt ist, und in der es gilt, sich zynisch einzurichten oder unterzugehen, dies ist endlich Thema von The Tarnished Angels und Imitation of Life.

The Tarnished Angels haben die Depression zu ihrem Hintergrund, und die Fliegerei ist die zum Bild gewordene Metapher der Bedrohung bürgerlicher Existenz – materiell und ideell, wie sie sich schon in Sirks Filmtiteln findet. Alles, was der Himmel erlaubt – in den Wind geschrieben. Rock Hudson, der als Reporter über eine Fliegerfamilie berichten soll, fungiert gewissermaßen als Agent des Publikums, mit dessen hypostasierten Idealen und Illusionen er dem Fliegertrio gegenübertritt, damit diese unverschämte Geschichte überhaupt über die Leinwand gehen kann. Die ›Fliegerfamilie‹ selbst besteht aus Robert Stack, dem Piloten, Jack Carson als Monteur und Dorothy Malone als die Fallschirmspringerin Laverne, die von einem der beiden ein Kind hat.

Ist Robert Stacks Konflikt in Written on the Wind noch seiner sozialen Persönlichkeit verbunden, so sind hier der Konflikt und sein späterer Breakdown direkt mit seiner beständig bedrohten Existenzgrundlage, der Fliegerei, verknüpft. Erscheint Dorothy Malone in Written on the Wind noch als ›awful woman‹ vor dem Hintergrund der bürgerlichen Familie, so ist sie in The Tarnished Angels aller Attribute von Mutterkult, Ehefrau und Gralshüterin der Familie, der spirituellen gesellschaftlichen Monade, entkleidet – was übrig bleibt, ist dann das nackte Geldverhältnis. Sirk sagt über Dorothy Malones Rolle als Laverne in The Tarnished Angels: »Laverne ist die Frau als Objekt. Objekt für das Publikum, das, wenn sie abspringt, unter ihren sich blähenden Röcken nach dem nackten Fleisch sucht; eine Kauf- und Tauschware, später verschachert an den reichen Matt Ord – so wie sie früher einmal erworben wurde durch den Zufall von ein paar rollenden Würfeln.«[57]

Imitation of Life kommt ohne Rock Hudson, ohne den Komplizen der Ideologie aus; der Heilige Georg, der als Hilfskonstruktion von George Sanders abgespalten wurde, um die sozialen Erscheinungsformen als Personen agieren zu lassen, ist hier nicht nötig, da Sirk die Ausprägung einer Individualität, den Weg Susan Kohners vom Schulmädchen zum Showbusiness, verfolgt. Im Unterschied zu John Stahls Erstverfilmung (für 1934 inhaltlich und ästhetisch durchaus gewagt), die sich ganz auf die Rassenfrage als ein Pfannkuchenproblem konzentriert,[58] behandelt Sirk in seinem Film den amerikanischen Rassismus als Sonderfall von Herrschafts- und Knechtschaftsverhältnissen, die auf dem Geldverhältnis beruhen.[59] Leslie A. Fiedler bemerkte 1968 über den Rassenkonflikt: »In ›Love and Death in the American Novel‹, I observe that the only equivalent to the class struggle in American fiction is the Battle of the Sexes, but I have come since to understand that this is merely the comic version of the class struggle, as it were; race conflict constitutes the pathetic, or even tragic version.«[60]

Susan Kohner spielt eine Schwarze, die sich als Weiße ausgeben kann; ein tragisch-melodramatisches Exempel. Als Tochter der Haushälterin und Freundin der Tochter des Hauses ist sie sensibel gegenüber den Freundlichkeiten der Bourgeoisie. Die persönliche Anerkennung, wie sie in dem familiären Rahmen des Hauses der Schauspielerin Lana Turner möglich ist, wird durch die gesellschaftliche Anerkennung, die ihr versagt bleibt, als soziale Idylle desavouiert. Der Konflikt zwischen wirklicher individueller Anerkennung und Anerkennung in der gesellschaftlichen Wirklichkeit provoziert, dass Sarah sich Letztere zu erwerben sucht, denn die gesellschaftliche Wirklichkeit wiegt schwerer als die Wirklichkeit der Idylle. Ist Lana Turner Schauspielerin, so versucht Susan Kohner sich im Showbusiness gesellschaftliche Geltung zu verschaffen. Den Gegensatz demonstrierend verkauft sie dabei, wie Dorothy Malone in The Tarnished Angels, Erotik.

Kauf und Verkauf als Handlung freier Personen beruht auf deren gegenseitiger Anerkennung als Tauschpartner – als Gleicher. Aber diese Égalité verträgt sich gerade nicht mit wirklicher persönlicher Anerkennung, die sich auf die individuelle Besonderheit richtet. So werden alle ihre persönlichen Beziehungen vernichtet. Das Showgeschäft und ihr Zwitterdasein im Rassismus sind dabei selbst noch Metaphern für ihre Verdoppelung als gesellschaftliche Charaktermaske. Eine analoge, weniger subtile als pointierte Konstruktion gab es schon in SLIGHTLY FRENCH, wo für die Zwecke der Filmindustrie ein amerikanisches Showgirl eine Französin vorstellen soll: Schauspielerei wörtlich genommen, in eine Rolle schlüpfen. So sind auch Show und Ehestand einander reversibel; im letzteren Fall landet das ehemalige Showgirl später in den Armen seines Entdeckers. Sirks Schauspielerfilme antworten sich selbst: ALL I DESIRE – IMITATION OF LIFE.

Durch die Entwicklung von Susan Kohner klärt sich die Schwierigkeit auf, die sich mit Sirks zeitlos unveränderlichen Charakteren stellt. Wenn die Individuen nur in der beschränkten Rationalität der Mittel, die ihnen die Gesellschaft für ihre Zwecke zur Verfügung stellt, fungieren, dann sind es nicht länger die Individuen, die den Wandel nicht wollten, sondern es ist die Logik der Gesellschaft, die deren Selbstbestimmung schon längst verschüttet hat. Sie sind blind gegen ihre eigene Verblendung. Eigentlich ist es die Geschichte von Susan Kohner, wenn Sirk sagt: »Auch diese Kinder, zu konservativem Verhalten und Denken erzogen durch das gesellschaftliche System und die Beispiele, die es ihnen vorhält, werden einst ihren Eltern gleichen und eingesperrt leben wie sie, bis sie doch vielleicht, nur sehr vielleicht einmal, und diese Zeit liegt für Amerika noch weit in der Ferne, mit dem erlösenden Wort Revolution zu spielen beginnen.«[61] Der Schluss von IMITATION OF LIFE ist nicht nur das geschickteste Unhappy Happy Ending, das Sirk je gelungen ist, nämlich ausgerechnet die Beerdigungsfeier von Susan Kohners Mutter, er ist auch Sirks Abschied vom amerikanischen Kino: »In my mind I guess I was leaving Hollywood, yes, even before I made the picture. I had enough.«[62]

Maieutike kai eironeia

»Ironia, per quam aliquis de se fingit minora.«
»Ironie, durch die man sich die Dinge kleiner macht.«
(Thomas von Aquin)

Sokrates entwickelt seine Dialektik in eleganten Trippelschrittchen mit Maieutik und Ironie. Er macht seinen Gesprächspartnern weder Vorhaltungen noch Vorschriften, sondern bringt sie dazu, ihre vorhandenen Selbstzweifel zu formulieren. Und mit Ironie überwindet er selbstgesetzte Denkverbote. Mitunter geht es um scheinbar Abwegiges, aber Wohlvertrautes. Von der Pferdezucht zur Staatskunst (Politikos), vom Fechten zur Pädagogik (Laches), vom Wagenlenken zum gesunden seelischen Gleichgewicht (Phaidros). Neudeutsch formuliert: Er holt die Leute in ihrem Alltag ab.

Leider ist inzwischen sogar die Ironie in Verruf gekommen. Und zwar ironischerweise ausgerechnet durch die Weltmeister der Ironie, die Pariser Philosophen aus den Denkwerkstätten der Dekonstruktion, des nomadischen Subjektivismus, des Poststrukturalismus. »Deleuze' Begriff von Ironie ist jenem von Barthes durchaus nahe: Der Ironiker setzt das, was sich als Prinzip ausgibt, unter Anführungszeichen; er denunziert (…): ›Das ist nur ironisch gemeint, das ist nur das, was die anderen fälschlicherweise sagen und glauben.‹ (…) Hierin liegt die ›unerträgliche Anmaßung‹, die für Deleuze und Claire Parnet in der Ironie steckt.«[63]

Das ist schon etwas komisch, aber auch wieder hilfreich. Deleuze, der Theoretiker von Sadismus und Masochismus, rechnet in seiner Schrift ›Présentation de Sacher-Masoch‹ die Ironie zu den sadistischen Techniken. Das Melodram war schon immer ein Anlass boshaft ironischer Kommentare: »Nichts geht doch über das Lachen, und ich schlage es fast so hoch an, wie andere gebildete Leute das Weinen, obgleich sich eine Träne leicht zu Tage fördern lässt, bloß durch starkes Hinschauen auf einen Fleck, oder durch mechanisches Lesen Kotzebuescher Dramen.« So der große Ironiker Klingemann in den ›Nachtwachen des Bonaventura‹.[64] Und dass Sirk ausgerechnet eine sadistische Technik zur Dekomposition des Melodrams benützt, ist fast schon genial. Denn das Melodram ist nach allgemeiner Übereinstimmung eine masochistische Gattung oder, etwas weniger pathologisch formuliert, eine Gattung von empathischer Überwältigung. Im Exzess des Gefühls und im monopathischen Geständnis, meist der Heldin, ist das ein durchaus lustvolles Erleiden. Die melodramatische Persona bekommt auf diesem Umweg die Ganzheit von Körper (Gefühl) und Seele (Einheit). »One comes under the agreeable yoke of what I will call a monopathy; by monopathy I mean the singleness of feeling that gives one the sense of wholeness« (Heilman).[65]

Das Sokratische Verfahren besteht aber nicht nur aus Ironie, sondern eben auch aus der Hebammenkunst der verschütteten Erkenntnis. Das erinnert sehr an Douglas Sirk, auch wenn der nie durch die Straßen von Berlin oder Los Angeles lief und die Leute in Gespräche verwickelte. Mit Dialogen, Bildern und Regie wendet er sich an ein unterhaltungslustiges Massenpublikum. Er bedient ihr Weltbild und erschüttert es zugleich. Und auch hier ist

Ironie ein Sprengstoff, der Tabuisiertes zum Vorschein bringt. Leider weiß niemand so recht, in welchem Umfang diese subtile Methode funktioniert. In den Interviews mit Douglas Sirk wird dieser Punkt angesprochen, und auch hier nähert sich Sirk erstaunlich Sokrates, dessen Dialoge in der Überlieferung von Platon häufig in einer Aporie enden. Sirk spricht von »Euripidean irony. It makes the crowd happy. To the few it makes the aporia more transparent.«[66] Der Deus ex Machina heißt jetzt Happy Ending. Aber Sirk geht einen entscheidenden Schritt weiter. Die Aporie manifestiert sich bei Sirk als Unhappy Happy Ending. Der Zuschauer wird nicht mit einer Botschaft oder gar Handlungsanweisung entlassen, sondern mit nagendem Zweifel. Das Unhappy Happy Ending ist selbst eine Ironie, es ironisiert den Industriestandard Hollywoods. Sirk spricht deshalb von Ironie als »strukturalem Element«.[67] »In einem Genre, in dem die Evidenz die erste Geige spielt – und dazu noch im Kino –, seinen Augen nicht trauen zu können, das ist schon stark.« So Frieda Grafe über Sirks Konzeption.[68]

Frieda Grafe hat hier einen alterativen Ansatz, den man beachten sollte. »In den Sechzigern, als die Pop Art das Kommerzielle und die Kunst vermengte, stellte man sich nicht mehr die Frage, ob Warhol seine Marylin-Serie vielleicht ironisch gemeint habe. Sirk liebt das Kino über alles, das amerikanische zuallererst, aber gleichzeitig hat er die pervertierende Macht der Bilder am eigenen Leib erfahren. Das Kino verwickelt ihn in einen unlösbaren Konflikt.«[69] Sie sieht Sirks Umgang mit dem Genre eher als einen Vorschein von Avantgarde. Dies würde Sirks ästhetischen Ansatz als eine Form von romantischer Ironie ausweisen.

Es gibt in der Tat eine Reihe sehr subtiler Elemente bei Sirk, die sich so besser fassen lassen. Seine Welt des Allerunwahrscheinlichsten lebt ikonografisch von den Hochglanzbildchen der Home- und Garden-Magazine. Dazu gehören auch die artifiziellen Versatzstücke von Natur, die idyllischen Klischees und Blumengebilde mit starkem Modergeruch. Und gleichzeitig mischt er das mit Elementen von avantgardistischer Moderne. In einer Büroszene von MAGNIFICENT OBSESSION etwa finden wir den ›Charles and Ray Eames dining chair wooden‹ von 1947, eine Ikone der Moderne. Entwürfe aus dem Geist von Corbusiers Modulor lassen sich im Production Design von ALL THAT HEAVEN ALLOWS wiederfinden. Und im selben Film finden sich optische Anschlüsse an Frank Lloyd Wrights Villen.[70]

Das ist keine einfache Erweiterung von Sirks ästhetischem Repertoire, es differenziert ihn auch von einer nur geschmäcklerischen Variante der Pop Art. Nicht Individualisierung durch Verdoppelung, sondern deren Bedrohung findet sich bei Sirk. Der unlösbare Konflikt, von dem Frieda Grafe redet, wird hier selbst zum Gegenstand. Moderne ist keine Rettung, sondern selbst eine Aporie. Die berühmte Mühle aus All That Heaven Allows ist das Paradebeispiel. Deren modernistische Renovierung enthält ein großes Panoramafenster, fast wie im Berghof. Das große Fenster ist gerastert wie das Raster einer Renaissancemalerei. Das ist ein Herrschaftsblick, aber die Schlussapotheose offenbart seine Gemachtheit: Ein Arrangement wie eine Pietá im Inneren und ein Hirsch mit Landschaft davor. Insofern stimmt das Resümee von Victoria L. Evans: »The artificial quality of this pastoral ›image‹ is no doubt ironic.«[71] Auch wenn diese Ironie zweifelsohne in den Kontext einer romantischen Ironie gehört.

Die Ironie im Werk von Douglas Sirk soll hier nicht neu entdeckt werden. Sie ist zu offensichtlich. Diverse Debatten über Sirks Werk entzünden sich am Stellenwert seiner Ironie.[72] Aber die Diskussion startet mit einem großen Missverständnis, das haarscharf an der Sache vorbeigeht. Sirk hat natürlich in seiner Theaterzeit Brecht studiert und gut gekannt. Eine Bekanntschaft, die ihm nach der Flucht von Brecht aus den USA, auch drei Begegnungen mit dem HUAC einbrachte. Aber er ist nicht der Bert Brecht des Kinos. Er produziert keine Lehrstücke, die berühren, sondern Rührstücke, die mit Brecht'scher Methodik Lektionen erteilen. Aber auch nicht in Form von Gebrauchsanweisungen, die das Publikum mit nach Hause nehmen kann. Seine viel diskutierte Klage über das amerikanische Publikum wird leider nur wirkungsästhetisch diskutiert: »I adopted a position which brought out the irony, and that doesn't go down well with an American audience.«[73]

Verstehen seine Filme nur Intellektuelle, die die Ironie blind durchschauen? Doch das ist die falsche Fährte. Denn Sirk macht einen wichtigen Zusatz: »American audiences are generally too simple and too naïve – in the best sense of the terms.«[74] Sirk bezweifelt keine Sekunde die ästhetische Aufnahmefähigkeit seines Publikums (»best sense of the terms«). »Film«, sagt Sirk, »ist die amerikanische Volkskunst.«[75] Sirk nimmt das durchaus ernst, eine künstlerische Einstellung, die zum Verständnis wichtig ist. Er macht Volkskunst für ein Publikum, das für diese Art ästhetischer Produktion empfänglich ist. Und niemand muss deshalb eine Botschaft mitnehmen. »Es würde Sirk nie in den Sinn kommen, das, worum es in seinen Filmen geht, den Figuren als Sätze in den Mund zu legen« (Frieda Grafe).[76]

Johann N. Schmidt spekuliert in seiner ›Ästhetik des Melodrams‹ über die Möglichkeit, das affirmative Melodram zu transformieren: »Transformierbar wird die Gattung erst ›aus sich selbst heraus‹, wenn seine notwendigen Bedingungen (...) in ihren Extremen und ihren ideologischen Begrenztheiten sinnlich erfahrbar werden; wenn, anders gesagt, das Glück des Privaten und

Masken, Charaktermasken und Maskeraden

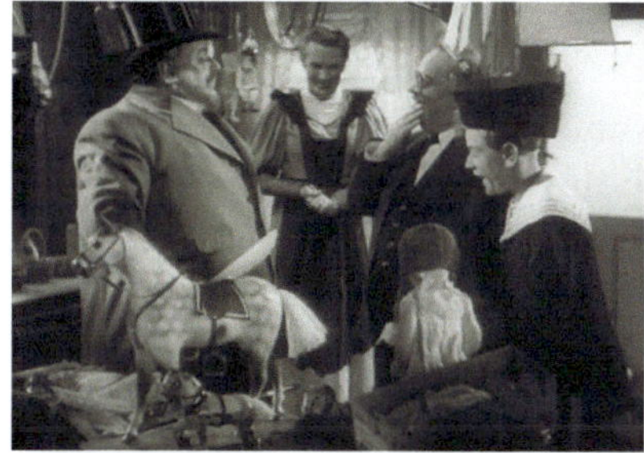

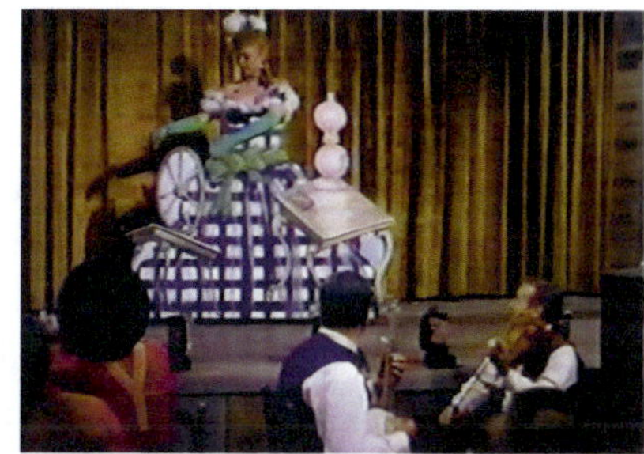

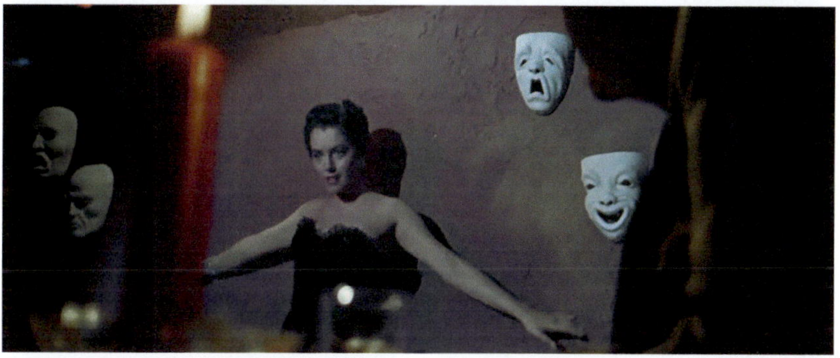

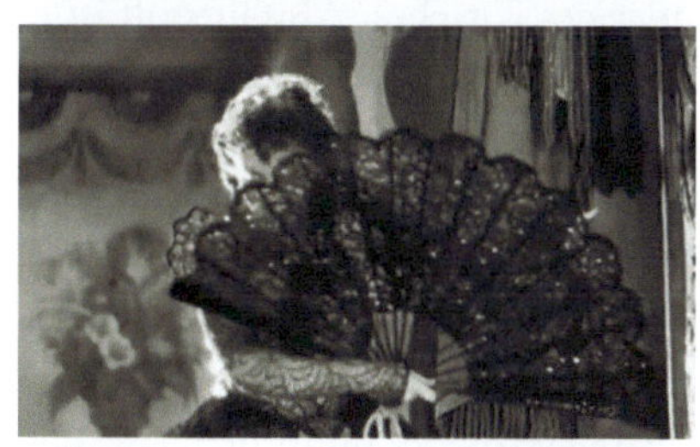

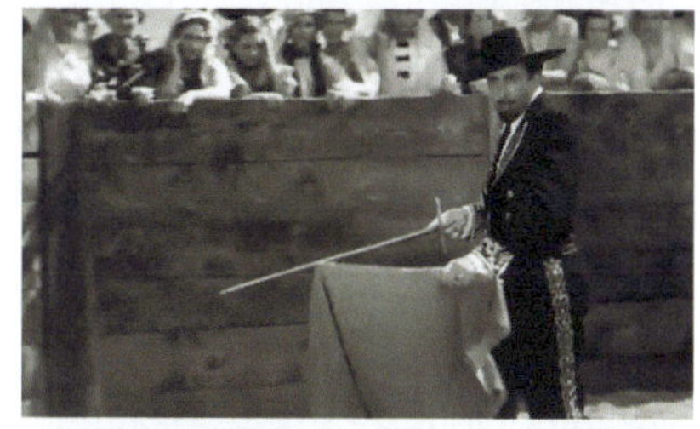

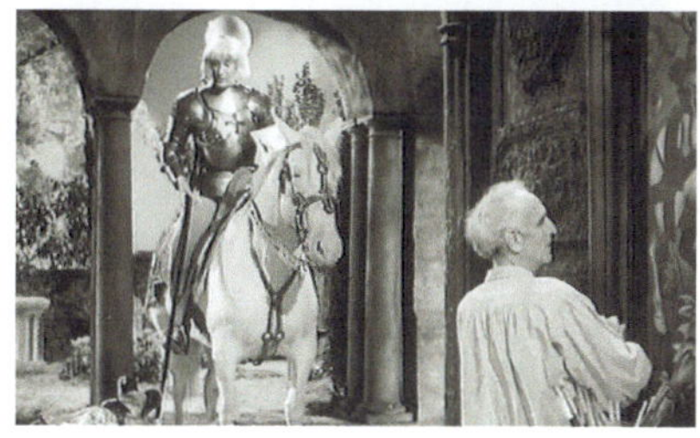

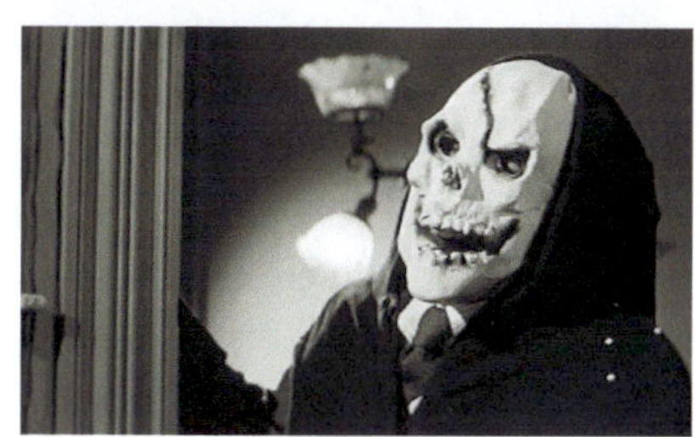

Beispiele aus: STÜTZEN DER GESELLSCHAFT, TAKE ME TO TOWN, IMITATION OF LIFE, ZU NEUEN UFERN, LA HABANERA, A SCANDAL IN PARIS, THE TARNISHED ANGELS

des bloßen Menschseins an jene Grenzen stößt, hinter denen sich verdrängte Zwänge auftun, die es als uneingelöstes Versprechen offenlegen.«[77] Formen der Ironie machen bei Sirk erfahrbar, dass die Welt der Bürger keineswegs in Ordnung ist. »The irony is in the eye of the audience,« sagt Sirk.[78] Mit diesem unguten Gefühl entlässt Sirk sein Publikum. »The criticism has to start in the audience. I am merely trying to awaken the audience to a consciousness of conditions. It is more a piece of social awareness: it remains in the realms of signs and symbols; it is pointing to things. It just presents things.«[79] Ästhetische Produktion wirkt nicht nur auf der bewussten Ebene. Und Filme sehen hat auch etwas mit Sehgewohnheiten und Sensibilität zu tun.

Sirk, der Theater- und Filmregisseur, erklärt 1978: »Das Theater ist (...) faschistisch, Film ist Gott sei Dank noch populär.«[80] Was meint dieser Agent Provocateur? Sirk schätzt Shakespeare über alles, nicht zuletzt auch deswegen, weil er seine Meisterwerke für ein breites Publikum schrieb und produzierte. Die Shakespeare-Bühne war im besten Sinne populär, die Fischweiber besetzen die Ränge. Aber ein Theater, das nicht mehr populär ist und das nur noch für ein ausgewähltes Publikum produziert, hat in seiner elitären Exklusivität etwas Faschistisches. Eine populäre Form wie das Melodram ist per se nicht verwerflich, sondern durchaus eine Chance. »Kitsch«, so Adorno, »parodiert die Katharsis. Dieselbe Fiktion aber macht auch Kunst von Anspruch (...). Vergebens, abstrakt die Grenzen ziehen zu wollen zwischen ästhetischer Fiktion und dem Gefühlsplunder des Kitsches. Als Giftstoff ist er aller Kunst beigemischt.«[81] Wer Sirk als Kitschproduzenten desavouiert, hat überhaupt nichts verstanden. Bosley Crowther, vom vielen Filmesehen schon fast blind, fällt zu IMITATION OF LIFE nur ein: »It is the most shameless tearjerker in a couple of years.«[82]

Man kann es gar nicht deutlich genug sagen: Ironie ist der eigentliche Clou an Sirks Werk. In diesem Buch ist sie der Angelpunkt, von dem aus sich das Werk Douglas Sirks entfaltet. Das klassische Melodram ist bierernst und kennt keine Ironie. Das Bühnenmelodram des 19. Jahrhunderts kannte allenfalls die Parodie in Form eines komischen Begleitprogramms, ein bisschen wie das Satyrspiel in der Aufführungspraxis der griechischen Tragödie. Aber mit Ironie macht sich ein subversives Element im Melodram selbst bemerkbar, überwindet seinen affirmativen Charakter und verkehrt es in ein Instrument der Kritik. »Cliff is such an innocent Daddy,« heißt es in THERE'S ALWAYS TOMORROW.

Bedürfnis und Begehren

»Das Begehren zirkuliert und nicht die Herrschaft.«
(Roland Barthes)

»Dorothy Malone wants Rock Hudson who wants Lauren Bacall who wants Robert Stack who just wants to die.«
(Thomas Elsaesser)

Derrida hat in seiner Schrift ›Glas‹ darauf hingewiesen, dass sich bei Hegel das Begehren zwischen den Zeilen lesen lässt. Das war 1974. Von 1975 bis 1978 hatte ich mehrmals Gelegenheit, mit Douglas Sirk darüber zu diskutieren, denn das Melodram enthält das System des Begehrens. Sirk fand den Zusammenhang der Systeme sofort bestechend. Dem System der Bedürfnisse bei Hegel ist das melodramatische System des Begehrens eingeschrieben. Das System des Begehrens ist sozusagen a priori autonom und frei flottierend. Zum melodramatischen Phänomen wird es erst in der Konfrontation mit dem System des Bedürfnisses in der bürgerlichen Gesellschaft. »Ich erwerbe«, schreibt Hegel, »von anderen die Mittel der Befriedigung und muss demnach ihre Meinung annehmen. (…) Alles Partikulare wird insofern ein Gesellschaftliches (…) eine gewisse Konvenienz, die man annehmen muss.«[83] Das gibt den Rahmen vor, in den die bürgerliche Gesellschaft das Begehren einhegt. Das Begehren wird so zum Begehren der Zirkulationsagenten. Das Begehren einer Witwe ist ökonomisch und sozial definiert. Und Schauspielerinnen oder Geschäftsfrauen stellen das Begehren hinter ihre Karriere (z. B. All I Desire, Imitation of Life, There's Always Tomorrow).

Die Verbrüderung der beiden Systeme findet sich in zwei zentralen Festen des Bürgertums: Weihnachten und Karneval. Eine der gemeinsten, lieblosesten Szenen, vielleicht die grausamste Tat in seinem Werk, verlegt Sirk auf das Fest der Liebe: Jane Wyman bekommt von ihren Kindern als Ersatz für ihren Geliebten zu Weihnachten einen Fernsehapparat geschenkt (All That Heaven Allows). Dieses grausige Ding ist von Mistelzweigen, Weihnachtskränzen und Tannengrün eingerahmt. »There is no such thing as a dead thing and a live thing.«[84] Eine seiner makabersten und obszönsten Szenen verlegt Sirk auf das Fest der freien Liebe: Während das Flugzeugwrack mit der Leiche von Robert Stack aus der Lagune gezogen wird, sitzt ein maskiertes Pärchen in einem Auto mit Blick auf das Meer und küsst sich (The Tarnished Angels). Der lebensgefährliche Fliegerzirkus findet am Mardi Gras statt, dem Karneval von New Orleans. Sirk inszeniert das Fest der freien Liebe als einen zwanghaften Totentanz.

Sein und Schein kollidieren bei Sirk in einer so harten Dialektik, dass die Funken sprühen. Sirks Familienmelodramen machen kein Hehl daraus, dass Liebe und sexuelle Erfüllung, durchaus erklärte Werte der bürgerlichen Gesellschaft, in deren Verkehrsformen erdrückt und erstickt werden. Unerbittlich und sogar tödlich treten die Widersprüche von ökonomischem Sein und idyllischem Schein in seinen Ufa-Filmen in den Vordergrund. Aber erheblich bitterer ist die Ironie in seinen Hollywood-Filmen. In einem Land, in dem das Glück Verfassungsrang hat, sind Sirks Helden zum Unhappy Happy Ending verurteilt. In seinen Hollywood-Filmen steckt Sirk auch die beiden äußersten Pole ab: das Weihnachtsfest in All That Heaven Allows und der Karneval in The Tarnished Angels. Diese Gesellschaft ist so lieblos, dass sie ein eigenes Fest der Liebe braucht, und so lustlos, dass sie ein eigenes Fest der freien Liebe braucht. Beide Feste geraten bei Sirk zum geraden Gegenteil. Zum Fest der Liebe soll eine Mattscheibe das Leben ersetzen, zum Fest der freien Liebe herrscht nur schaler erotischer und ökonomischer Zwang. Wo in Sirks deutschen Filmen das Ideal der Wirklichkeit spottet, spottet in seinen amerikanischen Filmen die Wirklichkeit dem Ideal. Es ist dasselbe widersprüchliche Verhältnis, aber anders pointiert. »All That Heaven Allows«, kommentiert Sirk, »ist schon im Titel eine Ironie.«[85]

Ostern

»Ich wollte, dass dieser Augenblick für immer andauert. (...)
An was erfreut man sich in einer solchen Situation? An nichts Äußerem,
an nichts außer sich selbst und seiner eigenen Existenz;
solange dieser Zustand andauert, genügt man sich selbst wie Gott.«
(Rousseau)

Sirks böser Blick ist gedoppelt. Er blickt auf das Bürgertum durch dessen dramatische Lieblingsgattung, das Melodram, und sein Blick auf das Melodram, Hausers »verdorbene Tragödie«, ist ganz der eines kritischen Theoretikers. Melodramen haben nichts mit Spontaneität zu tun. Melodramen werden am Reißbrett entworfen: Gefühlsverwirrungen, eiskalt kalkuliert. Bei Sirk ist dieses Paradoxon des Genres auf die Spitze getrieben. Desto verrückter und wirrer der Anschein der Geschichte, desto klarer die Struktur. Über Magnificent Obsession sagt Sirk: »You have to do your utmost to hate it – and to love it. (...) this is a damned crazy story if ever there was one. (...) It is a combination of kitsch, and craziness, and trashiness.«[86]

Sirk macht aus dem hölzernen Rock Hudson in MAGNIFICENT OBSESSION einen melodramatischen Ödipus von Nietzscheanischem Ausmaß. Es beginnt damit, dass der Playboy und verkrachte Medizinstudent Hudson durch leichtsinnige Raserei einen Unfall verursacht. Nach dem Unfall wird er durch ein Beatmungsgerät gerettet, das eigentlich Dr. Phillips benötigt hätte, der währenddessen an einem Anfall stirbt. Das Gerät heißt ›Resuscitator‹, das lässt sich auch als ›Wieder-zum-Leben-Erwecker‹ übersetzen. Dr. Phillips war ein Klinikchef von gottähnlichen Qualitäten. »God wouldn't have helped us more«, sagt eine Frau über ihn. Er kommt im ganzen Film nicht vor, er bleibt unsichtbar, nicht einmal ein Gemälde von ihm können wir von vorn sehen. Der reinste Ikonoklasmus. Rock Hudson wird den Platz des unsichtbaren Gottvaters, den er getötet hat, Stück für Stück einnehmen.

Er will sich bei der Witwe, Jane Wyman, erkenntlich zeigen, ist aber so aufdringlich, dass er einen zweiten Unfall verursacht. Jane Wyman, die ihm ausweichen will, wird dabei angefahren und geblendet. Rock Hudson studiert Medizin, um ihr zu helfen. Er begleitet die Blinde unter falschem Namen auf eine Reise in die Schweiz. Zwischen den beiden, die fast wie Mutter und Sohn wirken, entwickelt sich eine seltsame erotische Beziehung. Rock Hudson freundet sich mit dem besten Freund des toten Gottes an, einem Maler. Von ihm, dem Künstler, wird der Banause Hudson (»For me is Art [= Kunst / Arthur] just a boy's name«) belehrt: Kreativität als Gottesersatz. Die Anti-Trinität des Films lautet: Du musst Dr. Phillips werden, sein wie der Vater, sein wie Gott. Erst im Vollzug der Ursünde ist Gott wirklich tot.

Rock Hudson vollendet diesen ›Auftrag‹, indem er Jane Wyman durch eine Operation heilt und Dr. Phillips' Position nun beruflich, sozial und sexuell ausfüllt. Krankenhäuser haben etwas von Kathedralen an sich. Bei der Operation gegen Ende des Films ist es der Künstler, der von der Galerie herunter Regie führt. Die Galerie ist durch Glas vom Operationssaal getrennt. Der Operationssaal spiegelt sich im Glas, hinter dem der Künstler steht. Von unten ist er eine Lichterscheinung über der riesigen OP-Lampe, seine Stimme ertönt mit Halleffekt. Als die Operation beginnt, geht der regieführende Künstlergott ab, er hat sein Schöpfungswerk getan. Sirk: »This God-like creature is sitting up there. It is a good old image of God. He is benevolently smiling down on that stupid story. (...) He's needed because down there on the operation table, a miracle is happening. And it really has to be a Rock Hudson type there. At first he's just a stupid guy. All he can do is race his car. His change is quite impossible and therefore just right.«[87] Sirk macht das Unmögliche wahr.

Der gottähnliche Künstler in MAGNIFICENT OBSESSION ist ein Alter Ego des Regisseurs, der die Strippen zieht. Otto Kruger, der Schauspieler, hat sogar einige Ähnlichkeit mit Sirk. Ein solcher Strippenzieher kommt bei Sirk des Öfteren vor: HAS ANYBODY SEEN MY GAL?, MEET ME AT THE FAIR, TAZA, SON OF COCHISE, APRIL, APRIL!, DER EINGEBILDETE KRANKE, DREIMAL EHE, BOEFJE, LURED, THE FIRST LEGION, THUNDER ON THE HILL, TAKE ME TO TOWN. Aber in keinem Film ist die Anspielung so deutlich. Der gottgleiche Klinikchef Dr. Phillips ist tot – Gott ist tot. Und der Künstler-Demiurg und Gottesersatz führt von oben Regie. Wie es die Ironie will ›through a glass darkly‹. Hier gelingt eine geistesgeschichtlich ziemlich verrückte Konstruktion. Sirk verbindet Nietzsche mit der Idee von Ostern! Otto Kruger plaudert es selbst aus: »Besides – this is dangerous stuff – one of the first men who used it went to the cross at the age of 33.« Der Melodramen-Regisseur als Schöpfergott, der nach Bedarf das Licht an- oder ausknipst, so, wie es Otto Kruger in einer Schlüsselszene tatsächlich tut. Ein ziemlich ausgebufftes Stück von Selbstironie. Diese Gleichung Künstlergott = Meloregisseur schwingt sich aber nicht zur kritischen Instanz auf: Die Strippenzieher fallen nicht aus ihrer Rolle, bleiben auf Distanz. Otto Kruger verzapft einen solchen Stuss, dass man glaubt zu sehen, wie Sirk grinst.

Blindheit ist ein zentrales Melodramen-Motiv, gerade im visuellen Medium. Im Bühnenmelodram wird die Stummheit bevorzugt. In Sirks Kino ist Blindheit – wirkliche wie metaphorische – eine große Obsession: »One of my dearest projects was to make a picture set in a blind people's home.«[88] Die Helden des Melodrams sind stets blind gegenüber dem Leben. Blindheit im Melodram ist immer auch metaphorische Blindheit. Jane Wyman ist keineswegs blind. Als sich Rock Hudson ihr unter falschem Namen vorstellt, nimmt sie nur die schwarze Brille ab und weiß, wer er ist: der, der sie geblendet hat. Wie der göttliche Funke in der Bibel oder im Mythos oder in Beethovens 9. Symphonie. Blinde können im Melodram sehen, was sie sehen wollen; blind sind sie nur für das, was sie wegdrängen. In einer Schlüsselszene stellt Sirk Jane Wymans unterdrücktes sexuelles Verlangen dar: »There is this huge bulging pole, like a phallus. It's sitting there, in front of her and she can't find it. She can't see it, yet she is reaching out, reaching...« (Sirk).[89]

In THE TARNISHED ANGELS nennt Rock Hudson den verblendeten Robert Stack »a pityful blind man«. Robert Stack antwortet: »A blind man isn't blind.« An dramaturgisch wichtigen Stellen setzt Sirk ironisierend einen blinden Drehorgelspieler (THE TARNISHED ANGELS) und einen blinden Barden (CAPTAIN LIGHTFOOT, 1954) ein. In SHOCKPROOF lässt sich ein Bewährungshelfer mit einer ihm anvertrauten Kriminellen ein. Seine blinde Mutter will ihren Sohn nicht an eine andere Frau verlieren. Als sie seine Geliebte ›sieht‹, weiß sie sofort, dass es eine falsche Blondine ist. Der Blindenfilm schlechthin ist MAGNIFICENT OBSESSION. Die Blinde wird durch eine Art Wunder sehend. Der verblendete Ödipus muss die blinde Mutter heilen.

Die Kranken tragen ihre seelischen Wunden am Körper. Die zahllosen Bresthaften, Blinden und Lahmen, Impotenten und Verkrüppelten bei Sirk haben eigentlich Probleme mit der Welt, ihre Leiden lassen sich metaphorisch lesen. Aber gut bürgerlich machen sie daraus Probleme mit ihrem eigenen Leben. Wunder sind da an der Tagesordnung. Aber die echten Wunder der Ärzte und die falschen der Jesuiten kritisieren einander wechselseitig. Ein Jesuit fragt in THE FIRST LEGION einen anderen, kurz bevor sich ein Wunder ereignet: »What do you know about life?« Und ein Arzt fragt in ALL THAT HEAVEN ALLOWS seine Migräne-Patientin: »Do you expect me to give you a prescription for life?« All die Klempner an Seele und Leib sind unfähig, die Probleme des Lebens zu lösen, weil es Probleme der Gesellschaft sind. Die Schluss-Pietá von ALL THAT HEAVEN ALLOWS zeigt den Toten und den Auferstandenen zugleich. In THUNDER ON THE HILL entpuppt sich der Arzt als Mörder, in THE FIRST LEGION ist der Arzt der Wundertäter, in MAGNIFICENT OBSESSION, wo der Arzt Mörder und Wundertäter zugleich ist, liefert Sirk die Synthese: Gott ist tot, der Meloregisseur ist der gottgleiche Wundertäter. Sirk: »Ich bin kein Metaphysiker.«[90]

Sirk knüpft hier clever an die Kombination von Selbstbespiegelung und Selbstschöpfung an, die schon Rousseau in seinem ›Pygmalion‹ thematisiert hatte. Das Ärztemelodram – idealerweise heiratet der Arzt die geheilte Patientin – ist der moderne Pygmalion. Der neue, sich selbst erschaffende Mensch benützt nicht mehr Hammer und Meißel, sondern Säge und Skalpell. Das profanierte Osterfest von MAGNIFICENT OBSESSION funktioniert aber auf zwei Ebenen. Der Arzt erweckt Tote zum Leben. Und er wird zum Schöpfergott, der sich selbst erschafft. Ein paradiesisches Happy Ending: Oh Augenblick, it will be a magnificent obsession. In beiden Fällen hat der pseudoreligiöse Diskurs mit ernsthafter Theologie nichts zu tun, sondern dient der bürgerlichen Ideologieproduktion. Und Sirks Regie lässt nichts aus, um das zu ironisieren. Dass Sirk das blind erkannt hat, macht diesen surrealen Film zu einem echten Meisterwerk.

Praxis. Das Glück der Bürger

»Der Stil ist die Ethik des Kinos, der Kunst.«
(Douglas Sirk)

»Le style c'est l'homme.«
(Karl Marx)

»Ich glaube, dass das Glück existiert, schon allein deshalb, weil es zerstört werden kann.«
(Douglas Sirk)

»Kunst ist das Versprechen des Glücks, das gebrochen wird.«
(Adorno)

Through a glass darkly

Sirk bedient sich gerne dieser Formulierung, wenn es um das Glück der Bürger geht. Eigentlich stammt die Phrase aus 1 Korinther 13:12: »Βλέπομεν γὰρ ἄρτι δι' ἐσόπτρου ἐν αἰνίγματι.« Die klassische Übersetzung im Englischen lautet: »For now we see through a glass darkly.« Das ist eine durchaus kongeniale Verkürzung. ›Esoptron‹/›Spiegel‹ wird passend mit ›dunkles Glas‹ übersetzt, was der Qualität antiker Spiegel näherkommt als die viel zu glatte moderne Übersetzung ›mirror‹. Das Wort ›Ainigma‹/›Rätsel‹ fällt dabei unter den Tisch. Luther übersetzt: »Wir sehen jetzt durch einen Spiegel in einem dunklen Bild.« Im Deutschen könnte man auch die klassische englische Übersetzung übernehmen oder versuchen, dem antiken Spiegel gerecht zu werden: ›Bis jetzt sehen wir nur in Rätseln durch eine matte Spiegelfläche.‹

Die Verwendung dieser Phrase im angloamerikanischen Kulturbereich ist inflationär. Während Paulus mit einem Erlösungsversprechen fortfährt, sind die kulturellen Adaptionen eher düster. Dem Bildungsbürger Sirk ist die Problematik natürlich bekannt. Aber selbst aus theologischer Sicht darf ein Erlöserblick auf das irdische Jammertal eher düster ausfallen. Sogar Bergmans religiöser Horrorfilm SÅSOM I EN SPEGEL (1961) zitiert Paulus schon im Titel. Die Figur des Jesus Christos Soter ist eine tragische antike; der Held stirbt und rettet dadurch die Welt. Aber den melodramatischen Helden ergeht es noch schlimmer als den tragischen, sie sind zum ewigen Leben im Unglück verdammt: »In tragedy the life always ends. By being dead, the hero is at the same time rescued from life's trouble. In melodrama, he lives on – in an unhappy happy end« (Sirk).[91]

Ironie und schwarzer Humor

In HITLER'S MADMAN (1942/43) kommt ein Nazi-Beamter, der nicht scharf genug gegen die tschechische Zivilbevölkerung vorgeht, in die Mühlen von Heydrichs Schergen. Als er verhaftet wird, kann er es gar nicht fassen und grüßt wie wild »Heil Hitler! Heil Hitler! Heil Hitler!« In A TIME TO LOVE AND A TIME TO DIE sucht ein Soldat auf Fronturlaub drei Wochen lang seine Frau. Er freut sich so richtig auf ihre zwei Zentner, aber als er sie endlich findet, ist sie auf Normalgewicht geschrumpft. Er ist so enttäuscht, dass er gleich freiwillig zur Front zurückkehrt. THERE'S ALWAYS TOMORROW (1955) beginnt mit dem Titel ›Once upon a time in sunny California‹, und dann sehen wir eine öde, verregnete Geschäftsstraße. Im selben Film zeigt uns Sirk ein plärrendes Kind durch ein Fischglas verzerrt. »It's always the children«, kommentiert die geplagte Frau. Die Kleinstadt-Idylle ist dahin. Glück ist eine melodramatische Ironie. Sirk hat erkennbar Lust an zündelnder Boshaftigkeit und nützt sie als das Instrument der Wahl, um seine Techniken der Distanzierung zuzuspitzen.

Distanz

Spiegel, überaus häufig in Sirks Filmen, sind ein Vehikel, um Distanz zu schaffen. Sie reflektieren im doppelten Sinn. Sirk: »Ich glaube, dass Kunst Distanz herstellen muss (…) ich habe Spiegel verwendet, denn sie sind selbst Symbole dieser Distanz.«[92] Gegen Ende von THE FIRST LEGION gibt es ein Gespräch zwischen den drei emotional überforderten Hauptakteuren, das von einem Spiegel dominiert wird. Spiegel erinnern bei Sirk oft daran, dass es sich im Kino um bloße Reflexion handelt, artifiziell, gemacht. Den toten Heydrich (in HITLER'S MADMAN) zeigt er im Spiegel, das schafft Distanz: »Andernfalls«, so Sirk, »wäre es nur ein politisches Pamphlet«.[93] Ähnlich wie der Spiegel schafft auch der Blick durch einen Rahmen Distanz. In vielen Filmen gibt es den Blick durch verregnetes Glas, trübes Glas oder frostiges Glas. Dieser Blick taucht am Schluss von IMITATION OF LIFE wieder auf. Sirk nimmt das ›glass darkly‹ durchaus wörtlich: »In WRITTEN ON THE WIND the mirrors that run throughout are marbleized. They are not clear mirrors anymore. Even the reflections have become clouded« (Sirk).[94] In ZU NEUEN UFERN gibt es im Gefängnis nur eine Spiegelscherbe; später

Treppen

Treppen sind in Sirks Werk ein wichtiger dramaturgischer Ort.

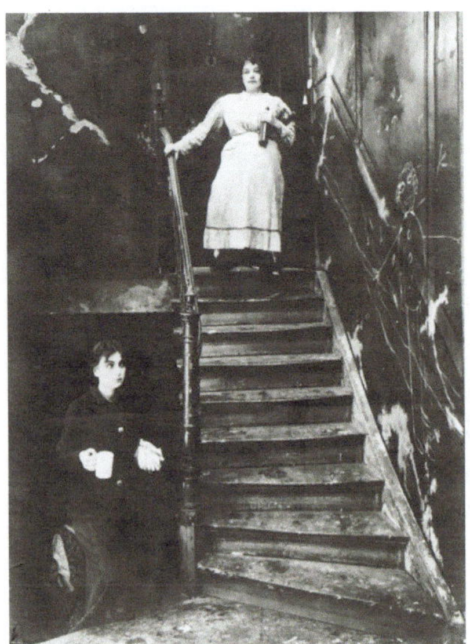

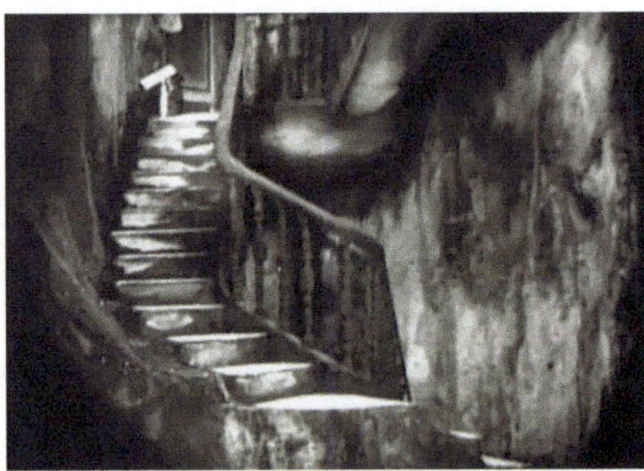

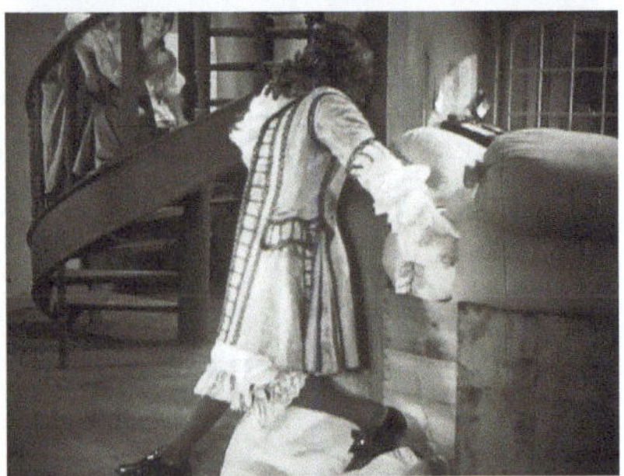

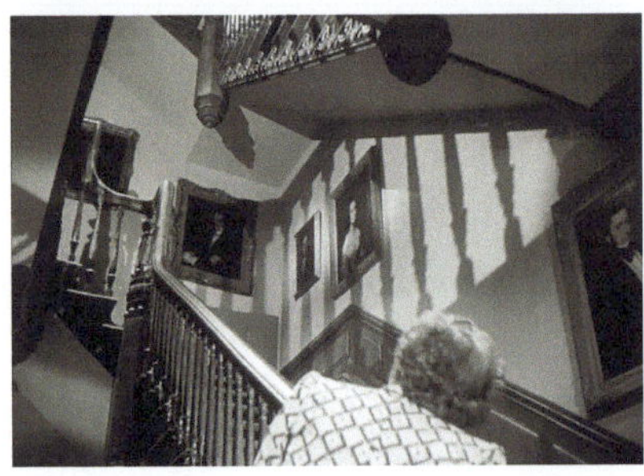

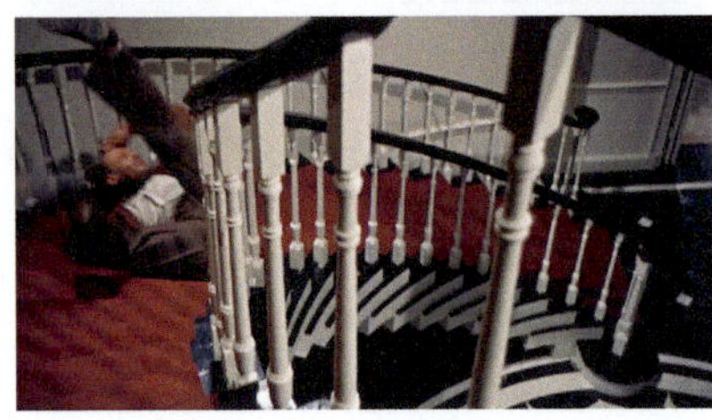

Beispiele aus: VORDERTREPPE UND HINTERTREPPE, HINTERTREPPE, DER EINGEBILDETE KRANKE, SLEEP, MY LOVE, WRITTEN ON THE WIND

VORDERTREPPE UND HINTERTREPPE von Urban Gad (1914) und HINTERTREPPE von Leopold Jessner (1921) sind Filme, die Sirk wahrscheinlich gesehen hat.

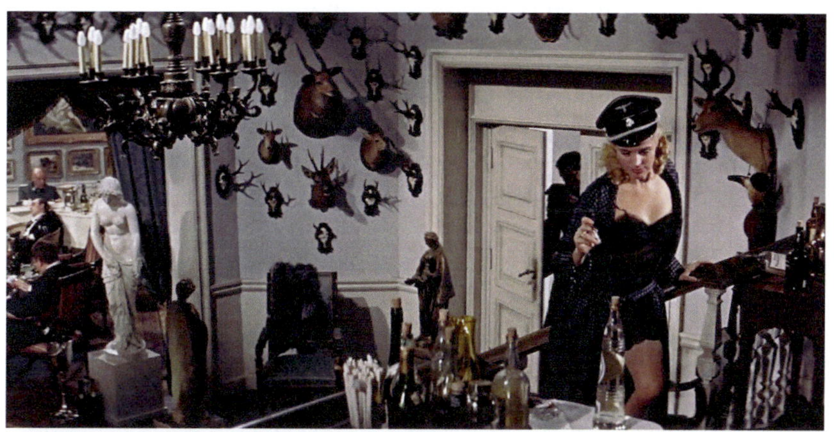

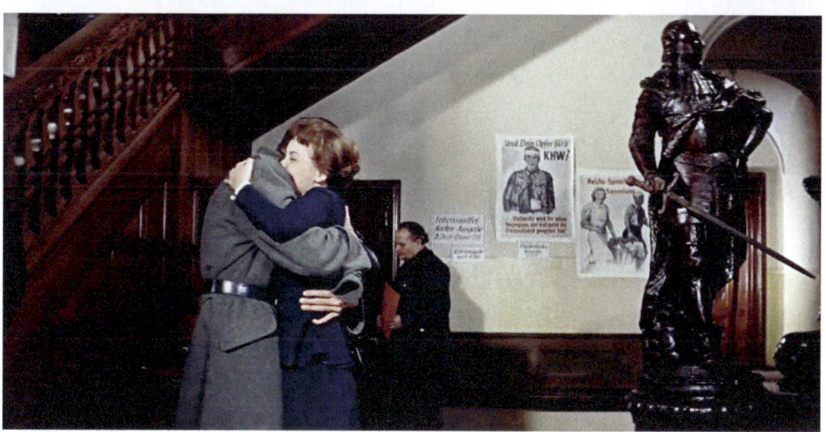

Beispiele aus: A Time to Love and a Time to Die (2x)

will ein Farmer die Liebe von Zarah Leander mit einem großen Spiegelgeschenk erkaufen.

»Film ist ein völlig künstliches Medium«

In diesen Zusammenhang gehört auch Sirks Vorliebe für das Medium im Medium. Das Medium im Spiegel des Mediums. In MEET ME AT THE FAIR präsentieren Schausteller im Wonderland Café »das Neueste auf dem Gebiet der Unterhaltung«. Mit einer Filmvorführung und Diaprojektion machen sie auf Missstände in einem Waisenhaus aufmerksam. TAKE ME TO TOWN wird das Happy Ending durch die glückliche Fügung einer parallel stattfindenden Theateraufführung eingeleitet. Leben und Bühne verwischen sich wie bei Pirandello. In DAS HOFKONZERT (1936) arbeitet Sirk mit den Errungenschaften von Fotografie und Laterna magica. Er sagt: »Film ist ein völlig künstliches Medium«.[95] Farben sind so knallig, dass sie flächig werden, Landschaften so konstruiert wie ein Theaterprospekt. SUMMER STORM beginnt mit einem Regenbogen, der nichts Gutes ahnen lässt, und WRITTEN ON THE WIND mit einem kanariengelben Auto, das durchs Bild rast, als wäre es von Rauschenberg. Innenräume mit leichtem Tele werden so flach, wie ihre Bewohner oberflächlich sind.

»Ich bin kein Metaphysiker«

Im Kino ist alles möglich; in THE FIRST LEGION lässt Sirk zwei Wunder geschehen. Beim ersten Wunder schauen sich Jesuiten gerade einen Film über Indien an. Riesig erscheint ein Elefant an der Wand, da erhebt sich der todkranke Pater José vom Bett und wandelt auch. Das zweite Wunder zeigt ein verkrüppeltes Mädchen vor einem Altar, Totale, gut ausgeleuchtet, klares Bild. Plötzlich, näher aufgenommen, erhebt sie sich und wandelt, danach erscheint der Altar wieder, aber in starkem Weichzeichner. Die Szene ist gefilmt wie in einem Horrorfilm von Val Lewton, zombiehaft. Projiziertes Bild und projektive Imagination fließen hier zusammen. Die Wunder des Kinos mokieren sich über die Wunder der Jesuiten; da ist es fast schon überflüssig, wenn sich ein atheistischer Mediziner als Wundertäter entpuppt. Wo so viel Verwirrung herrscht, treibt auch Sirk sein Verwirrspiel mit Spiegeln. In THE FIRST LEGION sind Spiegel oft so angeordnet, dass der Standpunkt der Kamera, des Zuschauers nicht mehr bestimmbar ist.

Zerrspiegel

In WRITTEN ON THE WIND scheint Robert Stack impotent zu sein. Die Substitute Autos, Flugzeuge, Whiskey bestätigen ihm Speed und Power aus der Werbung des Hadley-Imperiums, dessen Erbe er ist. Wie ein Fluch determiniert dieses Erbe sein Leben. Er kann sich dieser Verpflichtung nicht entziehen. Der strebsame Rock Hudson und die puritanische Lauren Bacall sind wie die Wunschkinder, die ihm sein Vater vorhält. Mit der Whiskeyflasche bewegt er sich auf seine Frau, Lauren Bacall, zu. Seine unzweideutigen Gesten lassen keinen Zweifel an der Funktion der Flasche. Über ihre Hochzeitsreise ist alles gesagt, als sie die Halle des Miami-Hotels betreten, die nur aus Spiegeln besteht; die Spiegelungen multiplizieren sich ebenso wie sich die Selbsttäuschungen häufen. Später blickt Robert Stack auf sich selbst im Spiegel und schüttet Whiskey auf sein Spiegelbild, das jetzt wie im Zerrspiegel erscheint. Auch in SUMMER STORM zerschmettert George Sanders angeekelt sein Spiegelbild. In THE TARNISHED ANGELS ist Karneval. Maskierte strömen in ein Panoptikum. Vor einem Zerrspiegel küsst ein Mann ein widerstrebendes Mädchen.

Body and soul

Das Melodram trennt nicht zwischen Leib und Seele, Körper und Geist: Einer, der unfähig ist, ist auch impotent, einer, der impotent ist, hat auch weiße Mäuse im Kopf. Die überhöhten Menschen des Melodrams sind Über-Bürger, die Totalität, die die bürgerliche Gesellschaft ihren Mitgliedern schon lange verwehrt, besitzen sie hier – positiv wie negativ – im Übermaß. Als Robert Stack beim Arzt erfährt, er sei impotent, geht er davon wie einer, dem man auf den Kopf geschlagen hat. Draußen auf der Straße gibt es ein Kaufhauspferd, auf dem ein kleiner Junge wie wild reitet. Daheim unter dem Kopfkissen hat Robert Stack eine Pistole liegen, gegen Alpträume. Als er seinen Alptraum beendet hat, bleibt ein leeres Haus zurück. Nur noch seine Schwester, Dorothy Malone, ist da. Sie sitzt in einem eiskalten blaugrauen Kostüm am Schreibtisch ihres toten Vaters, dessen Ölimperium sie leiten wird. Alles, was ihr geblieben ist, ist die Power des Miniaturölturms, den sie in Händen hält, spiegelbildliches Abbild des Gemäldes ihres toten Vaters, das über dem Schreibtisch hängt.

Der Spiegel ist die Imitation des Lebens

In IMITATION OF LIFE will die hellhäutige Tochter einer Schwarzen als Weiße Karriere machen. Sie betrachtet sich vor einem Spiegel: »Ich bin weiß!« Ihre Kleider sind überwiegend in abgetöntem Weiß. Die Hauptrolle in dem Film hat Lana Turner als Schauspielerin, die ihr Leben einer Bühnenkarriere opfert. Ihre Tochter ist eine Lana-Turner-Imitation bis zur Peinlichkeit, sie versucht ihr sogar den Geliebten abspenstig zu machen. Nebenfiguren sind die Schwarze und ihre hellhäutige Tochter. Aber die Dramaturgie macht sie zu heimlichen Hauptfiguren. Ohne die Hilfe der Schwarzen hätte Lana Turner nie Karriere gemacht: Sie hat sich erst als ihre Dienerin ausgegeben – im Verlauf von Lana Turners Karriere wird sie es aber immer mehr. Ihre hellhäutige Tochter will ihrerseits eine Karriere machen wie Lana Turner. Die Imitation einer Imitation einer Imitation. Das falsche Spiegelbild ist auch ein Zerrbild. Sirk: »The mirror is the Imitation of Life.«[96]

Spiegelmontage

Statt eines Schnitts lässt Sirk oft die Handlung in einem Spiegel weiterlaufen. In ALL THAT HEAVEN ALLOWS sitzt die Hauptakteurin an ihrem Schminktisch. Der Spiegel reflektiert ihre Krise. Es läutet und ihre erwachsenen Kinder kommen. Sie geht zur Tür. Die Szene am Hauseingang sieht man klein im Schminkspiegel. Sohn und Tochter sind keine Hilfe, sondern stürzen sie tiefer in ihre Krise. Sirk schneidet nicht, die Kamera schwenkt nicht; das ganze Drama spielt sich im Spiegel ab. Mit demselben Trick arbeitet Sirk in ALL I DESIRE und WRITTEN ON THE WIND. In THERE'S ALWAYS TOMORROW wird sogar derselbe Schminktisch wie in ALL THAT HEAVEN ALLOWS verwendet. Am Anfang von WRITTEN ON THE WIND entwickelt sich die unglückselige Beziehung von Lauren Bacall und Robert Stack. Zwischen ihnen steht Rock Hudson, der Lauren Bacall insgeheim liebt. In einem dreiteiligen Spiegel sind sie exakt so angeordnet.

Das Spieglein und der Tod

Der moribunde Teil von LA HABANERA beginnt mit einer Spiegelwand. Und in SCHLUSSAKKORD zitiert Sirk wiederholt das Spiegelmotiv aus ›Schneewittchen‹ herbei, eine regelrechte Spiegelbeschwörung, der Spiegel wird zum Reden gebracht. Das wird nicht gut enden. Die Operation in MAGNIFICENT OBSESSION erscheint in einer spiegelnden Glaskuppel und ist in der Montage mit einem Spiegel im Krankenzimmer verknüpft. Wie aus einer anderen Welt. Der Polizeichef in A SCANDAL IN PARIS wird in einer bizarren Papageno-Verkleidung wahnsinnig im Anblick seines Spiegelbilds; die Vögel kreischen dazu. In SUMMER STORM betrügt George Sanders seine Braut; der verräterische Kuss geschieht in einem Türrahmen, der in einem Spiegel für die Braut sichtbar ist. Ein tödliches Dreieck. Die tödliche Imitation schlechthin ist der Fernsehapparat in ALL THAT HEAVEN ALLOWS. Mit Misteln geschmückt ist er das Weihnachtsgeschenk der Kinder an die verwitwete Mutter, die gefälligst zuhause bleiben soll. »Drama, comedy, all life's parade at your fingertips.« Und Jane Wymans verstörtes Gesicht spiegelt sich auf der Mattscheibe wie ein Totenkopf. Es ist wie bei Cocteau. Im Spiegel sehen wir dem Tod bei der Arbeit zu. Am Schluss von A TIME TO LOVE AND A TIME TO DIE fällt ein Brief ins Wasser, in dem sich der tote Protagonist spiegelt. Eine Totenmaske spielte schon vorher eine Rolle.

Masken

Masken wie im griechischen ›oidos‹/›Gesang‹, komisch und tragisch. Die hellhäutige Schwarze in IMITATION OF LIFE singt und tanzt in einer New Yorker Bar mit weißen Masken. Zu Beginn von SCHLUSSAKKORD liegt im Schnee eine Maske, man meint fast ein Erfrorener. Ein steifgefrorener Toter war gerade zu sehen. In A TIME TO LOVE AND A TIME TO DIE kommt aus dem tauenden Eis eine Maske, die weint; es ist das Gesicht eines Erfrorenen. In THE TARNISHED ANGELS ist Karneval. Die Masken sind Zerrbilder der Wirklichkeit wie bei James Ensor. In vielen Sirkfilmen schlüpfen Menschen in Masken, sind nicht, was sie scheinen. Die Masken sind weniger Täuschung als Selbsttäuschung. Zu Beginn von SHOCKPROOF verwandelt sich eine Zuchthäuslerin in flotter Montage zu einem Hollywood-Sternchen. In SLIGHTLY FRENCH wird aus einer amerikanischen Provinzlerin eine Klischeefranzösin. In LURED schlüpft Lucille Ball in eine ganze Serie von Maskeraden. Zwei Maskierte treffen sich in A SCANDAL IN PARIS, Papageno und der Heilige Georg. Die Heldin von THE LADY PAYS OFF fühlt, dass sie das Lehrersein wie eine Maske trägt.

Fenster

Fenster ergänzen Spiegel und Masken. Sie sind ein ›frame within the frame‹. Ein Stück wird ausgestellt, inszeniert, ruhiggestellt, überwacht. Amerikanische Fenster sind offen, keine Thujenhecken versperren den Blick. Diese scheinbare Offenheit hat etwas vom Genfer Tugendwächterstaat eines Calvin. Die Popper'sche Illusion von der offenen Gesellschaft entpuppt sich hier als öffentliche Kontrolle. Die lieben Nachbarn von ALL THAT HEAVEN ALLOWS können schon von draußen sehen, was drinnen vorgeht. Nur im Obergeschoss gibt es ein buntes Glasfenster, da wird niemand durchschauen. Es wirft ein Licht wie in einem Mausoleum. In ALL I DESIRE sieht Barbara Stanwyck ihre Familie durch das Fenster wie in einer Puppenküche. Ein Familienleben im Aquarium.

Zum Schluss von ALL THAT HEAVEN ALLOWS hat sich der Gärtner Rock Hudson selbst eine Domestizierung aufgepfropft, um Jane Wyman zu gewinnen. Zusammen schauen sie aus einem Panoramafenster, ruhiggestellt. Man ahnt schon, wie sie sich noch anpassen werden. MAGNIFICENT OBSESSION endet mit einem Fensterblick auf eine Halbwüste. SPRICH ZU MIR WIE DER REGEN, SILVESTERNACHT und BOURBON STREET BLUES sind vor einem Fenster inszeniert, der Blick geht hinaus wie aus einem Gefängnis. »Their homes are their prisons«, sagt Sirk.[97] In SCHLUSSAKKORD wechselt die Hauptdarstellerin die Fensterplätze wie Logenplätze, eine Zuschauerin in ihrem eigenen Leben. In THERE'S ALWAYS TOMORROW sieht der unglückliche Familienvater Fred MacMurray am Schluss, durch das Fenster, wie seine Jugend und sein Glück davonfliegen. Papi ist eingesargt.

Treppen und andere Ein-, Aus- und Durchblicke

Dass Treppenhäuser und Sichtblenden vom Production Design verbaut werden, ist nichts Ungewöhnliches. Aber Sirk verwendet diese Artefakte so auffällig oft und so dramaturgisch gewichtig, dass man den Zweck dieser Operation kaum übersehen kann. Sirk eröffnet sich so eine weitere Möglichkeit des distanzierten Erzählens. Womöglich hat er 1916 VORDERTREPPE – HINTERTREPPE von Urban Gad gesehen. Aber er wird sicherlich 1921 HINTERTREPPE von Leopold Jessner gesehen haben. Treppen ermöglichen Wechsel von horizontaler und vertikaler Bewegung. Treppengeländer und andere Sichtblenden strukturieren das Sichtfeld. Personen erscheinen getrennt oder gefangen, schweben herab oder mühen sich nach oben. Schon die raumfüllende Wendeltreppe in DER EINGEBILDETE KRANKE nimmt den Treppenschwung von WRITTEN ON THE WIND vorweg. Und die Raumteiler aus LA HABANERA nehmen die Raumteiler aus ALL THAT HEAVEN ALLOWS vorweg.

Ambiguität

Sirks Interesse und Sympathie gilt im besonderen Maß den zerrissenen Charakteren. An ihnen werden die Widersprüche sichtbar, auf die es Sirk ankommt. Die Nebenfiguren werden deshalb – wie in IMITATION OF LIFE – oft die Hauptfiguren. Sirk: »The type of character I always have been interested in (...) is the doubtful, the ambiguous, the uncertain.«[98] Und: »Ambiguity in technique is important. People shouldn't be what in German is called ›eindeutig‹.«[99] Eindeutige Charaktere wie vielfach Rock Hudson dienen Sirk als Folie: »Im Melodram ist es vorteilhaft, einen unbeweglichen Charakter zu haben, dem man die eher gespaltenen Charaktere gegenübersetzen kann.«[100] Ambiguität steht im Sirk'schen Melodram nicht für Entwicklung, sondern für soziale Schizophrenie. Die theoretische Ambivalenz des Melodrams wird bei Sirk in der Praxis seiner ambiguen Akteure zum schizoiden Handeln. Sie wollen das eine und tun das andere. Sie sind gespalten zwischen Lustprinzip und Realitätsprinzip. Sie brechen zusammen unter dem Druck der Normen oder – in der deutschen Variante – haben die Normen verinnerlicht. Robert Stack und Dorothy Malone in WRITTEN ON THE WIND, die gebrochenen, zerrissenen Charaktere, sind die eigentlich interessanten. Und selbst Lauren Bacall ist interessanter als der fade Rock Hudson, denn »she is ambiguous« (Sirk).[101] Ambigue Personen führt Sirk gerne über die Erzählfigur des pars pro toto ein: Man darf rätseln, wem die Füße gehören, die wir zu Beginn von SHOCKPROOF, ALL I DESIRE oder IMITATION OF LIFE sehen.

Lebende Tote

ALL THAT HEAVEN ALLOWS ist nicht Sirks Meisterwerk, aber das beste Demonstrationsobjekt für seine Technik, einen vorgegebenen, völlig unattraktiven Melodramen-Stoff für seine Zwecke zu adaptieren. Universal wollte nach dem großen Erfolg von MAGNIFICENT OBSESSION einfach noch einmal einen Film mit derselben Mannschaft auf den Markt werfen. Sirk trägt in dem Film dick bis an die Grenzen des Erträglichen auf. Die Witwe Jane Wyman, kaum hat sie Rock Hudson kennengelernt, trägt leuchtendes Rot. Im örtlichen Country Club wird sie dafür von älteren Männern angemacht und von Frauen angepöbelt: »There's nothing like red for attracting attention. I suppose that's why so few widows wear it.« »Sirk ironises (...) the theme of the continued sexuality of mothers«, sagt Laura Mulvey.[102] Das Tabuthema ist hier mit bitterer Ironie pointiert und hat Fassbinder zu einer berühmten Sentenz inspiriert: »Da bricht man zusammen im Kino. Da begreift man was von der Welt und was sie macht an einem. Später dann geht Jane zurück zu Rock, weil sie Kopfschmerzen hat, die hat jeder von uns, wenn er zu selten fickt« (Fassbinder).[103] 1974 dreht Fassbinder eine Bearbeitung des Stoffs, ANGST ESSEN SEELE AUF. Mami ist eingesargt.

Totenhäuser

Der eigene Sohn macht in ALL THAT HEAVEN ALLOWS seiner Mutter im Foyer ihres Hauses Vorhaltungen und krönt seine infamen und peinlichen Unterstellungen damit, dass sie doch nur auf Rock Hudsons Muskeln scharf sei. Das Foyer ist ganz dunkel, Mutter und Sohn sind nur im Schattenriss zu sehen, zwischen ihnen ein klaffendes Vakuum. Ihre altkluge Tochter hat mit ihr eine Aussprache in einem Zimmer, in das nur durch ein paar bunte Gläser hoch an der Wand ein fahles Licht in grünen und roten Tönen fällt. In diesem gruftartigen Raum verkündet sie ihrer Mutter, dass bei den alten Ägyptern die Witwen der Pharaonen mit in die Pyramiden eingemauert wurden. Das Haus ist wie ein Mausoleum des verstorbenen Mannes. Am Kaminsims stehen seine Trophäen wie Urnen, jedes Objekt, das er hinterlassen hat, wird Jane Wyman von ihren Kindern wie eine Reliquie vorgehalten. Zarah Leander in LA HABANERA lebt eingeschlossen in einer Villa; die Jalousien bilden das Licht als Gitterstruktur ab. Von draußen rückt eine Epidemie immer näher, bis sie vom Haus Besitz ergreift. Rock Hudson und Dorothy Malone schließen sich in THE TARNISHED ANGELS in einer rummeligen Wohnung ein; zur Tür kommt eine Totenkopfmaske herein.

Musik und Bewegung

Eine der Schwierigkeiten, über Sirk zu schreiben, ist gerade das Filmische an seinen Filmen. Sirk: »Man muss mit der Kamera sehen. Man muss die Kamera lieben. Sie hat mich nie verlassen.«[104] Und: »I learned to trust my eyes rather more than the windiness of words« (Sirk).[105] Die Kamera sagt mehr als alle Worte. »The place of language in pictures has to be taken by the camera – and by the cutting. You have to write with the camera.« So Sirk.[106] Oft hat Sirk seinen Schauspielern den Text mit der Begründung gekürzt, sie sollten ihn nur denken, denn »the camera has X-ray eyes. It penetrates into your soul«[107]. Die Lücken, die die unausgesprochenen Worte hinterlassen, füllt Sirk gerne mit Musik (»Melodrama means music plus drama«) und Bewegung (»Motion is emotion«).[108] In SCHLUSSAKKORD hört Maria von Tasnady in den USA eine Übertragung von Beethovens 9. Symphonie aus ihrer deutschen

Heimat; ihr Mann hat soeben Selbstmord begangen. Der Dirigent, den sie gar nicht kennt, wird ihr Kind adoptieren, sie später treffen und heiraten. Die Parallelmontage Deutschland/USA wird unterbrochen durch Schwenks über stürmische Meereswogen. »In meinen Filmen bewegt sich die Kamera fast pausenlos« (Sirk).[109]

Tödliche Präzision

Sirks Schnitt-Tempo ist europäisch, von Dreyer beeinflußt. Er spricht von »the importance of certain hesitating cuts,«[110] mit einer tödlichen, bedrohlichen Präzision des Bildgedankens. Statisch und starr wurden Sirks Filme deswegen nie, denn er weiß die Kamera zu benützen wie andere Leute Zirkel und Lineal: immer am richtigen geometrischen Ort. Sirk: »The angles are the director's thoughts. The lighting is his philosophy.«[111] Sirks Bildausschnitte sind faszinierend. »Die Einstellung ist die Einstellung«, hat uns Sirk in den 1970ern gelehrt und Fassbinder hat es gleich für sich adaptiert.[112] Nachdem Fassbinder die Formulierung übernommen hat, ist sie viral geworden. Auch dürfte es kaum jemanden geben, der in Hollywood Filme gedreht hat unter so gründlicher Missachtung der konfektionierten amerikanischen Einstellung, denn der elegante Einstellungswechsel ist die Stärke seiner Kameraregie. Von einer »Kamera auf Zehenspitzen« redet Jacques Lourcelles.[113] Sirks nonverbale Ästhetik hat die Bildgewalt des Stummfilms.

Zirkuläres Erzählen

In WRITTEN ON THE WIND fährt Sirks Kamera mit kleinen Zwischenschnitten nach der Beerdigung des alten Hadley von den Trauerutensilien in Schwarz und Silbergrau weiter zu Lauren Bacall. Die ist schwanger, trägt ein grünes Kleid, das von den Beerdigungstönen affiziert ist: olivgrün. Sie trägt das Kleid der Hoffnung wie ein verkehrtes Trauerkleid. Man braucht keine Worte mehr, um zu wissen, dass sich der Kreis der Erzählung schließen wird, dass Robert Stack das ungeborene Kind aus Eifersucht töten wird. Robert Stack säuft sich wortlos zu Tode in einer Bar mit einem Flipperautomaten, in dem Kugeln sinnlos scheppernd immer wieder dieselben Bahnen beschreiben. Die Bar, an der er sitzt, ist kreisförmig, das Haus der Hadleys hat ein kreisförmiges Foyer, mit einem Kreismuster am Boden und einer Rundtreppe. Sirk wirft seine Protagonisten immer wieder zurück auf ihren Ausgangspunkt.

Spiegel

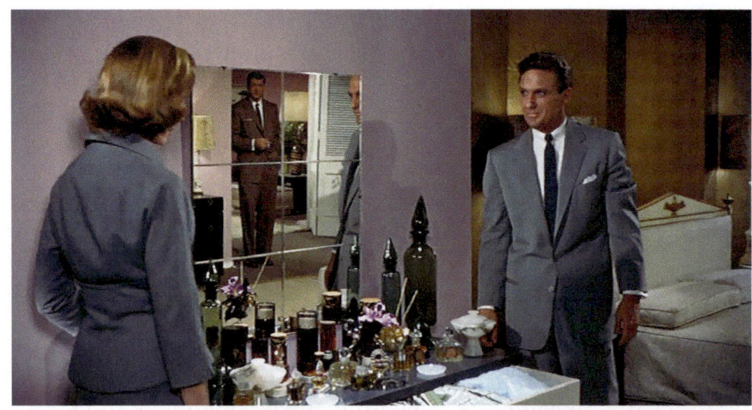

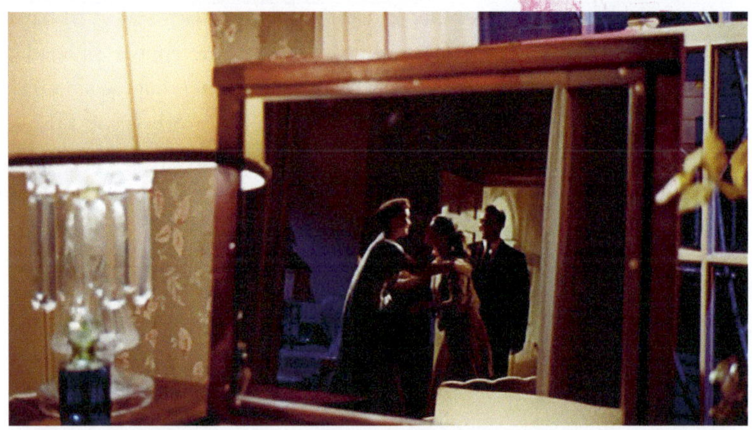

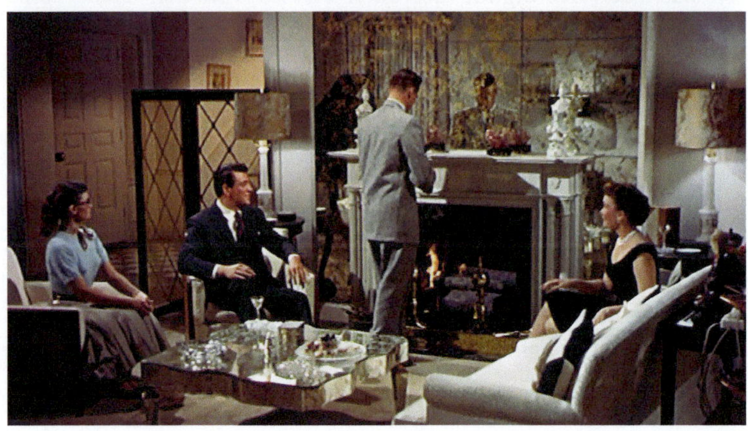

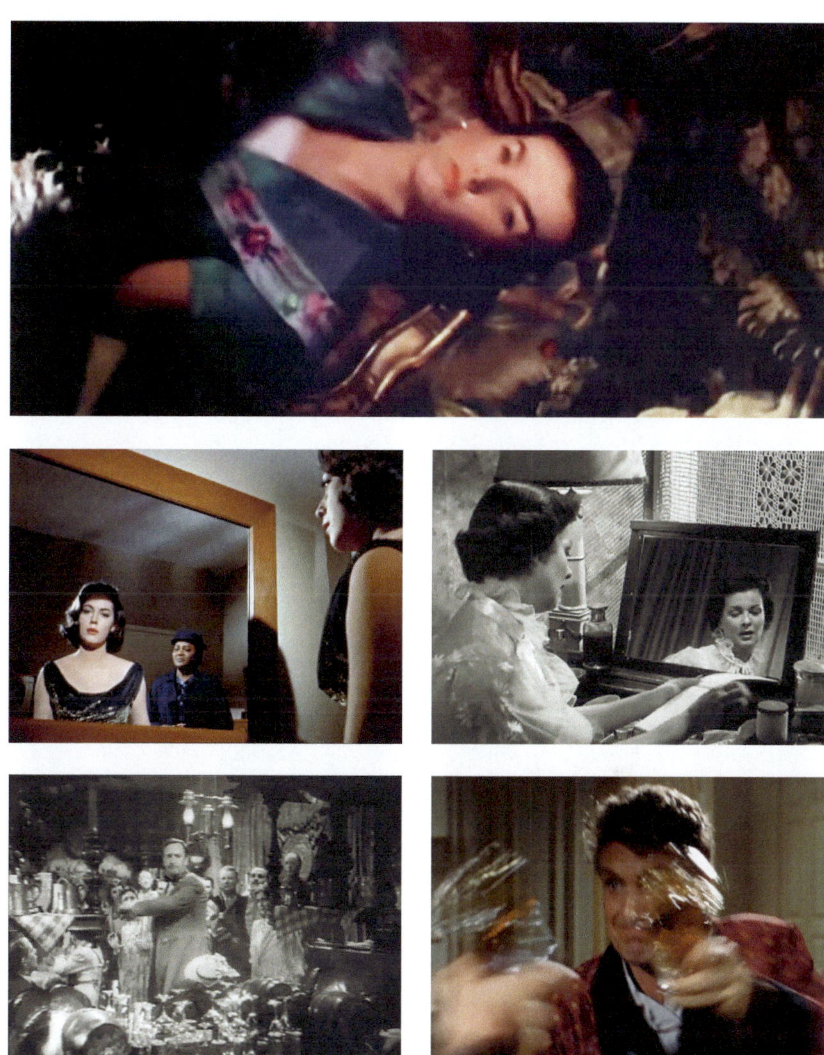

Beispiele aus: Written on the Wind, All that Heaven allows (2x), Interlude, Imitation of Life, There's always Tomorrow, Summer Storm, Written on the Wind

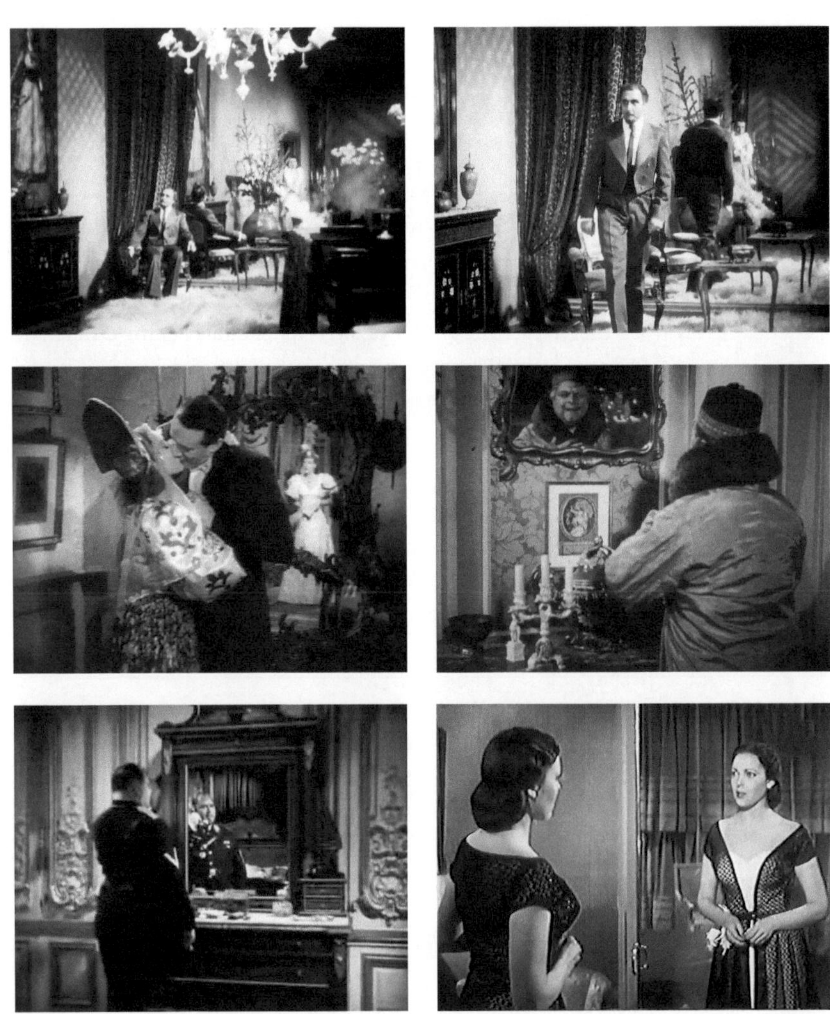

Beispiele aus: La Habanera (2x), Summer Storm, Der eingebildete Kranke, Hitler's Madman, The Lady pays off

In La Habanera sitzt Ferdinand Marian vor einer Spiegelwand.
Wenn er auf die Hauptdarstellerin zugeht, verdeckt er sie mit seinem Spiegelbild.

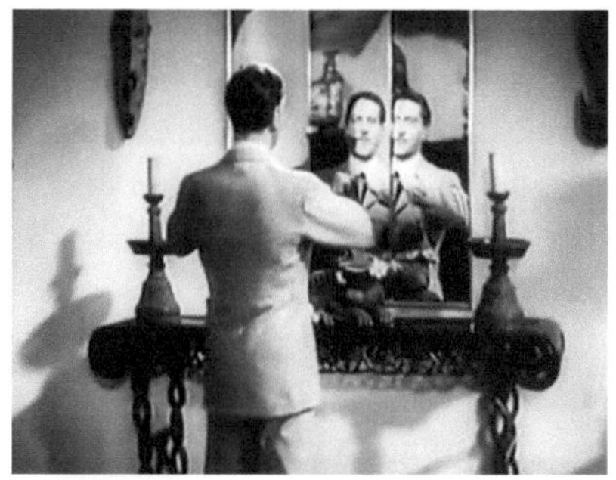
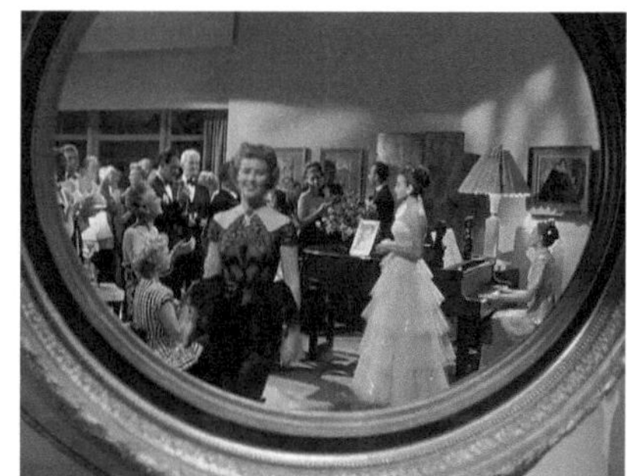
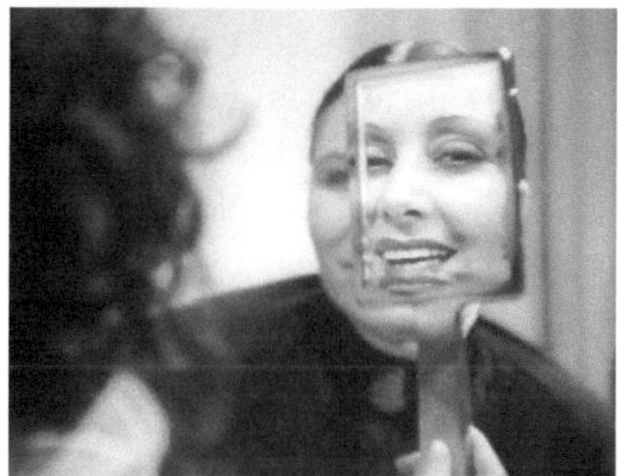
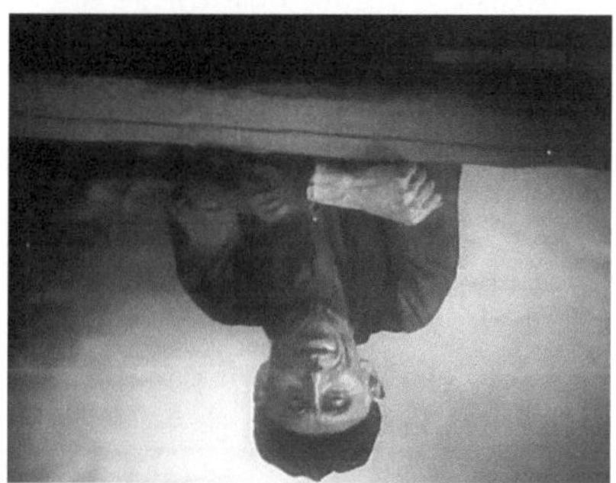
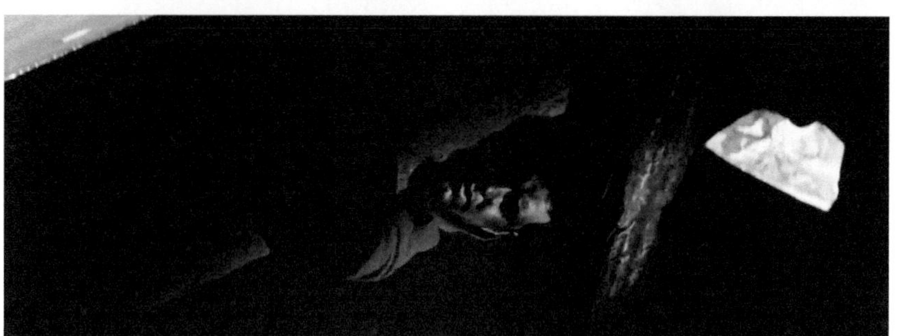

Beispiele aus: April, April!, Slightly French, Schlussakkord, Das Mädchen vom Moorhof, A Time to Love and a Time to Die

In Das Mädchen vom Moorhof und A Time to Love and a Time to Die ist die Spiegelung im Wasser: Die Welt steht Kopf.

Existenz im da capo

»Mich interessieren Kreisbewegungen, Menschen, die am Ende dort anlangen, wo sie aufgebrochen sind. In diesem Sinne findet man in vielen meiner Filme das, was ich ›tragische Rondos‹ nenne. Daher meine Faszination für ›Macbeth‹, für Hebbels ›Herodes‹ und viele von Pirandellos Figuren« (Sirk).[114] Die Erzählung ist zirkulär, sie schließt sich von Jahresfrist zu Jahresfrist, die Rückblende als Kreis, Sirk ist ein Meister der Wiederkehr und der Falkenformel. Lauren Bacall möchte »to get off the merry-go-round«. Robert Stack rast ziellos mit Autos und Flugzeugen umher, die ihn immer wieder auf seinen Ausgangspunkt zurückwerfen und den Kreis schließen. »Around the world in eighty headlines«, sagt er selbst. Eine Existenz im da capo. Antihelden in rasender, kreisender Bewegung bevölkern Sirks Welt. HITLER's MADMAN, MAGNIFICENT OBSESSION, THE TARNISHED ANGELS, BATTLE HYMN, A SCANDAL IN PARIS (der Entscheidungskampf auf dem chinesischen Karussell im Mondlicht!). Sirk erzählt deshalb auch im Anti-Suspense. Das Publikum kennt die Lage des Helden, der auf seine Ausgangssituation zurückfällt. Im Gespräch mit Andy Warhol sagt Sirk: »Das Wie ist alles, nicht das Was.«[115] Die für ihre Flapsigkeit berüchtigten Kurzkritiken der New York Times vermissen deshalb oft den Suspense in Sirks Filmen.

Familienmelodramen, technisch

Sirks Melodramen sind Familiendramen. WRITTEN ON THE WIND: Robert Stack und Dorothy Malone wären nicht so kaputt, wären sie nicht die Erben des alten Hadley. Sie haben einen Wunschvater, den Vater von Rock Hudson, ein alter Jäger, der für die amerikanische Tradition der Naturanbetung steht. Auch hier erscheint die Idylle durch die Ästhetik des Films pervertiert, als illusionäre Jugenderinnerung. »How far have we come from the river?«, fragt sich Dorothy Malone nostalgisch. Ihren eigenen Vater bringt sie buchstäblich um. Sie führt einen wilden Selbstbefriedigungstanz auf, der Rock Hudson gilt, der sie aber verschmäht; währenddessen krepiert ihr Vater im Todesorgasmus auf der Treppe. Robert Stack kann den Anblick von Rock Hudson und Lauren Bacall, dieser Wunsch- und Wunderkinder, nicht mehr ertragen. Sein Unfall mit einer Pistole ist ein metaphorischer Selbstmord THE TARNISHED ANGELS: Wieder Robert Stack und Dorothy Malone, ganz modern sind sie gefangen in einer prekären Patchwork-Familie. Das Kind ist verloren zwischen zwei Vätern und Betten verursachen ihm Alpträume. Die Väter stecken in einer erotischen Beziehung aus

Technik, Raserei und Flugzeugöl. Dorothy Malone prostituiert sich für ein Flugzeug und der Todesflug von Robert Stack lässt sich auch als orgastischer Selbstmord lesen.

Unhappy Happy Ending, technisch

Zu Beginn von WRITTEN ON THE WIND, wenn Robert Stack stockbesoffen ins Haus stürzt, bläst der Wind das Foyer voll mit Herbstblättern. Dann setzt die Rückblende ein. Sirk: »The use of the flashback allows me to state the hopelessness right at the start, although the audience doesn't know the end. But it sets the mood. (...) In IMITATION OF LIFE, you don't believe the happy end, and you're not really supposed to. What remains in your memory is the funeral.«[116] Im Film noir ergibt sich das Unhappy Happy Ending aus der Logik des Genres. Sirk ist der Erfinder des »Unhappy Happy Ending« als bewusstes Stilprinzip im Melodram. Das Zynischste am Melodram ist das Happy Ending. Aber die Frechheit des Happy Ending wird allemal durch Unglaubwürdigkeit konterkariert. Sirk macht aus der Not eine Tugend, er entlässt seine Akteure nicht in den Himmel des Melodrams, sondern zeigt, dass sie ihren Widersprüchen weiterhin verhaftet bleiben. Er belässt ihnen damit aber auch ihre Menschlichkeit, so fragwürdig sie sein mag. Sirk spricht von »off-love-stories«, das produktionstechnische Love-Interest wird unterlaufen.[117]

Das Wesentliche ist unsichtbar

In IMITATION OF LIFE sind am Schluss alle versammelt um den Sarg von Juanita Moore, der Schwarzen, die ihre hellhäutige Tochter verloren hatte. Alle scheinen glücklich wieder vereint: Lana Turner und ihre Tochter vertragen sich wieder, Lana Turner und ihr Geliebter sind wieder zusammen, Lana Turner und Susan Kohner vergessen ihren Karrierewahn, die Schwarzen und die Weißen kommen miteinander aus. Für einen Augenblick. Sirk torpediert dieses fragliche Happy Ending mit einem ästhetischen Kunstgriff ohnegleichen. Während Mahalia Jackson ›Trouble of the World‹ singt, gefriert der Schluss dieses Farbfilms beinahe zu einem Schwarz-Weiß-Bild. Der Totenwagen auf nasser Straße, der weiße Sarg, die weißen Rosen, die weißen Pferde. Die tote Schwarze ist bedeckt mit weißem Glanz. Das Wesentliche ist unsichtbar.

Oberflächlichkeit und Morbidität

Lana Turner, ihre Tochter und Susan Kohner (die ›Weißen‹) tragen Schwarz in einer schwarzen Limousine. In der Schlusstotale erscheint der Totenwagen mit weißem Sarg und weißen Pferden mit der schwarzen Limousine; der Sarg ist in einem gläsernen Schneewittchen-Aufbau. So der Schluss von Sirks letztem Spielfilm: eine gläserne Oberfläche, unberührbar wie ein Spiegelbild. Damit schließt sich auch der Kreis von Oberflächlichkeit und Morbidität: Sirk lässt es am Anfang des Films Kristallglas regnen, zum Schluss ist die ganze Leinwandhöhe mit falschem Glanz aufgefüllt. Sirk über das Verhältnis der Schlusswendung zum Zuschauer: »So wie er im dunklen Mutterschoß des Zuschauerraums rechts und links stets von jenen Türen flankiert ist, über denen das blutrote EXIT des Notausgangs leuchtet, so erhofft er sich auch einen solchen Notausgang für die Figuren des Films, mit denen er sich identifiziert. Er braucht ein EXIT für sie wie für sich (...) wie unwahrscheinlich, wie höhnisch traurig und unhappy auch dieses Happy-End dem Film angeklebt sei. (...) So kann auch Sarah Jane in IMITATION OF LIFE ihre tote Mutter nicht mehr umarmen, sondern nur die Blumen auf ihrem Sarg.«[118]

Verkehrte Natur

Sirks bevorzugte Jahreszeiten sind Herbst und Winter, Natur in Zersetzung oder in eisiger Kälte erstarrt: Herbstblätter und Eisblumen an den Fenstern. Schnee, erklärt Zarah Leander auf einer karibischen Insel ihrem kleinen Sohn, das sind die gefrorenen Tränen der Engel (LA HABANERA). Der nicht vorhandene Schnee als Projektion von Sehnsucht und Heimweh. Astrée ist ihr Name und erinnert an Astern, Anthurien, die vielen toten Blumen in üppigen Vasen in Sirk-Filmen, auch Calla, die Friedhofsblume schlechthin, ist dabei. Herbstblätter im Foyer, Unwetter über einem Landhaus, Sturm über einem Handelsschiff, Gefahren im Moor, Sturmflut bei einem Kloster, Eis und Schnee an einer Mühle sind naturwüchsige Auswucherungen der gesellschaftlichen Verhandlungen.

Die verschneiten Fenster in ALL THAT HEAVEN ALLOWS, IMITATION OF LIFE, LA HABANERA tragen alle dasselbe Studiopulver zur Schau. In A TIME TO LOVE AND A TIME TO DIE kommentieren die Landser eine Schneeleiche mit: »Looks like spring is coming. (...) The sun takes them out.« Im selben Film steht ein Baum vorzeitig in Blüte – durch die Hitze einer Explosion. Die plötzliche, heißhungrige Liebesgeschichte des Films gäbe es nicht ohne den Krieg. »Enjoy the war. The peace will be awful!«, ruft eine Sängerin während eines Bombenangriffs, kurz bevor die Decke über ihr einstürzt. Da der Krieg die Chance dieser Blüte, dieses Glücks ist, kann diese Blüte, dieses Glück nicht währen. Der Landser kehrt an die Front zurück, versucht plötzlich und spontan, dem Krieg zu entkommen – und stirbt. Daheim in der Stadt steht ein Bäumchen im strömenden Regen: The End. Nicht die Natur ist hier Metapher der Gesellschaft, sondern Gesellschaft wird zur Metapher von Natur. Man kann es Sirk nicht hoch genug anrechnen, dass er den melodramatischen Missbrauch von Natur umkehrt in ein Verdikt über die Gesellschaft.

Typecasting und Charaktermasken, technisch

Ein ironisierender Trick von Sirk ist das Unterlaufen von Erwartungshaltungen. Gern besetzt er Rollen schräg zum Typecasting. Ein Schauspieler ist ein Schauspieler ist ein Schauspieler. LURED ist ein Paradebeispiel dafür. Boris Karloff als tragische Figur, die Komikerin Lucille Ball als Tough Girl und der Onkeltyp Charles Coburn als Inspektor. Oder Edward Everett Horton in SUMMER STORM als russischer Graf. Das Paar Fred MacMurray und Barbara Stanwyck kannte jeder Kinogeher als Verbrecherpaar aus DOUBLE INDEMNITY (Billy Wilder, 1944). 1955 setzt Sirk das Paar als melodramatisches Liebespaar ein; auch Liebe kann ein melodramatisches Verbrechen sein.

Die Helden in Sirks Hollywood-Filmen genießen die bescheidenen Freiheiten bürgerlicher Liberalität: Kleine Fluchten sind zugelassen, aber sie können ihren Widersprüchen nicht entrinnen, früher oder später landen sie wieder an ihrem Ausgangspunkt. Sie kleben an ihrer biederen Existenz fest wie an einem Kaugummi. Sirk zeigt das auch auf der technischen Seite. Er gibt seinen Personae charakteristische Kleidungsstile, die ihnen unveräußerlich anhängen. Sie können nicht aus ihrer Haut. Es gibt nur wenige Ausnahmen. Jane Wyman in ALL THAT HEAVEN ALLOWS, Rock Hudson in TAZA, SON OF COCHISE und Dorothy Malone zum Schluss von WRITTEN ON THE WIND. Hier manifestiert sich, positiv wie negativ, ein Rollenwechsel. Alle anderen Fälle sind Camouflage: A SCANDAL IN PARIS, LURED, SLIGHTLY FRENCH. Das ist die Kehrseite der Freiheit »in dieser Mittelmäßigkeit zwischen Country Club, Kirche und dem Urteil der Nachbarn«, wie es Sirk nennt.[119] Sie sind dazu verurteilt, immerfort weiterzuleben im Unhappy Happy Ending.

Die Protagonisten in Sirks Ufa-Filmen sind zwar auch Melodramen-Helden, aber in Ermangelung liberaler Züge in viel stärkerem Maß als Charaktermasken kenntlich. Ihre Widersprüche sind unerbittlicher, ihr Denken ist oft instrumentell bis zur Selbstzerstörung: »The George character [in STÜTZEN DER GESELLSCHAFT, TB], with his own capitalistic thinking, is instrumental in almost destroying his own world, and killing his son. And the same in LA HABANERA: Ferdinand Marian brings about his own ruin and death in this case« (Sirk).[120] Sie tragen durchgängig dieselbe Kleidung, nur in Varianten. Der raffinierteste Kniff findet sich in dem berühmten Schluss von IMITATION OF LIFE: Alle Hauptakteure finden sich wieder in schwarzer Kleidung. Es ist der falsche Schein von Gleichheit, zugedeckt von Tränen der Trauer. Und dann die Schlusstitelei auf spiegelnden Glasdiamanten, die sich auch als gefrorene Tränen lesen lassen wie der Schnee in LA HABANERA. Falscher kann der falsche Schein nicht sein.

Film auf Film

Zwei Windhunde (1934)

»Dort [bei der Ufa, TB] erklärte man mir, man würde einen Vertrag mit mir machen, doch müsse man erst einmal wissen, wie ich mit Film-Schauspielern umgehen könnte. Man gab mir drei Einakter mit einem sehr geringen Budget. Ich hatte für jeden dieser kurzen Filme praktisch nur einen Tag Zeit und überzog das Schedule um einen Tag. Ich habe die Filme nie wiedergesehen, sie genügten meinen Ansprüchen in keinster Weise, aber die Ufa war anscheinend zufrieden und gab mir daraufhin einen größeren Film« (Sirk).[121]

Mit sicherem Griff gelingt Sirk schon bei seinem ersten Kurzfilm ein Verbotsfilm. Zwei Windhunde ist eigentlich eine harmlose Verwechslungskomödie. Zwei Bewerber um einen Buchhalterposten halten sich gegenseitig für den Chef. Auf Kosten der Firma, die sie angeblich vertreten, machen sie Grundstücks- und Aktienspekulationen mit schnellem Gewinn. Als die Sache auffliegt, haben sie genug erschwindelt, um die Firma zu übernehmen. Das ist alles zu sehr Weimar, aber selbst die Weimarer Zensur hätte Probleme gehabt mit zwei Schwindlern, die nicht bestraft werden, sondern Erfolg haben. Und dabei kennen wir nur die gekürzte Version. Die Kürze zwingt zu kabarettartigen Auftritten. Allein das muss schon verdächtig sein. Cabaret wird in den 1930er Jahren zu einer sterbenden Kunst. Andererseits war der Kurzfilm im Dritten Reich ein Metier mit einer gewissen Narrenfreiheit. Ein Schwank über eine Volkswirtschaft, die auf Schwindel basiert. Honny soit qui mal y pense. Und ein früher Fall von ›Imitation of Life‹.

Der eingebildete Kranke (1934/35)

Dieser Kurzfilm nach Motiven von Molière ist für einen filmenden Theaterregisseur maßgeschneidert. Das Drehbuch (L.A.C. Müller, Rudo Ritter) vereinfacht Molière auf 38 Minuten. Die Idee des Probesterbens wird hier dem Arzt angedichtet, der nicht nur unfähig und geldgierig ist, sondern ein wahrer Melodramen-Schurke. Neben dem maladen Helden (Erhard Siedel) fällt somit dem Kurpfuscher (Fritz Odemar) die heimliche Hauptrolle zu. Die Filmmusik imitiert den galanten Stil eines Rameau oder Couperin und die Vignette eines Ziergitters rahmt die Titel. Dort, auf einer Leiter, putzt die Kammerzofe, die in den Händen des verliebten Buchhalters nach unten schwebt. Beide tänzeln in den Verkaufsraum für Parfümeriewaren, wo sie schon, über eine Wendeltreppe, auf den schlecht gelaunten Hypochonder treffen. Regie (Sirk), Kamera (Willy Winterstein) und Bauten (Carl L. Kirmse) sind genau aufeinander abgestimmt. Mit großer Behändigkeit kultiviert der Kranke seine Leiden, im Morgenmantel vom Fenster zum Spiegel zur Arznei. Der Buchhalter präsentiert die blumigen Rechnungen des Professors der Heilkunde, die über obskure Krankheiten und noch obskurere Behandlungsmethoden Aufschluss geben. Seit der Commedia ist dieser Jünger des Äskulap komisches Ziel aufklärerischer Literatur und treibt trotzdem bis heute sein Unwesen zwischen Privatpatient, Igelei und Kassenwesen.

In einem bewussten Quidproquo hören wir im Gegenschnitt Hausmädchen und Tochter über den besten Arzt von Paris und seine Schönheit räsonieren. Der Leibarzt will aber sein eigenes trotteliges Blut mit der Tochter des reichen Kaufmanns liieren: Sein Sohn erscheint mit einer Perücke, die wie Eselsohren hochgedreht ist, und muss das richtige Liebespaar beim Duett am Klavier begleiten. Die Opernparodie mit wildem Klavierauszug beginnt mit dem alten Säbelwitz der komischen Bühne und führt über die gesungene Entführung zur echten. Nach diesem Reinfall hilft nur noch Betrug. Der Melodramen-Schurke versetzt den Kranken in den Zustand des Scheintods, um für seine Rettung ein Vermögen zu kassieren. Für Molières tragikomisches Spiel mit dem Tod bleibt nicht mehr viel Zeit. Der jugendliche Liebhaber der Tochter ist ein guter Arzt und erweckt den Toten mit dem Riechfläschchen. Jetzt muss nur noch der Schurke vom Scheintoten entlarvt werden. Ohne Perücke wird er verjagt und der Kranke ist geheilt, von seinem eigenen Schwiegersohn. Sierck treibt hier ein routiniert galantes Spiel mit klassischen Melodramen-Elementen.

3 x Ehe (1935)

Ein komisches Ehedrama in Varianten. Es gab im Kino aktuelles Anschauungsmaterial in Form der ersten Screwball-Komödien aus Hollywood (It Happened One Night, Twentieth Century). Vielleicht ein Versuchsballon, mit ganz wenig Geld gemacht. Zwei Sets, ein paar Schauspieler, 15 Minuten. 1936 sollte dann Paul Martin mit Glückskinder eine deutsche Screwball-Adaption machen. Die weitere Entwicklung einer deutschen Screwball wurde aber durch die Filmpolitik des Dritten Reichs behindert. Zu undeutsch. 3 x Ehe ist ein Redefilm mit hohem Tempo. Auch die Einstellungen entsprechen der Screwball-Comedy: von Halbtotal bis Nah, aber meist amerikanische Einstellung.

Ein Ehepaar und die Gastgeberin sitzen im Salon. Ihr Ehemann kommt dazu. Handküsschen-Society. Der Gast mit Lorgnon ist besonders eifrig. Kaum sind die Gäste aus dem Haus, echauffiert sich der eifersüchtige Ehemann. Das Blumengeschenk wird entfernt, was Frauen überhaupt nicht mögen. Sie schlägt dem Täter auf den Arm, schimpft mit ausgestrecktem Zeigefinger. Der Reulose wird schließlich mit einem Kissen beworfen. Als Zeugin des Kissengerangels kommt das Dienstmädchen reingeplatzt. Die Dame des Hauses trägt einen modischen Hosenanzug, den amerikanischen Vorbildern abgeguckt. Resolut zückt die Frau, die die Hosen anhat, ihr Telefonbüchlein, um einen Scheidungsanwalt anzurufen.

Beim Rechtsanwalt geht es nicht sehr professionell zu, der Mann feixt sich heimlich was ab während der delikaten Auskünfte. Mit Kreisblenden wird das Geschehen zurückgeblendet. Wir sehen zwei weitere Varianten des Geschehens, mal aus der Sicht der Frau, mal aus der Sicht des Mannes. Mal zerschlägt der Wüterich die Vase und schlägt die Frau mit dem Kissen nieder, mal umgekehrt. Man bekommt dabei wertvolle Einblicke, wie leicht man Leute mit Kissen erschlagen kann.

Schließlich gibt es noch eine weitere Variante als Vorschlag des Rechtsanwalts zur Güte. Es endet damit, dass das Zimmermädchen nach einer erotischen Kissenschlacht ein knutschendes Paar ertappt. Der wahrhaft selbstlose Vertreter Justitias verzichtet auf das Scheidungshonorar, tadelt seine Kundschaft und rät zu sinnvollerer Beschäftigung und einem Kind. Kuss und Schluss. Also keine Wiederverheiratungskomödie, sondern eine Nichtscheidungskomödie.

April, April! (1935)

Dieses Erstlingswerk hat eine beachtliche Besetzung. Carola Höhn, Albrecht Schoenhals, Erhard Siedel, Lina Carstens, Werner Finck, Paul Westermeier, Hubert von Meyerinck. Es geht mit cabaretartigen Auftritten, wie man sie aus Zwei Windhunde kennt, weiter. Eine Verwechslungskomödie. Der neureiche Nudelfabrikant Lampe (Erhard Siedel) bekommt eine Bestellung vom Prinzen (Albrecht Schoenhals). Tropenfeste Nudeln, was sich zum Kalauern bestens eignet. Werner Finck als Mehlhändler spielt dem eitlen Fabrikanten einen Streich und schickt einen falschen Prinzen (Hubert von Meyerinck) zur Fabrikbesichtigung. Der echte Prinz verliebt sich dafür inkognito in die Sekretärin (Carola Höhn). Da geht das Kalauern weiter. Der falsche Prinz mit Monokel findet alles »sehr nett«, besonders die Arbeiterinnen in der Nudelfabrik. Und die Tochter des Nudelfabrikanten, vom richtigen Prinzen versetzt, erklärt: »Er war schrecklich nett zu mir!«

»Tempo, Witz und Schärfe« attestiert Karsten Witte dem Film: »Zehn Jahre zuvor gedreht, hätte er ein ausgezeichneter Propagandafilm gegen die von der Reichsregierung durchgedrückte Fürstenabfindung sein können. Dass er stattdessen in der Konsolidierungsphase des Faschismus gedreht werden konnte, verrät, dass die Komödien der Vorhitlerzeit mit ihrer Schlagfertigkeit, Impertinenz und Ironie 1933 nicht gleich spurlos untergingen.«[122] Und Jérôme Larcher spricht von »séquences lubitchiennes«.[123]

Teilweise fühlt sich Witte an Horváth erinnert: »Was soll ein Prinz mit steinharten Nudeln in der Wüste? An dieser Frage, die allen Ernstes im Mittelpunkt des Tischgesprächs im Hause Lampe steht, hängen sich Sätze, die vom Drehbuch (...) mit Fußangeln beschwert sind. Sätze, die, sentimental und zugleich zynisch, manchesmal an Horváth gemahnen, dann aber nicht in psychischen Schmerz implodieren, sondern in grotesker Bewegung explodieren. Sierck schrieb (...) damals einen Drehbuchentwurf zu Horváths ›Glaube, Liebe, Hoffnung‹, den die Ufa ablehnte.«[124] Stilistisch steht in den schönsten Passagen Lubitsch Pate. Die Putzkolonne des Personals, der groteske Auftritt des falschen Fürsten, die Flüsterpost der Tratschweiber. Selbst die Jahreszeiten lässt Sirk ironisch Revue passieren in einer Umkehrung des melodramatischen Naturtheaters. In einem Tanzlokal werden Frühling, Sommer, Herbst und Winter besungen; man darf an Karl Valentins ›Vier Jahreszeiten‹ denken.

Wie immer spielt die Ökonomie die heimliche Hauptrolle: »Die Konfusion der Herzen klärt sich zur Fusion der Firmen und garantiert ein doppeltes Aufsteigerglück. (...) Was Glück ist, bestimmt die Rationalität, die zwischen Mehl- und Nudelfabrikation herrscht.« Die feinste Ironie benennt der Kracauer-Spezialist Witte: »›Ist es nicht der Traum der Rolls Royce-Besitzer, dass die Scheuermädchen davon träumen, zu ihnen aufzusteigen?‹, fragte Kracauer schon 1927.«[125]

Das Mädchen vom Moorhof (1935)

»(Es) ist zuerst das Verhältnis des Mannes und der Frau das unmittelbare Sich-Erkennen des einen Bewusstseins im andern und das Erkennen des gegenseitigen Anerkanntseins. Weil es das natürliche Sich-Erkennen, nicht das sittliche ist, ist es nur die Vorstellung oder das Bild des Geistes, nicht der wirkliche Geist selbst. – Die Vorstellung oder das Bild hat aber seine Wirklichkeit an einem Anderen, als es ist; dies Verhältnis hat daher seine Wirklichkeit nicht an ihm selbst, sondern an dem Kinde (...).«[126] Diese Aussage von Hegel liest sich wie eine Blaupause von DAS MÄDCHEN VOM MOORHOF.

Francis Courtade und Pierre Cadars listen DAS MÄDCHEN VOM MOORHOF als ein Beispiel für den nationalsozialistischen Blut- und Boden-Film.[127] Das wurde oft abgeschrieben. Es muss aber ernsthaft bezweifelt werden, ob die beiden Autoren dieses fast unbekannte Frühwerk von Sirk überhaupt gesehen haben. »Naja, Jungs, wenn euch das gefällt!«, hat Sirk 1974 schmunzelnd über seine ersten Filme (vor STÜTZEN DER GESELLSCHAFT, 1935) gesagt.[128] Der Film-Kurier schrieb seinerzeit: »Detlef Sierck, einer unserer befähigsten Bühnenregisseure, ist auch in dieser Filmarbeit sozusagen noch nicht ganz filmreif genug.«[129] Die Vorlage zu dem Film stammt von Selma Lagerlöf, deren stark moralisches Werk nicht jedermanns Sache ist. Aber mit Blubo, der Vermischung von Bauernstand mit Rassismus (üblicherweise als Stimme des Blutes wie in DIE GOLDENE STADT von Harlan), haben die Vorlage von Lagerlöf und der Film von Sirk nun wirklich nichts zu tun. Das Drehbuch von Philipp Lothar Mayring weicht von der Vorlage in anderen Aspekten ab: »I thought it made a mistake in transferring Lagerlöf's story into a North German locale. People in Scandinavia are different from the Germans. The peasantry there are more highly educated than anywhere else in Europe« (Sirk).[130]

Sirks Regie hebt sehr stark auf die idealistische Konstruktion hinter der moralischen Handlung ab, das Bewusstsein der Handelnden ist ihm wichtig. Das Spannende an dem Film ist, dass Sirk das weniger durch Diskurse als durch Bilder transportiert. Das Verfahren ist gemeinhin gewöhnungsbedürftig und wohl der Grund für die diversen Vorbehalte. Der Film-Kurier hat das präzise benannt, man hätte sich »mehr Tiefe und Verwurzeltsein in der schwarzen Erde dieser Landschaft, mehr Atem von ihrem Atem gewünscht«. Und weiter: »Dem Denken ist mehr Raum gelassen als dem einfachen Fühlen.«[131] Der enttäuschte Autor hätte sich in der Tat gerne Blubo angesehen. Jahrzehnte später kommen Jean-Claude Biette und Dominique Rabourdin zu einem ganz anderen Schluss. Sie fragen Sirk nach seinem Bezug zu Dreyer: »Ich habe ihn (Dreyer) schon immer bewundert. Es gibt einen gewissen Einfluss auf meine Filme. Bereits im MÄDCHEN VOM MOORHOF« (Sirk).[132]

Das Moor von Worpswede und die dortigen Bauern geben den Rahmen einer Versuchsanordnung ab, fast eine Brecht'sche Konstruktion. Es beginnt am Mägdetag. Die Bauern suchen im Frühjahr die Mägde aus. Die Mägde sind frech, ein junger Bauer sucht sich deshalb eine Schüchterne aus. Aber die sucht keine Arbeit, sondern geht zum Gericht. Ihr schlechter Ruf wird dem jungen Bauern förmlich zugerufen; norddeutscher Pietcong. Der junge

Bauer muss auch zu Gericht und wird Zeuge der Verhandlung. Es wird getuschelt, worum geht es im Rechtsstreit, naja, wie immer um Geld. Ein Bauer hat seiner Magd, eben dem Mädchen vom bettelarmen Moorhof, ein Kind gemacht. Er hat offenbar eine besser Gestellte geheiratet und streitet jetzt alles ab. Das Mädchen klagt nicht die Tat ein, sondern das Geld, das ihr zusteht. Der Bauer ist in Panik, mit dem Geld ist auch seine Ehe gefährdet. Er ist bereit, auf die Bibel einen Meineid zu schwören. Das Mädchen entreißt ihm entsetzt die Bibel. Es geht um Arbeit und Geld, es geht um Sex und Geld, es geht um Ehe und Geld, es geht um Gesetz und Geld, es geht um Moral und Geld, es geht um Religion und Geld. Mit dieser Exposition hat Sirk en passant einen ganzen Marktplatz eröffnet.

Für die Bauernfamilie vom Moorhof ist das Ergebnis der Gerichtsverhandlung ein Desaster. Aber es wird nicht darüber geredet. Sie wissen schon alles. Das Nichtreden über die Dinge, die man weiß, zieht sich durch den ganzen Film. »Sirk ist ein Mann mit Zeigestab, der Conferencier/Ansager/Vorsänger, der sarkastisch merkwürdige Begebenheiten berichtet, erklärt, analysiert. (…) In einem frühen Film, DAS MÄDCHEN VOM MOORHOF (1935), glaubt ein junger Mann, jemanden umgebracht zu haben. Auf der Straße, im Pferdewagen, gesteht er seinem Vater, was ihn bedrückt. Doch der weiß schon alles. Stumm sinkt der Junge dem Alten an die Brust. Der Vater spricht während des Films nur sehr wenig, erwacht während der Bedrängnisse seines Sohnes zu heftiger Gesprächigkeit, um dann wieder in Schweigen zu versinken. Bauern ohne Blubo-Stilisierung, mit Fehlern und Schwächen, auch mit Angst. Und ein Film über das Schweigen in der Nazizeit« (Ulrich Kurowski).[133]

Das Mädchen vom Moorhof war die erste Wahl des jungen Bauern, sie blickt ihn an und blickt weg, vor Gericht beobachtet er sie, danach bietet er ihr eine Heimfahrt an, sie blickt ihn an und blickt weg. Später sitzt sie am Rand des Moors, verzweifelt. Schließlich kommt der Jungbauer, sie als Magd zu holen, denn er weiß, wie dringend ihre Familie Geld braucht. Das Moorhofmädchen hat zwar kein Geld, aber Kredit im Überbau der Reformation. Sie hat vor Gericht verloren, aber die Bibel verteidigt. Die wahre Schrift steht gegen das falsche Wort. Wenn der Überbau die Ökonomie bestimmt, kippt sie ins Gefühl. Sie blicken sich an und dann umarmt sie ihn.

Der junge Bauer (Kurt Fischer-Fehling) nimmt sich der ökonomischen Situation des Moorhofmädchens (Hansi Knoteck) an: Arbeit gegen Geld. Zeitgleich findet eine andere ökonomische Transaktion statt: Der junge Bauer will die reichste Erbin des Dorfs (Ellen Frank) heiraten – Ehe gegen Geld. Die wenig bekannten Hauptdarsteller passen ins Konzept der Sirk'schen

Versuchsanordnung, die sich von interesselosem Interesse leiten lässt. Der Ehestand wird angebahnt durch Güterabwägung. Es entwickelt sich eine seltsame Dreiecksgeschichte; es geht nicht um Liebelei, sondern um Exklusion. »Das Thema des Films ist Exklusion« (Jean-Claude Biette).[134] Die großbäuerliche Braut verlangt, dass die Magd mit dem zweifelhaften Ruf vom Hof geht. Die Magd hat unterdessen ihr Heimweh durch magisches Ascheстreuen besiegt. Der Jungbauer überrascht sie dabei und verspricht der Magd Zugehörigkeit, Inklusion. Und der Jungbauer weigert sich, sie vom Hof zu schicken. Aber sie geht freiwillig. Seine Hochzeit platzt trotzdem. Wieder ist es die Magd, die den Mordverdacht von ihm nimmt. Er verzichtet jetzt wegen ihr. In dieser hochgradig idealistischen Konstruktion muss jeder beweisen, dass er sich für den anderen opfert. Der Verzicht auf Glück wird zum Unterpfand des Glücks. Und so hebelt die arme Magd die reiche Bauerntochter mit Hilfe des Überbaus aus.

Immer wieder inszeniert Sirk dabei Szenen des Anschauens, die auch ein biblisches Erkennen sind. Ein Erkennen der wechselseitigen Besonderheit aus Wissen und Gefühl. »Es schaut sich jedes in dem anderen an, als zugleich ein fremdes, und dieses ist die Liebe« (Hegel).[135] Dazu kommt noch das Kind der Magd als bereits vorausgesetzte Vernünftigkeit des Gattungsverhältnisses, das es nur noch einzulösen galt. »In dem Kinde ist die Familie selbst ihrem zufälligen, empirischen Dasein, oder der Einzelheit ihrer Glieder entrissen (…) Das Kind ist gegen die Erscheinung das Absolute, das Vernünftige des Verhältnisses« (Hegel).[136] Es versteht sich von selbst, dass dieses ideale Kind real nicht erscheinen darf. Und so verwirklicht der Jungbauer das Ideal der bürgerlichen Familie und realisiert dabei tatsächlich Liebe (was noch unterstrichen wird durch den Verstoß gegen eine Reihe gesellschaftlicher Konventionen). Gleichzeitig realisiert er aber den ökonomischen Geist der Reformation, indem als Nebenprodukt auch materielles Glück vermittelt wird.

Dieses Alabastergebilde wird von Willi Winterstein abwechselnd in flimmernd atmosphärischem Licht und dumpfer erdhafter Schwere gefilmt. Beides zusammen ergibt den unheimlichen Charakter des Films, was verstärkt wird durch ein Element heidnischer Rituale, das gar nicht in den Rahmen dieses Films zu passen scheint (Fritz Hoopts als Torfschiffer, das Aschestreuen, das Zeichen am Schuh, der Hausgeist). Dieser, im Ort des Moors kulminierende unheimliche Untergrund des Films verleiht ihm eine fast Dreyer'sche Qualität. Erst der Rekurs auf Spökenkiekerei in Sirks geschliffener Inszenierung macht es möglich, dass in diesem Film die ungegenständliche Idee wahr wird. Auch die Märchen, die entfernt zitiert werden, arbeiten so. Viel wird mit Spiegelungen im Wasser und mit Schattenrissen gearbeitet. In diesem Film arbeitet Sirk nicht nur das erste Mal virtuos mit diesen Mitteln der Distanz, es ist auch ein absolut kongenialer Umgang: Versatzstücke von Natur brechen die Wahrnehmung. Die Bildästhetik verweist auf die Dinge hinter den Dingen. So wird man für das moralische Sujet von Selma Lagerlöf entschädigt durch den doppelten Boden der Sirk'schen Regie: Ein ungegenständliches Ding ist ein Unding. Dieses norddeutsche Bauerndrama ist in seiner Idealität geradezu unheimlich.

Stützen der Gesellschaft (1935)

Albrecht Schoenhals als Pferderancher in Argentinien. Er liefert Pferde für einen Zirkus, der nach Norwegen will, seine alte Heimat. Er entschließt sich mitzufahren, auch wenn er offenbar gemischte Erinnerungen hat. Dort, in einer Überblendung, wird gerade die Büste des Konsuls Bernick (Heinrich George) enthüllt, Werftbesitzer und Wohltäter der Kleinstadt. Fast so wuchtig wie die Büste steht der Besitzbürger George daneben und erklärt, dass er alles nur für seinen halbwüchsigen Sohn getan hat. Nicht alle sind so begeistert von seinem Tun. In der Hafenkneipe schimpfen die Fischer, denen die Werft immer mehr Platz wegnimmt. Der Sohn bekommt ein Indianerkostüm und daheim wartet die Mutter, zerbrechlich und mit Migräne. Außerdem gibt es da noch die Tochter des Ranchers, die in der Position eines Dienstmädchens gehalten wird. Albrecht Schoenhals ist ein schwarzes Schaf, Bruder der Ehefrau, der sich mit Firmengeldern davongemacht hat. Das Familienleben ist damit erklärt.

Ein Journalist wartet schon. George hat ihn rufen lassen wegen Kritik an seiner Werfterweiterung. Natürlich hat George die Aktienmehrheit an der Zeitung und der unbelehrbare Journalist fliegt. George ist in Fahrt. Die Werft muss erweitert werden, sein größtes Schiff muss fertig repariert werden und sein schmieriger Prokurist (Oskar Sima) hat eigene Pläne. Sima hält ihm die Fischer vom Hals und scheint allerlei über die Firma zu wissen. Er will sein Wissen teuer verkaufen und in die Familie einheiraten. Die Tochter des Ranchers wäre gerade recht.

Georges Sohn träumt von Indianern und in der Überblendung erscheint ein Zirkusindianer am Schiff. Das Schiff mit dem Zirkus fährt ein und der Rancher will den heimischen Spießern einen gehörigen Schreck einjagen, indem er sich als Zirkusdirektor ausgibt. Georges Sohn freundet sich sofort mit seinem abenteuerlichen Onkel an. Als George von alledem erfährt, entschließt er sich zur Flucht nach vorne. Er besucht seinen Cousin im Zirkus und erbittet seine Hilfe um der Werft willen. Die Geschichte mit der Unterschlagung ist erfunden, um aus den Schulden rauszukommen, und die uneheliche Tochter ist von George selbst. Albrecht Schoenhals fällt aus allen Wolken, ist aber zu einem Kompromiss bereit: Die uneheliche Tochter muss aufgeklärt werden, zumal sie sich in ihn verliebt hat.

Unterdessen melden sich andere, die vom Konsul und Werftbesitzer wenig halten, die betrunkenen Matrosen seines Schiffs. George befiehlt unterdessen das Auslaufen des schlampig reparierten Schiffs entgegen dem Rat seines Werkmeisters. In tragischer Ironie fährt Georges abenteuerlustiger Sohn heimlich mit dem Schiff aus. Georges Figur muss jetzt durch die Peripetie. Erst handelt er noch in tragischer Verblendung. »Du behauptest, eine Stütze der Gesellschaft zu sein«, wirft ihm Schoenhals vor. »Ja, die Gesellschaft hat keine bessere!« Dann versteckt er sich hinter seiner Position: »Wenn ihr mich erledigt, ist auch mein Werk erledigt.«

Prompt gerät das Schiff in einen Sturm und sinkt. Ausgerechnet die Fischer und Schoenhals sind es jetzt, die Überlebende retten, darunter Georges Sohn. George aber bricht am Strand tot zusammen. Ab hier weicht der Film von Ibsens Theaterstück ab. Bei Ibsen kommt der Werftbesitzer davon. Obwohl die Öffentlichkeit die ganze Wahrheit erfährt, kann er weitermachen. Wirtschaftliche Macht, so Ibsen, ist stärker als bürgerliche Moral. Dieser Schluss verdirbt den stimmigen Film, aber im Dritten Reich war das kaum anders machbar.

Schlussakkord (1936)

Für alle, die aus Douglas Sirk einen Naziregisseur machen wollen, ist Schlussakkord das zentrale Beweisstück: Falsche Mutter (kinderloses, liebloses Luxusweibchen) gegen richtige Mutter (leibliche Mutter, bescheiden, aber kompromisslos liebend). Passt doch zum Mutterethos des Dritten Reichs?[137] Bei aller Liebe, aber das ist eine ziemliche verkürzte Ideologiekritik. Da der Film ein Exporterfolg war, müsste man glatt meinen, alle Welt wäre faschistisch gewesen. Wie kompatibel ist ein Plot im Opern- und Betrügermilieu? Ist das nicht ein klassischer Hintergrund für das bürgerliche Melodram? Eine Frau verliert ihr Kind, übrigens durch eigenes Verschulden, auch wenn ihr betrügerischer Mann die treibende Kraft war. Sie bekommt das Kind wieder durch eine Folge von Wundern, die auf Naturidolatrie und Vorsehung beruhen. Klingt auch irgendwie schräg. Klassisch melodramatisch und faschistoid zugleich (was kein Gegensatz ist).

Man muss schon genau hinschauen. Es geht los mit einem unumstrittenen Geniestreich. Neujahr, New York, ein steifgefrorener Toter auf einer Bank im Central Park, Selbstmord. Eine Maske liegt im Schnee. Die Polizei informiert die Frau des Toten, die Mutter des verlorenen Kindes. Die Kamera fliegt über New York und über das Meer bis nach Berlin. Dort, in einem Kinderheim, befindet sich das verlorene/verlassene Kind. Willy Birgel ist ein Freund des Heimleiters und erweist sich als kinderlieb. Er mimt einen Dirigenten, der Beethovens Neunte probt. Nun sind Dirigenten ein besonders verwickelter Berufsstand (Karajan, Furtwängler, Strauss ...), Opportunisten mit großbürgerlichem Ressentiment gegenüber dem Regime. Birgels Generalmusikdirektor würde da bestens passen. Die Kamera fliegt dann noch ein paar Mal über das Meer und dann auch akustisch via Radio. Die schwerkranke Mutter wird bei der Übertragung der Neunten wunderbar geheilt. Fulminant, als hätte Beethoven an einen geflügelten Äskulap gedacht. Diese Symphonie, mit ihrem großen Glücksversprechen, wird später wieder in MAGNIFICENT OBSESSION benötigt.

Aber zwischendurch wechselt die Szene. Vom Konzertstuhl geht es zum Séancestuhl. Da sitzt die Frau des Dirigenten, Lil Dagover, die schon im CALIGARI herumgeisterte, in den Fängen eines Scharlatans. Der heißt Carl-Otto, oder aus dem Mund des dusseligen Barons Salviany (Kurt Meisel schlawienernd) Carlotto – wie ein schmieriger Latin Lover. Dieser gerichtlich anerkannte Astrologe – und jetzt wird die Chose richtig komisch – liefert die Erklärung für die wunderlichen Dinge, die wir gerade sehen: musikalische Correspondence. Wer diese Ironie nicht bemerkt, muss schon sehr blind sein.

Der Scharlatan hat Lil Dagover prophezeit, dass der 16. Februar ihr Unglückstag sein wird. Nun lässt der Film keinen Zweifel daran, was von dem Scharlatan zu halten ist, aber gleichzeitig wird die Dramaturgie zur Self Fulfilling Prophecy. Lil Dagover kommt tatsächlich am 16. Februar zu spät zum Konzert ihres Mannes, was ein schweres Zerwürfnis provoziert. Abgesehen davon, dass es ein seltsames Verbrechen ist, wenn der reservierte Platz leer bleibt, ist diese neuerliche Verquickung von Diegesis und Schwindel eine noch viel feiner gedrechselte Ironie.

Es geht also um Schwindel, und Sierck, der als Filmregisseur zum Schwindeln berechtigt ist, hat sich diese Brechungen selbst ins Drehbuch geschrieben. Damit kehrt sich in diesem Film alles um und das bürgerliche Affirmationsmelodram wird entlarvt. Der Schwindel geht weiter im großen Stil. Die Zuneigung des Kindes erkauft sich Birgel durch einen Uhrentrick. Dieses Kind, um das sich alles dreht, erscheint oft hinter Gittern, eines Treppenhauses, eines Stuhls, eines Kinderbetts, und am Anfang, verkrochen am

Boden, unter einem Tisch und einem Stuhl eingeklemmt. Im Kinderheim steht Birgel oben im ersten Stock und ruft das Kind im Parterre »Peterle!«; der kleine Peter wirkt aus der Vogelperspektive noch kleiner. Dass es um Kindeswohl geht, muss ernsthaft bezweifelt werden. Das Kind ist Manövriermasse der Dramaturgie und der Erwachsenen, die es funktionalisieren. Es wird gehandelt, vorgezeigt, entführt. Es soll eine kaputte Ehe kitten und eine psychisch labile Frau retten. Ein Fall für den Kinderschutzbund. Dabei ist Sirk nicht denunziatorisch, er zeigt nur Szenen einer bürgerlichen Ehe: »Ich brauche keine Freiheit, ich brauche nur dich!« Oder: »Ich habe Angst vor dir, (...) aber ich liebe dich.«

Die Mutter des Kindes kommt durch ein weiteres Wunder zurück nach Berlin; ein selbstloser Gönner vermittelt die Überfahrt. Unterdessen wird das Kind vom Dirigentenehepaar adoptiert. Natürlich hat das Kind gleich eine Abneigung gegen Lil Dagover. Die Naturidolatrie geht weiter, die Kamera blendet auf zum Himmel, zu Wolken, Mond, Nacht. Das Kind kann nicht schlafen, reißt aus. Später legt Birgel das Kind ins Bett. »Er hat sich gefürchtet.«

Lil Dagover hat eine Haushälterin, die offenbar schon ihr Kindermädchen war. Ergeben und hinterhältig. Eine Figur wie die Haushälterin in Hitchcocks REBECCA. Der fällt die Rolle des Melodramen-Bösewichts zu. Sie betreibt ihre eigene Schwindelproduktion, vertuscht, intrigiert, verheimlicht, lügt. Und sie hört das Gras wachsen. Wie es die Vorsehung will, wird die Mutter Kinderfrau bei ihrem eigenen Kind. Birgel sieht sie als Gegenentwurf zu seiner selbstsüchtigen und untreuen Frau. Als Lil Dagover von ihrem ehemaligen Liebhaber mit der Androhung eines erotischen Schlüsselromans erpresst wird, geht ihr schnell das Geld aus. Selbstmord. Und die Haushälterin reitet die Kinderfrau in einen Mordprozess rein.

Im halbseidenen Reich des Schwindels und der Vorsehung geht es ziemlich morbide zu. Beständig kommen Glasvasen mit Grabblumen ins Bild, Calla, Anthurien. In der Oper gibt es den ›Nussknacker‹ mit zwei Szenen. Der Kampf um die Prinzessin und das Schlussballett. Dazwischen besucht Lil Dagover den erpresserischen Liebhaber, dem sie mit einem Geldkuvert die Beziehung aufkündigt. Aber der reißt sie weg wie im Umschnitt der Tänzer die Tänzerin im Ballett. Eine Vergewaltigung, im Trippelschritt weggetanzt. Das Meer, über das die Kamera schwenkt, ist bewegt, nächtlich, abgründig. Zwischenschnitte gibt es von dramatischem Himmel. Kartenlegen, Wahrsagen, Okkultismus. In Peterles Kindertheater wird ›Schneewittchen‹ mit dem Spieglein an der Wand gegeben. Später – kurz vor dem Giftmord – wird die falsche Mutter im Spiegel die schönste Frau der Welt sehen. Aber vorher, in einer fiktiven Opernszene, sieht und hört die Kinderfrau: »Schierlingstropfen, süß und tödlich (…) Und im Geist des Weines schweben Todesgeister (…) Nimm den Trank, Kind.« Diese Szene wird sie später in Alpträumen plagen.

Nach dem spektakulären Freispruch sitzen Mutter und Kind in einer Loge. Birgel dirigiert Händel, ›Judas Makkabäus‹. »Tochter Zion, freue Dich!« Die Kamera schwenkt hoch zu Engeln mit barocken Posaunen. Gesungene Aufklärungstheologie an jüdischem Beispiel. Kein Film für den morbiden Schwindel des Dritten Reichs.

Das Hofkonzert (1936)

Putti und Amor rahmen diese Intrige um ein Operettenfürstentum. Schloss Veitshöchheim mit Rokokogarten. Aber zwischen Rokoko-Schäferspielen und Walzerseligkeit lässt Sirk die Moderne anklopfen. Noch als höfische Spielerei getarnt, Laterna Magica und Fotografie. Die Wirkmacht der lebenden Bilder zeigt sich kurz vor dem Wendepunkt: Die Kamera fährt in ein altes Bild, das lebendig wird. Aus dem Tableau Vivant an der Wand überblendet die Kamera ins Kinobild. Film im Film. Diese medialen Spiegelungen sind mit einer so leichtfüßigen und fluiden Kamera gemacht, dass man schon aufpassen muss. Später folgt ein schönes Schattenspiel. Es ist Franz Weihmayrs erste Bildgestaltung für Sirk. Seine Kamera gibt großenteils schon den Schnitt vor, und wo nicht, ist oft der Ton hinüber gezogen. Berühmt ist die Jahrmarktsszene in der Schiffschaukel. Freund hat es für Dupont im Stummfilm gemacht (Varieté, 1925). Weihmayr wagt es im Tonfilm.

Die Geschichte ist ein intelligentes Nichts. Das ganze Glück des Serenissimus, wienerisch leutselig von Otto Tressler gespielt, hängt vom jährlichen Hofkonzert ab. Die örtliche Primadonna hat Liebeskummer und der Herzschmerz schlägt ihr auf die Stimme. Der Ersatz in Form von Martha Eggerth kommt per Kutsche und wird bei der Grenzkontrolle von einem feschen Leutnant hofiert (Johannes Heesters), der obendrein Sohn des bösen Staatsministers (Herbert Hübner) ist. Als komischer Sidekick wird auch der Dessousreisende Ernst Waldow kontrolliert. Die üblichen Verwechslungen führen dazu, dass die Sängerin des Landes verwiesen wird und dann mit Tamtam wieder zurückgeholt werden muss.

An dieser Stelle darf man aufmerken. Sirk selbst hat wegen politischer Unzuverlässigkeit seit 1934 keinen Pass mehr, will und muss aber dringend aus dem Dritten Reich fliehen. An dieser Ufa-Grenze werden Leute, die

Mediales

Sirk benützt gern und viel mediale Reflexionen:
Comics, Wochenschau, Laterna Magica, Fotografie, Diashow, Moritat, Schattentheater.

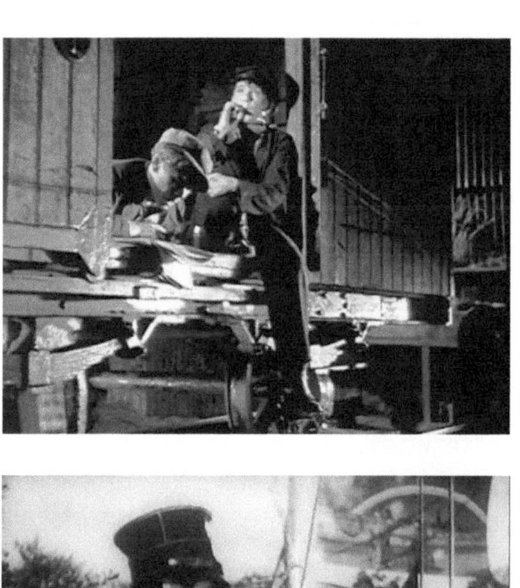

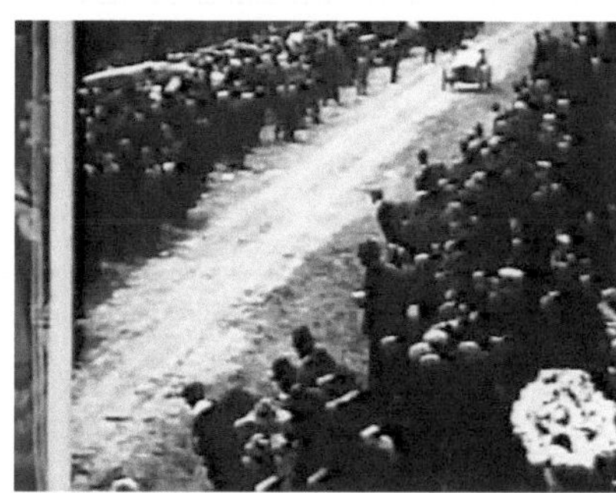

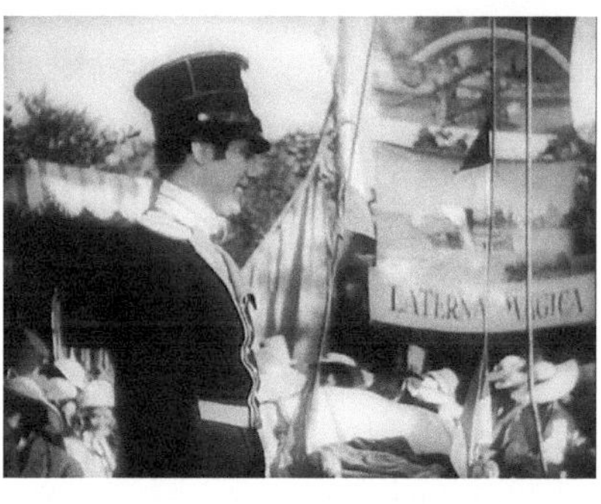

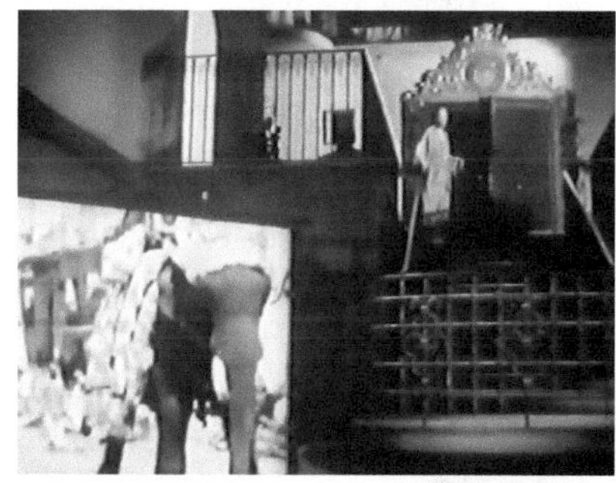

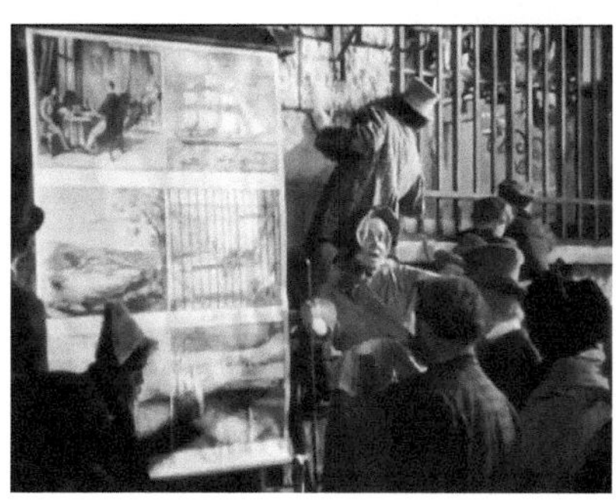

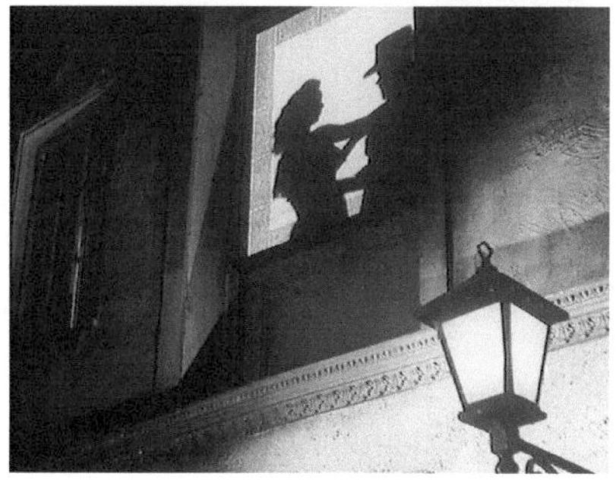

Beispiele aus: Boefje, Meet me at the Fair, Das Hofkonzert, The first Legion, Zu neuen Ufern, A Scandal in Paris

genehm sind, eingelassen, andere zurückgewiesen. Der Handelsvertreter (Ernst Waldow), der aufgehalten wird, hat einen jüdischen Klischeeberuf. Später wird die Reise der Hauptdarstellerin an der Grenze beendet – eine Idee des bösen Staatsministers. Blutiger Ernst, weggelacht.

Die Sängerin kommt nicht nur zum Konzert, sondern auch aus Gründen der Familienzusammenführung, da ihr unbekannter Vater in diesem Provinznest leben muss. Das scheint zunächst der böse Staatsminister zu sein. Nach einem minimelodramatischen Aufruhr erkennt der Serenissimus in der Sängerin sein Kind. Eine Uhr mit Bild erlaubt Zeitreisen. Alles menschelt poetisch und spitzwegerisch vor sich hin. Pulswärmer, Kakteen und regenschirmige Dachstuben. Die Macht ist skurril, lächerlich, absonderlich, aber nicht wirklich gefährlich. Jean Pauls hintersinnige ›Flegeljahre‹ werden bei Hof gelesen: »Und jede Seele sieht die andere weit entfernt.« Eskapismus für das Dritte Reich, gefiltert durch romantische Ironie. Höhere Überlegungen, dienstliche Verhinderungen und innere Ruhe walten im Reich des »Es darf nicht sein, was nicht sein kann«.

Natürlich werden die Gefühle des jungen Paares Eggerth/Heesters als Solo (innerer Monolog) oder dialogisch im Duett vorgebracht. Es ging die spröde »Schäferin und sang«. Goethe nach Theokrit lässt Thirsis verführerisch auftreten, aber die Schäferin bleibt im Solo spröde. »Nun faltet der Tag seine Flügel (...) in der Seele ein seltsamer Zaubergesang.« Die Spröde verzaubert sich im Duett singend selbst. »Wunderschön ist es, verliebt zu sein,« trompetet Heesters daraufhin durch den Park. Und mit dem Solo »Denkst du nie daran?« wird die erotische Anamnese betrieben. Vom Gasthaus ›Silberner Mond‹ geht es zum Mondlied und zum Barockhimmel mit Sonnenwagen. Die Niederungen der Handlung schweben melodiös davon. Der böse Minister wandelt sich vom Vater zum Ehebrecher und vom Ehebrecher zum Brautvater. Die Unordnungen der Bürokratie (Zoll, Personenregister, Geheimakten) werden überwunden durch die natürliche Ordnung der Liebe (Sonne, Mond und Schäferei). Das Land der Liebe (Schünzel, 1937) wird diese Idee auf gefährliche Weise wieder aufgreifen. Eine ›Grande-Duchesse de Gérolstein‹ für das Dritte Reich: »Man pries die Operetten als eine einzigartige Selbstdarstellung ihrer Zeit; man geißelte sie (...) als Werkzeuge der Demoralisation. (...) Nietzsche (erkannte) in den Bouffonnerien Offenbachs die ›supremste Form der Geistigkeit‹. Die Urteile schwankten je nach den gesellschaftlichen Verhältnissen (...) Noch heute sind die Prozessakten über die Offenbachiade nicht geschlossen« (Siegfried Kracauer).[138]

Zu neuen Ufern (1937)

England. Das ist 1937 noch nicht das perfide Albion, aber beherrscht von einer snobistischen Oberschicht. Billard. Der Offizier Willy Birgel als Gast eines Neureichen. Man spielt um viel Geld als wäre es nichts. Im Hyde Park wird unterdessen der Sittenverfall angeprangert. Die beste Werbung für die Sängerin Gloria Vane (Zarah Leander). Sittenstrenge Heuchelei goutiert ihren »Yes Sir«-Song mit dem trotzigen »so bin ich und so bleibe ich«. Skandal im Publikum. Es geht um die Frage, ob freie Liebe ein Verbrechen sei. Sie verkündet mit tiefer Stimme und tief dekolletiert: »Liebe kann nicht Sünde sein / Auch wenn sie es wär' / So wär's mir egal / Lieber will ich sündigen mal / Als ohne Liebe sein.« Ihr Auftritt mit übertrieben weiblichen Attributen erinnert stark an Travestie. Dann beendet sie ihren Song wie einen Choral mit »Hallelujah«.

Dass Zarah Leander ein großer Schwulenschwarm war und ist, versteht sich. Und ihre androgyne Wirkung auf Frauen ist hinlänglich bekannt. Aber ihre Lieder werden oft total falsch auf Affirmation gebügelt. In Wirklichkeit waren es subversive Bomben, die unter den Augen der Nazis explodierten. Diese Bomben stammen fast nur von schwulen Künstlern, die ihrer Not und ihrem Protest Ausdruck gaben. Sexualität im Dritten Reich war ein juristisch hochgradig vermintes Gebiet und ziemlich schnell ein Verbrechen. Später trägt Zarah Leander, die für einen Mann den Kopf hinhält, die Sträflingsnummer 218, wie der Paragraph im Strafgesetzbuch. Eine weitere Sottise des Drehbuchs. Ein Film voller versteckter Hinweise. Im Paramatta-KZ heißt es: »Du bist auch entartet.« Und Sirk, der Übersetzer von Shakespeares homoerotischen Sonetten, wusste genau, was er macht. »Sie hatte eine sehr raue Stimme, sehr ›sexy‹, die einen verheerenden Effekt auf manche Leute hatte, und ich muss sagen, dass sie am meisten Frauen erregte …« (Sirk).[139]

Birgel ist Maske, knochenlos. Er hat Schulden, fälscht einen Scheck und setzt sich nach Australien ab. Als es eng wird, haucht er ein paar Worte von Platen. Eine weitere Seltsamkeit. Ein englischer Offizier rezitiert einen schwulen deutschen Dichter: »Wer wusste je das Leben recht zu fassen, / Wer hat die Hälfte nicht davon verloren / Im Traum, im Fieber, im Gespräch mit Toren, / In Liebesqual, im leeren Zeitverprassen?«[140]

Was fasziniert diesen Mann an einer Sängerin mit Damenbass und einem Travestitenauftritt? Er nennt sie nicht Gloria, sondern burschikos Glori; Gloria Vane ist ein Programm: Glori Vaine. Die vergebliche Suche nach Glück. Glori steht unterdessen vor ihrem Spiegel und singt den »Ich steh im Regen«-

Song. Und das tut sie, die Ironie wird sich gleich zeigen. Birgel lässt sie sitzen. Der Regen und ihre Tränen zerfließen. »Ich dachte, wir lieben uns.« Eine Geschichte von Verrat. Es kommt noch schlimmer. Sie wird des Scheckbetrugs verdächtigt. Doppelbödig heißt es: »Ich habe mein Ehrenwort für eine Dame gegeben«, aber »diese Dame ist keine Dame.«

Was jetzt kommt, ist einfach genial, selbst wenn es bei Brecht geklaut ist. (In der Kunst heißt es nicht Klauen, sondern Hommage. Und war nicht Brecht selbst ein gottbegnadeter Plagiator?) Die Gerichtsverhandlung findet drinnen und draußen statt. Draußen singt eine Bänkelsängerin die Moritat von Paramatta mit Zeigestock und einer Schauertafel. Es ist keine Geringere als die Brecht-Diseuse Lina Carstens. Durch das Gitter sieht man Zarah Leander im Gerichtssaal, wo es weitergeht. Der Ton innen und der Ton außen wechseln sich ab. Die Verhandlung findet auf zwei Ebenen statt, die sich kommentieren. Drinnen nimmt sie alles auf sich, um ihren Geliebten zu schützen. Draußen: »Für alles muss man zahlen, das man vorher nicht bedacht.«

Die Überblendung geht zur australischen Strafkolonie Paramatta. »Paramatta-Besen« hören und sehen wir. Und jetzt kommt der Höhepunkt der ironischen Brechung. Zarah Leander singt tatsächlich einen Choral im Gefängnis und kommentiert damit den Eingangssong von Liebe und Verbrechen, der mit »Hallelujah« endet. Victor Staal als tüchtiger Farmer wird eingeführt, während Birgel bei der Tochter des Gouverneurs herumscharwenzelt. Es gibt eine Mappe mit Karikaturen der Tochter, die bei der verhängnisvollen Frage aller Ungeliebten hinfällt. Das »Liebst du mich?« ist eine schäbige Karikatur einer Liebesszene. Mehr brauchen wir über diese Zweckverbindung nicht zu erfahren.

Victor Staal rettet Zarah Leander, indem er sie als seine Braut aus Paramatta holt. Es hat mit Liebe nichts zu tun, aber mit Empathie. Auf seiner Farm werden sie freudig empfangen. Parallel der Empfang beim Gouverneur zum Geburtstag der Königin. Zur Quadrille schleicht sich Zarah Leander durch die Hintertür rein. Zu Birgels Verlobung ein kleiner Skandal. Die Geschichte hebt jetzt ab. Sie fährt nach Sydney und tritt wieder im Varieté auf. Zwischen schwarzen Tänzerinnen singt sie »Ich steh im Regen und warte auf dich.« Ihre Melancholie kommt bei diesem Publikum nicht an. Schnell muss eine andere Sängerin mit einem frivolen Jungfrauensong raus. Diese Sängerin ist auf Marlene Dietrich getrimmt. Hier wird ein anderer androgyner Diskurs eingespielt. Marlene steht für einen proaktiven Part, Zarah ist eine passive Figur, eine klassisch melodramatische Heroine. Diese Passivität wird sich gleich als Waffe erweisen.

Auftritt Birgel, in ihrer Garderobe. »Wir gehen fort.« Sehr bestimmt. Sie: »Ich liebe dich nicht mehr«, gefolgt vom klassischen Melodramen-Tiefschlag »Es ist zu spät.« Und dann kommt einer dieser beiläufigen Sätze, die man sich auf der Zunge zergehen lassen muss. »Ich stehe auf einem anderen Ufer.« Dieser Film sollte eigentlich heißen: ZU ANDEREN UFERN. Aber das wäre zu deutlich gewesen. Dieses doppelte Reden geht gleich weiter: »Für mich bist du keine Verbrecherin. Was geht mich das an?« »Es geht dich was an.« Ein Verbrechen auf zwei Ebenen. Birgel ist nur noch ein Schatten seiner selbst, der im Regen steht. Einer, der schon tot ist. Am Morgen seiner Vernunftheirat. Hier endet der eigentliche Film.

Der Schluss ist nur noch für das Klischee. Mit lockerer Hand hängt Sirk eine etwas komische Doppelhochzeit dran. Die Geschichte von Petrus und dem Engel. Ketten fielen von seinen Händen. Und statt eines »Hallelujah«: Gloria in excelsis Deo. Auch eine Vernunftheirat, die den Film kompatibel macht für das Dritte Reich.

LA HABANERA (1937)

»L'amour est un oiseau rebelle / Que nul ne peut apprivoiser / Et c'est bien en vain qu'on l'appelle / S'il lui convient de refuser / Rien n'y fait menace ou prière / (...) / Si tu ne m'aimes pas / Si tu ne m'aimes pas, je t'aime / Prends garde à toi / Mais si je t'aime, si je t'aime / Prends garde à toi«
(La Habanera von Georges Bizet und Paul J. Frederick)

»Allein bin ich in der Nacht, meine Seele wacht und lauscht. / Herz, hörst du, wie es klingt, in den Palmen singt und rauscht / Der Wind hat mir ein Lied erzählt von einem Glück, unsagbar schön. / Er weiß, was meinem Herzen fehlt, für wen es schlägt und glüht. / Er weiß für wen. Komm, komm, Ach. / Der Wind hat mir ein Lied erzählt, von einem Herzen, das mir fehlt. / Am Meer stand ich abends oft und ich hab gehofft, auf was? / Ich sah bunten Vögeln nach – ach, mein Glück zerbrach wie Glas.«
(La Habanera von Lothar Brühne und Douglas Sirk)

Das Meer, Castagnetten, eine mediterrane Festung hoch über der See, spanische Musik und Tanz, La Habanera. Aber es ist nicht Spanien, sondern Puerto Rico, gedreht auf Teneriffa. Eine Vulkaninsel mit Fischern, Ziegenhirten und Armut. Zarah Leander spielt eine schwedische Touristin, die dem Charme der Karibik verfällt. Begleitet wird sie von ihrer korpulenten Tante, die die örtlichen Gesangsausbrüche mit »ein Schreihals ist wie der andere« kommentiert. Unterwegs mit dem Taxi gibt es Streit mit einem Polizisten.

Don Pedro (Ferdinand Marian) taucht auf, offenbar der Mann, dem die Insel gehört, und räumt den Damen den Weg frei. Er lädt sie ein zur Corrida. Unter den Klängen von ›Carmen‹ laufen die Toreros ein. Es wird gefährlich und Don Pedro greift persönlich ein und tötet den Stier. Die Tante findet es barbarisch und die junge Schwedin ist romantisch berührt. »Mitten ins Herz!« »Du schaust hin auf das Gemetzel wie gebannt.« »Du ja auch.« »Aber ich war wenigstens nachher empört.« Ein Clash der Kulturen bahnt sich an. Ferdinand Marian gibt routiniert den Latin Lover. Er hat Zarah Leander einen Fächer gebracht, und sie hat ihn geöffnet genommen. Ein Zeichen der Liebe, er kennt es, sie aber nicht.

Am nächsten Tag geht es zurück mit dem Dampfer nach Stockholm. Während die kämpferische Tante mit dem Stewart streitet, erklingt vom Ufer die Habanera. Zarah Leander verlässt das Schiff in letzter Sekunde, folgt dem Gesang, der nur Unheil verheißt, folgt ihrem Don Pedro. Kuss. Der Mann bewundert ihren Mut und unterschätzt ihn gleichzeitig. Kirchenglocken, Hochzeit. Die Dienerschaft knickst und die Hausschlüssel werden übergeben. Die Tante telegrafiert: Übernehme Scheidungskosten. Aber von Don Pedro lässt man sich nicht scheiden. Nur über seine Leiche.

Ein Fenster. Schnee ist draußen. Wir sind in Schweden. Zehn Jahre später. Zwei Serologen auf einer Soirée der Tante. Sie sind Jugendfreunde von Zarah Leander und wollen nach Puerto Rico, um ein Serum gegen das dortige Tropenfieber zu finden. Franz Weihmayrs Kamera springt vom Schnee zur Festung zum Flugzeug; Don Pedro hat enge Handelsbeziehungen zu Amerika. Seit 1898 ist Puerto Rico ein Protektorat der USA. Die Existenz eines Tropenfiebers wird aus handelspolitischen Gründen von allen Seiten geleugnet. Das Drehbuch hat einen wahren Kern: Krankheiten wie Malaria oder Dengue sind bis heute Probleme.

Juan, der Sohn von Don Pedro, ist inzwischen neun Jahre alt. Zarah Leander verzieht ihn, was Don Pedro missfällt. Er soll sein Nachfolger werden, Stierkampf lernen und ein richtiger Mann werden. Die Ehe ist inzwischen ein Debakel. »Du bist grausam.« »Du bist egoistisch.« In diesem Ehestreit steht Ferdinand Marian links im Bild, eher ein kleiner, schmächtiger Mann, aber hinter ihm ist eine Spiegelwand, die den Raum verdoppelt. Und dieser doppelte Marian, der aus einem Phantomraum heraus agiert, wird zu einem Dämon. Sie wirft ihm seine krankhafte Eifersucht vor. Juan weint. Marian wirft ihr vor, dass sie über das Leben in Puerto Rico, über Stierkampf und Musik, vor zehn Jahren anderer Meinung war. Es bricht jetzt aus ihr heraus. »Ich war verrückt. (…) Das Land ist mir fremd, du bist mir fremd. (…) Die ewige Sonne, die Habanera. Das Paradies ist eine Hölle. Und der Fieberwind jedes Jahr.« Von heute an, erklärt er, wird er sich um das Kind kümmern.

Zwei Kulturen sind schwer verträglich kollidiert. Die ironischen Warnungen ihrer Tante kippen jetzt ins Melodram. Der Machomann südeuropäischer Tradition und das nordeuropäische Modell der Teilhabe. Zarah Leander kann damit nicht umgehen, reagiert mit Weinerlichkeit, was Don Pedro noch wütender macht, weil er seinerseits damit nicht umgehen kann. Keiner kann die Welt des anderen verstehen. Man stelle sich vor, eine Frau mit südeuropäischer Sozialisation wie, sagen wir Anna Magnani, wäre auf Ferdinand Marian gestoßen; sie wäre mit dem Machomännlein schnell fertig geworden.

Zarah Leander wechselt jetzt von Weiß zu Schwarz wie eine Witwe. Von ihren alten Verehrern erfahren wir ihren Beinamen: Königin von Saba. Aber der triumphale Einzug in Puerto Rico ist gründlich misslungen. Eine Verrücktheit, wie sie selbst sagt, sie schafft weder eine Akkulturation noch eine Appropriation. Die ironische Kritik der Tante erweist sich als treffende Beschreibung ihrer Unfähigkeit. Leander will mit dem Kind fliehen, kauft zwei Dampferkarten.

Das Kind liegt auf einem eisbärfelligen Teppich und fantasiert von Schnee. Sein Schlitten ist das Symbol einer anderen Welt, der versprochenen Welt der Mutter, von Schnee wie Engelstränen. Ihr Kinderlied ist wie eine Verheißung mitten in der tropischen Weihnacht. »Du kannst es nicht wissen, wie der Schnee sich dreht im weißen Wirbel. Kannst es ja nicht wissen, wie Winterwind das stille Haus umweht und auf der Nasenspitze dir ein Stern vergeht und hundert andre deine Wangen küssen.«

Aber der Ausbruch des Tropenfiebers macht erst mal alle Pläne zunichte. Das Hafenviertel steht unter Quarantäne. Die beiden Serologen forschen illegal in ihrem Hotelzimmer. Und natürlich bekommt auch der kleine Juan Fieber. Don Pedro hat scheinbar alles unter Kontrolle. Vom Fluchtplan seiner Frau erfährt er ebenso wie von der illegalen Forschung. Er stellt Berechnungen an. 300 Fiebertote sind besser als 20.000 Hungertote, weil der Handel zusammenbricht.

Die beiden Serologen treffen die Königin von Saba. Don Pedro lädt sie zu einem Fest in seinem Palast ein. Gleichzeitig wird ihr Hotelzimmer durchsucht, wo sich das Serum befindet, das sie gefunden haben. Zarah Leander singt auf dem Fest ihre melancholische Version der ›Habanera‹. »Der Wind hat mir ein Lied erzählt«, spottet mit den homoerotischen Untertönen von Hugo Balz der Machowelt. Es ist der Fieberwind, der jetzt auch die Handlung fiebrig vorantreibt. Die beiden Serologen sollen noch auf dem Fest verhaftet werden. Und einer lässt offen die alte Liebe wiederaufleben. Leander: »Er soll verhaftet werden, weil er mein Freund war.« »Es hat alles seine Konsequenzen im Leben.« Eine große Voliere ist jetzt das Pendant zu der großen Spiegelwand. Marian redet schon wie im Fieberwahn. Eine Warnung an alle, soll es sein. Und: »Es lebe das Leben.« Dann bricht er fiebrig zusammen. Das Serum kann nicht mehr helfen; es wurde mit allen Geräten vernichtet. »Er hat sich selber sein Grab gegraben.« Eine Wasserspiegelung mit dem Bild von Don Pedro. Es gibt eine Ehrenrettung. Er hat seinen Palast als Erholungsheim gestiftet. Marian ist nicht der Dämon, als der er erscheint, sondern selbst ein Wankelnder, Unfähiger.

Mit der alten neuen Liebe im Hafen. Wieder erklingt die Habanera und lockt mit unerwiderter Liebe. Juan ist wieder gesund und Zarah Leander ganz in Schwarz. Sie räsoniert, dass das Paradies, für das sie vor zehn Jahren umgekehrt ist, zur Hölle wurde. Aber jetzt sagt sie: »Ich bereue es nicht.« Es ist die Latinoversion der Habanera, die jetzt erklingt: »Mais si je t'aime, si je t'aime / Prends garde à toi«. Ein Melodram über die Unfähigkeit, kulturelle Gräben zu überwinden. Keiner kommt aus der Haut seiner Sozialisation heraus. Sirk benutzt dazu ein ungewöhnliches Mittel. Ironie durch Übertreibung. Ein gewöhnlicher Spiegel tut es nicht, es muss gleich eine Spiegelwand sein. Ein gewöhnlicher Vogelkäfig tut es nicht, es muss gleich eine Voliere sein. Gewöhnliche Eifersucht tut es nicht, es muss gleich ein Fieberausbruch sein.

Boefje (1939)

Ein Überlebensfilm. Sirk sitzt in den Niederlanden fest, aber will eigentlich in die USA fliehen. Mit Boefje hält er sich über Wasser. Ende August sind die Dreharbeiten beendet. Am 1. September beginnt der Zweite Weltkrieg. Boefje ist ein jugendlicher Herumtreiber, der mit seinem halbwüchsigen Freund allerlei Kleinkriminalität betreibt. Tatsächlich ist Boefje die Paraderolle der quirligen Annie van Ees, die bereits auf die 50 zugeht, eine Garçonne-Darstellerin von Format. Es geht viel um Amerika, Sirks eigentliches Ziel. Die Jungs wollen nach Amerika und klauen für die Überfahrt. Am Jahrmarkt ärgern sie einen falschen Indianer, der ganz fürchterlich auf Flämisch losschimpft. Beim jüdischen Buchhändler kaufen sie Groschenromane über Van Morrison, den Meistergangster von Chicago. Und zweimal spielt eine Landkarte von Amerika eine Rolle.

Sirk setzt das alte Rotterdam liebevoll ins Bild, die verwinkelten Gassen, die schiefen Häuser, die kleinen Läden, die Grachten, den Hafen. 1940 wird das alles im Bombenhagel der Luftwaffe untergehen. Ein Milieufilm. Arme Leute, die sich mehr schlecht als recht um ihre vielen Kinder kümmern. Der örtliche Pfarrer spielt den Sozialarbeiter. Es ist ein katholisches Viertel, was die Sache dramaturgisch erleichtert. Das Pfarrhaus ist von komischen Bediensteten bevölkert und ein Benediktinerkloster außerhalb der Stadt dient als Jugendheim.

Zwischendurch kommen die Jungs an einer Villa mit Kindergeburtstag vorbei. Boefje hat einen sozialrevolutionären Auftritt. Musik spielt eine große Rolle. Boefje spielt Mundharmonika, die Orgel im Kloster hat es ihm angetan. Ein aufgeweckter Bursche mit miserablen Chancen. Er leidet unter den Verhältnissen, ohne es zu zeigen. Seine arme Familie beschenkt er mit geklauten Sachen. Alle sind gerührt, wie hart er dafür gearbeitet hat. Als die Polizei kommt und der Schwindel auffliegt, bricht ein kleines Sozialdrama los.

Sozialreformerisch endet die Sache. Vor Gericht plädieren der Pfarrer mit dem Lob der Güte und ein Psychologe mit einem seltsamen Mäuseexperiment für Gnade. Im Kloster bei der Orgel werden die flugs geklauten Mäuse freigelassen. Über allem thront Katharina mit dem Schwert als Patronin der katholischen Bildung, fast eine kirchliche Justitia. Huldvoll segnet sie den Mäusediebstahl. Das Sozialdrama als falsches Melodram, zu wenig Gefühl, aber eine Menge ironischer Brechungen. Es gibt einiges, was damals kein Thema war, aber heute mitschwingt. Wie der Pfarrer und die Mönche mit den Kindern umgehen. Oder die Heilige Katharina als ›pia fraus‹: Das Martyrium der atheistischen Philosophin Hypatia durch einen christlichen Mob. Oder das Wissen um Sirks Biografie. Oder das Wissen um das Schicksal Rotterdams. Ein Lehrstück über den Verlust der Unschuld in der Filmgeschichte.

The Christian Brothers at Mont Lasalle (1941)

»Die Probleme der Religion haben mich tatsächlich immer begeistert, obwohl ich nicht gläubig bin. (…) Gleichwohl ist die Religion eines der leidenschaftlichsten Themen unserer Zeit. Das ist mir ein beständiges Anliegen. (…) Jedenfalls, der Umstand nicht an Gott zu glauben, ist das nicht auch ein religiöser Akt?«
(Douglas Sirk)

Der Titel des Films ist nicht gesichert, ein kleiner Dokumentarfilm (ohne Ton mit Zwischentiteln), an dem nichts Besonderes ist. Es geht um das Erziehungswesen und den Weinbau im Kloster Mont Lasalle der Christian Brothers. Mont Lasalle ist ein Kloster im mexikanischen Stil, gelegen im kalifornischen Hügelland. Da der Weinbau, die Verarbeitung und die jahrelange Lagerung großen Platz einnehmen, war es wohl auch ein Werbefilm. Der Film war sicher eine hilfreiche Studie zu THE FIRST LEGION aus dem Jahr 1950/51. Sirk erweist sich in THE FIRST LEGION auf sicherem Terrain, wenn es um die inneren Vorgänge in einem Kloster mit pädagogischem Auftrag geht.

Außerdem war das Ehepaar Sirk bei der Flucht aus dem Dritten Reich 1938 zeitweise in dem Klarissinnen-Kloster S. Chiara in Rom untergeschlüpft. Ein weiterer Anschauungsunterricht über klösterliches Leben. 1950/51 folgt mit THUNDER ON THE HILL ein Film in einem Frauenkloster aus seiner Hand; auch hier ist das Kloster ein Fluchtpunkt. Sirk war drauf und dran ein Spezialist für kirchliche Themen zu werden, eine Spur, die immer wieder auftaucht (z.B. in SIGN OF THE PAGAN von 1953/54, in BOEFJE von 1939, in BATTLE HYMN von 1956, in MAGNIFICENT OBSESSION von 1953/54 oder A TIME TO LOVE AND A TIME TO DIE von 1957/58).

HITLER'S MADMAN (1942/43)

»The Murder of Lidice / (…) / How did the year turn as it came running / In 1941? – / In the village of Lidice? / First came the spring, with planting and sowing; / Then came the summer with hay and hoes: / Then came the autumn and the harvest home … / Then came the executioner Heydrich, the Hun … / (…) / ›Husband … why your face is so gray?‹ / ›My face is gray with fear. / Heydrich, the executioner died today / From his wounds, the men say in Kladno.‹ / (…) / The whole world holds in his arms today / The murdered village of Lidice, / As the murdered body of a young child / Happy and innocent, caught in the game, / The murdered body colored, and violated, / Tortured and mutilated, of a helpless child, – / (…) / Stop him! Stop him! Do not wait! / Or will you wait, and the fate / Of Lidice? / Or will you wait and let him destroy / The village of Lidice, Illinois? / Oh, catch it! Catch him and keep him soon! / Never let him come back!« (Edna St. Vincent Millay)

Von 1940 bis 1950 produzierte der Emigrant Seymour Nebenzahl elf Filme.[141] Es ist das Jahrzehnt der A-, B- und C-Filme. Das Standardprogramm im Kino ist das Double-Feature aus einem teureren und einem billigeren Film. Nebenzahl produziert B- und C-Filme, aber auch Filme, die versuchen, irgendwie aufzufallen, sich herauszuheben aus der Masse. Dazu gehören Sirks HITLER'S MADMAN und SUMMER STORM. Die Filme sind für Sirk ein Achtungserfolg und mithin das Entréebillet zur späteren Regiearbeit bei Columbia (SLIGHTLY FRENCH und SHOCKPROOF). Sirk hat die beiden Filme unter großem zeitlichem und finanziellem Druck gedreht. Er war damals als Autor bei Harry Cohns Columbia unter Vertrag. Nebenzahl musste ihn für die Regie ausleihen. Im Paul-Kohner-Archiv finden sich Notizen wie: »...find out how much longer they want to keep Sirk. Columbia wants to know whether he is going to remain with Nebenzahl or wether they can have him and when?«[142] Sirk bewies mit diesen Filmen, dass er ökonomisch arbeiten kann.

In HITLER'S MADMAN besetzt Sirk die Figur des Heydrich mit einem gebrochenen Charakter. John Carradines Darstellung vermeidet das Eindeutige, er verkörpert das Böse mit zynischer Perfidie und lässt gleichzeitig eine dünnhäutige Verletzlichkeit durchscheinen. Er legt seine Stiefel auf Kants ›Ewigen Frieden‹, hält einen Vortrag über das Gift der Ratio und gebärdet sich als Übermensch, aber ist gleichzeitig geradezu krankhaft reizbar, was seine Ich-Schwäche sichtbar macht. Intellektuelle Überlegenheit oder religiöse Ehrfurcht sind ihm unerträglich. Spiegel reflektieren. Sirk setzt sie bewusst ein, um Distanz zu schaffen. Den Tod von Heydrich sehen wir im Spiegel. Sirk vermeidet hier die Emotion und gibt Raum für Reflexion. »Andernfalls«, so Sirk, »wäre es nur ein politisches Pamphlet.«[143] Der sterbende Heydrich wütet gegen sein Schicksal: »I'm not going to die for the Führer or anyone else.« Nach Berlin wird gemeldet, dass er mit dem Ausruf »Heil Hitler!« verstarb.

In HITLER'S MADMAN finden wir andeutungsweise auch den möglichen Dokumentaristen Sirk. Er verwendet geschickt Material aus dem Dokumentarfilm CRISIS (Kline, Burger, Hackenschmied / 1939) und inszeniert Szenen von quasidokumentarischer Präsenz: Eine Frau erfährt vom Tod ihres Mannes; die Kamera schwenkt zu dem gedeckten Abendtisch, die Kinder stehen davor, und der Kleine reckt die Hände nach dem Laib Brot, der mitten auf dem Tisch liegt. Auch das schafft Distanz. Die außerordentliche Qualität der Kamera von Eugen Schüfftan kommt hier zum Tragen. Da Schüfftan, auch ein deutscher Emigrant, keine Arbeitserlaubnis hatte, steht er in den Credits als ›supervision‹. Eine katholische Prozession erinnert an eine Dokumentation mit ländlicher Idylle, in die plötzlich und unverhofft der Antichrist Heydrich platzt. Er fordert Platz für sein rasendes Fahrzeug. Sakrileg und Mord am Dorfpfarrer. Distanz schafft Sirk auch mit böser Ironie. Ein Deutschböhme, Nazi-Mitläufer und Dorfbürgermeister, der von

Blindheit und Verblendung

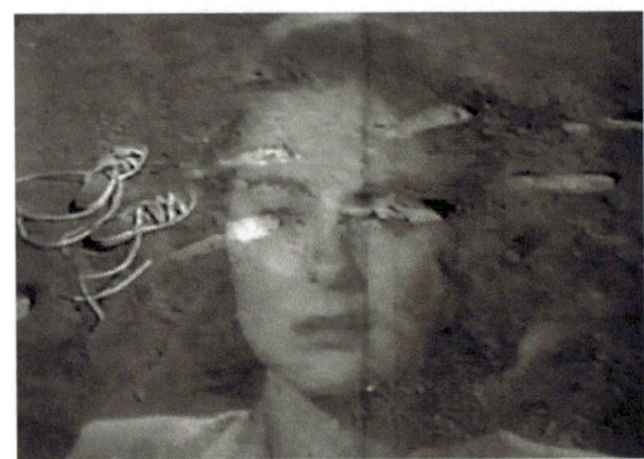

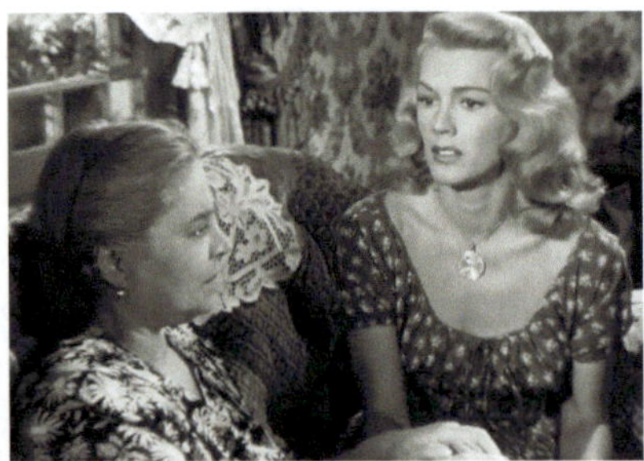

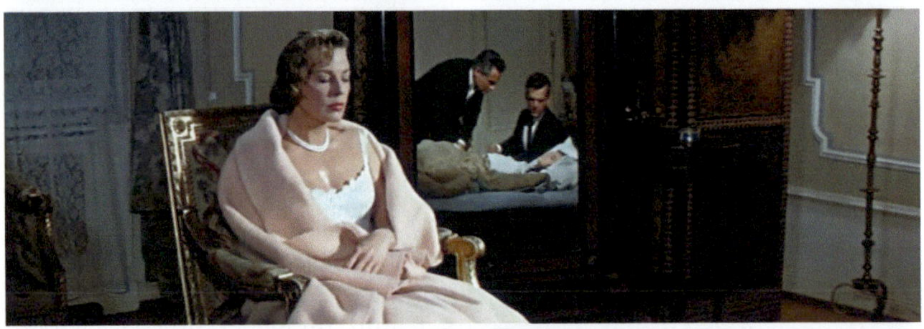

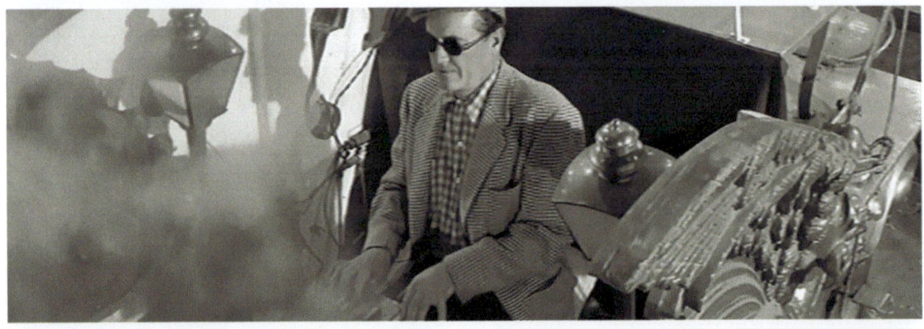

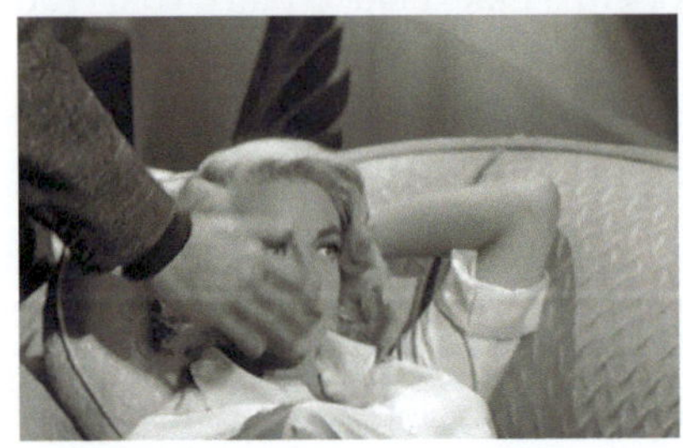

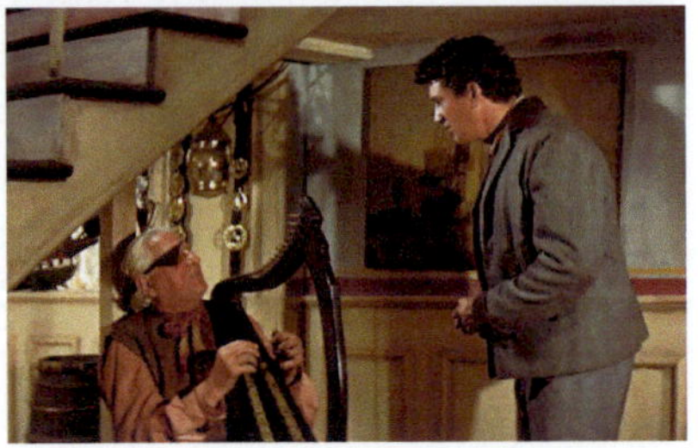

Beispiele aus: Mystery Submarine, Shockproof, Interlude, The tarnished Angels (2x), Captain Lightfoot,

der Gestapo verhaftet wird, kann es gar nicht glauben. Unter »Heil Hitler! Heil Hitler!«-Rufen wird er abgeführt. Seine Frau ist eine durchaus differenzierte Darstellung einer Deutschen, die der Propaganda misstraut und nach dem Tod ihrer Söhne den Widerstand unterstützt.

HITLER'S MADMAN ist ansonsten mit den üblichen Klischees der Anti-Nazi-Filme gespickt. Eine Liebesgeschichte, die von den Nazis zerstört wird, ein tschechischer Held, der gleichzeitig alliierter Soldat ist, Figuren, die Begriffe wie Demokratie, Patriotismus, politische Naivität, Verräter, Intellektueller, bauernschlauer Wilderer, Mitläufer etc. verkörpern.[144] Dem Antichrist Heydrich stehen der Priester und die Heiligen (Nepomuk, Sebastian) gegenüber. Der Film musste der Konkurrenz von zwei weiteren Heydrich-Filmen standhalten. Frank Tuttles HOSTAGES von 1943 ist eine klassische amerikanische Schwarz-Weiß-Malerei. Fritz Langs HANGMEN ALSO DIE, ebenfalls von 1943, ist überfrachtet mit Lang'schen Manierismen. Die Mitarbeit von Bert Brecht, die man mit der Lupe suchen muss, brachte dem Film einiges Extralob der linksliberalen Presse ein. Sirks Version, die Halbdokumentarisches und Distanziertes verbindet, erscheint heute als der politischere Film.

SUMMER STORM (1943/44)

Sirk hat mehrere Randwerke des Film noir geschaffen. LURED (1946/47), SLEEP, MY LOVE (1947), SHOCKPROOF (1948). Auch SUMMER STORM ist kein reiner Film noir, aber gehört in diesen Kontext. Primär fällt ein gewisser europäischer Touch auf. Eines der häufigsten Merkmale des Film noir ist der ambigue Charakter. Der Kriminelle und der Polizist, die sich so ähnlich werden, dass die Grenzen von Gut und Böse verwischt werden, das Good Bad Girl, die fast schon existenzialistische Zerrissenheit des Private Eye usw. Das ist ein Bruch mit der Eindeutigkeit des Charakters im amerikanischen Kino. Etwas, was europäische Regisseure mitbrachten. Sirk war ein Meister darin. Willy Birgel in seinen deutschen Melodramen war der Inbegriff dieses ambivalenten Schauspielers. In George Sanders findet er eine Entsprechung. »I wanted«, sagt Sirk, »to do the Chekov story, ›The Shooting Party‹, with Willy Birgel in the main part: he had the qualities for it, which I later found in George Sanders, who did the part in America. They both had the same broken identity.«[145] Gleichzeitig ist der Film der Auftakt einer Reihe von insgesamt acht Contes Moreaux auf Amerikanisch.

In SUMMER STORM lässt der Aristokrat George Sanders seine Geliebte, das Bauernmädchen Linda Darnell, einen anderen heiraten. Bei der Hochzeitsfeier sehen wir vor einem Spiegel, wie sich die beiden heimlich küssen. Eine nackte Statue und Sanders' Braut sind stumme Zeugen. Die unsichtbare Braut von Sanders wird im Spiegel sichtbar. Eine der subtilsten Spiegelszenen der Filmgeschichte. Später, als sich das Drama zuspitzt, steht Sanders nach einer durchzechten Nacht vor seinem Spiegelbild, ein Zerrbild seiner selbst. Betrunken, kaputt und angeekelt zerstört er sein Bild im Spiegel. Sanders tappt in seine selbstgebaute Falle, tötet aus Eifersucht Linda Darnell. Der Ehemann wird verdächtigt.

Beim Prozess will Sanders reden, aber findet in letzter Sekunde nicht den Mut. Sirk erzählt dies als Rückblende. Jahre später. Voice-over und abgedunkelte Bilder. Sanders hat ein schriftliches Geständnis der Tat, er will es den Justizbehörden schicken, zögernd steht er vor dem Einwurf eines Briefkastens. Ein anderer will etwas in den Kasten werfen, Sanders' Geständnis fällt dabei mit rein. Ein zweites Mal schreckt Sanders vor der Konsequenz seiner Tat zurück, er will den Brief wieder aus dem Kasten holen. Es kommt zu einem Handgemenge mit der Polizei, bei dem Sanders erschossen wird.

Gleich zu Beginn des Films sehen wir das Redaktionsgebäude der ›ZEIT‹ (›VREMJA‹). Sirks Helden bewegen sich kreisend in der Zeit. Immer wieder machen sie dieselben Fehler, lernen nichts dazu. Gesellschaft ist nicht Natur, aber erscheint in der zyklischen, sinnlosen Bewegung ihrer Agenten wie Natur. »Closing my eyes I see a rainbow«, beginnt die Rückblende. Die letzten Worte der sterbenden Linda Darnell lauten »the heavenly electricity«. Sanders, sterbend, wiederholt die Worte. Landschaft, soweit sie bei Sirk vorkommt, ist ganz europäisch, emblematisch und symbolisch.

Das zerstörte Spiegelbild von Sanders hat shakespearische Qualitäten: »A brittle glory shineth in this face: As brittle as the glory in the face; (Wirft den Spiegel auf den Boden.) For there it is, crack'd in a hundred shivers. Mark, silent king, the moral of this sport, How soon my sorrow hath destroy'd my face.«[146] Viele der großen Sirk-Motive aus Written on the Wind oder Imitation of Life sind hier skizziert. Schüfftan, uncredited als Kameramann, bringt expressive Traditionen und poetorealistisches Sfumato zusammen. Kein reiner Film noir, aber ein schwarzes Melodram. Als George Sanders vor Gericht die Wahrheit sagen will und sich erhebt, wird er von einer dicken Frau, die sich vordrängt, wieder runtergedrückt. Die Personenzeichnung ist unamerikanisch. Zerbrechlich, zweifelnd, existenzialistisch. »Hope, the impossible dream, keeps me alive«, sagt George Sanders. Was von seiner großen Liebe bleibt, eine Tanzkarte mit der Aufschrift ›I love you‹, landet schließlich im Müll.

Im Verlauf des Films wird der Bezirksrichter Sanders in die Rolle des Richters in eigener Sache gedrängt. Eine tragikomische Verstrickung. Komisch wie im ›Zerbrochenen Krug‹. Tragisch, weil es sich bis zum Justizmord zuspitzt. Als ihm dies zum ersten Mal bewusst wird, fällt der Satz: »Life is full of strange irony.« Da hat er noch keine Ahnung, wie er von der unerbittlichen Schraube ironischer Wendungen zermahlen wird. Erst fängt er eine Affäre mit Linda Darnell an, dann lässt er sie fallen für die Liebe zu einer besseren Dame. Erst spielt er den Brautführer, dann verführt er die Braut noch am Hochzeitstag. Erst will er das Bauernmädchen als Mätresse, dann schnappt sie ihm ein dekadenter Graf weg. Erst schwindelt er für seine Geliebte, so dass ihr Mann für ihren Juwelenraub haften muss. Dann ermordet er sie und prompt wird der Ehemann zum Hauptverdächtigen. Am Sterbebett des Bauernmädchens versucht er den unschuldigen Ehemann zu entlasten, aber belastet ihn nur. Später landet sein anonymes Mordgeständnis ausgerechnet bei seiner früheren Braut. Er will ein Geständnis ablegen und scheitert zweimal; dann hilft der Zufall nach. So geht es durch den ganzen Film. Ironie als Iterativ.

A Scandal in Paris (1945)

Ein Vidocq-Film, irgendwie entfernt nach seinen Memoiren. Vom Ganoven zum Polizeichef. Eine Biografie, die selbst eine einzige Ironie ist. Die Gaunerkomödie ist mit George Sanders und Akim Tamiroff prominent besetzt. Der Weltkrieg ist gerade beendet, als die Dreharbeiten beginnen. Man spürt die gute Laune aller Beteiligten und Sirks Regie ist von eleganter Leichtigkeit. Alles beginnt mit der Geburt des Helden – im Gefängnis. An der Gefängniswand erlaubt sich Sirk eine kleine Selbstreferenz mit den Initialen D. S. Ein Klecks im Geburtenregister verhüllt den Vaternamen des Helden – Helden sind immer autonom, vaterlos erschaffen sie sich selbst. Geburtstage verbringt er am Geburtsort mit der Lektüre anderer Memoiren, derer von Casanova. Im Geburtstagskuchen steckt die Feile zur Freiheit. Auf der Flucht wird Sanders mit seinem Kumpan Tamiroff von einem Kirchenmaler engagiert. Er malt den Heiligen Georg und den Drachen, Unschuld und Verschlagenheit. Mit dem Modellpferd fliehen sie zur kriminellen Familie von Tamiroff.

Mit falschen Papieren landen sie in Bonapartes Armee. Sanders sieht in einem Amüsierlokal Carole Landis mit einer hübschen Nummer: Ein Schattentheater, das wie ein Striptease wirkt, und als Flammentheater endet. Noch nicht Kino, aber Illusionstheater. Er fängt mit ihr ein Techtelmechtel an, entschließt sich aber dann, lieber ihr Rubinstrumpfband zu klauen. Wieder Flucht. Unterwegs fängt er trickreich den zahmen Affen einer Baronin. Da er gerade vor dem Grabmal des Baron Vidocq steht, gibt er sich diesen Namen. Über die Baronin lernt er den Polizeiminister kennen. Die Tochter des Ministers ist heimlich verliebt in das Kirchenbild des Heiligen Georg und dann natürlich auch in Sanders. Vom örtlichen Priester muss sie erfahren, dass der Heiligen Georg einen Gauner porträtiert, was ihrer Schwärmerei keinen Abbruch tut.

Nachts stiehlt Sanders den Schmuck der Baronin und versteckt ihn im Gewächshaus des Parks. Am nächsten Tag scheitert der örtliche Polizeichef kläglich an der Aufklärung des Verbrechens. Er wird entlassen und klagt Carole Landis, die inzwischen seine Frau ist, sein Unglück. Vidocq gibt sich als Hobby-Kriminalist aus und klärt den Fall. Der Polizeiminister ist so begeistert, dass Vidocq der neue Polizeichef wird. Als solcher muss er erst mal die Tante seines Kumpans aus dem Gefängnis holen. Dann bringt er die ganze kriminelle Familie in der Bank von Frankreich unter. Natürlich soll die Bank ausgeraubt werden.

Sanders interessiert sich für die Tochter des Polizeiministers, aber läuft natürlich auch Carole Landis über den Weg. Als Strafe für das gestohlene Strumpfband muss er erst mal ihre Hutrechnungen zahlen. Mit der Tochter des Ministers und deren Nichte muss er auf einem Rummelplatz mit dem chinesischen Karussell fahren. Es kommt zu einem Kuss; die verliebte Tochter des Ministers erklärt, dass sie alles über ihn weiß und mit ihm und der Beute fliehen will. Gleichzeitig muss er die Affäre mit Carole Landis pflegen. Der eifersüchtige Ehemann, ehemaliger Polizeichef und sein Vorgänger, verfolgt sie in grotesker Verkleidung als Vogelhändler. Vor dem Laden ›Dernier Cri‹ kommt es wieder zu einem trügerischen Schattentheater, das den Rasenden dazu veranlasst, seine Frau zu erschießen.

Vidocq kann jetzt ohne weitere amouröse Altlasten heiraten. Um Schwiegersohn des Polizeiministers zu werden, muss er aber ehrlich werden. Er bläst den Bankraub ab und sichert den Familienmitgliedern einträgliche und ehrbare Bankarbeit zu. Lediglich Akim Tamiroff fühlt sich betrogen. Beim chinesischen Karussell kommt es zum Zweikampf und wie der Heilige Georg ersticht er den Drachen Tamiroff. Der Affe der Baronin, mit dem passenden Namen Satan, ist über diese Wendung ganz aus dem Häuschen vor Freude. Das Schlusswort hat die altkluge kleine Schwester der Braut: »I knew it from the beginning. No man is a Saint.« Gut und Böse als eine Frage der Macht.

Diese sympathische kleine Komödie ist eine wunderbare Etüde über Sein und Schein, mit seinen Schattenspielszenen auch über das Kino selbst. Moral

Künstliche Familien

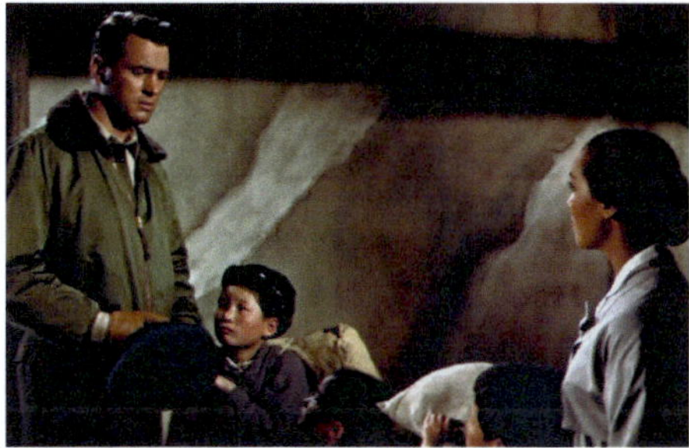

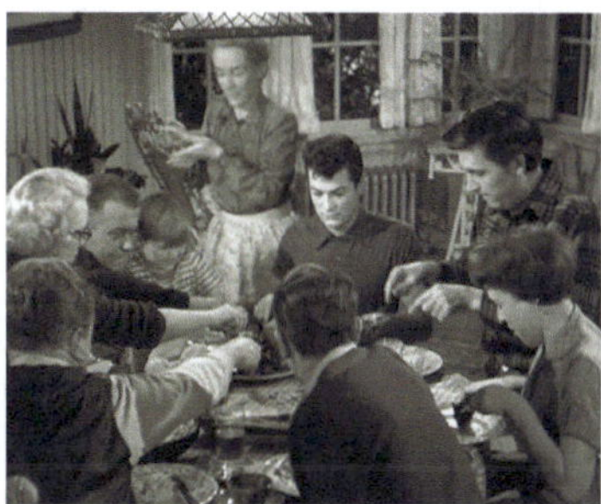

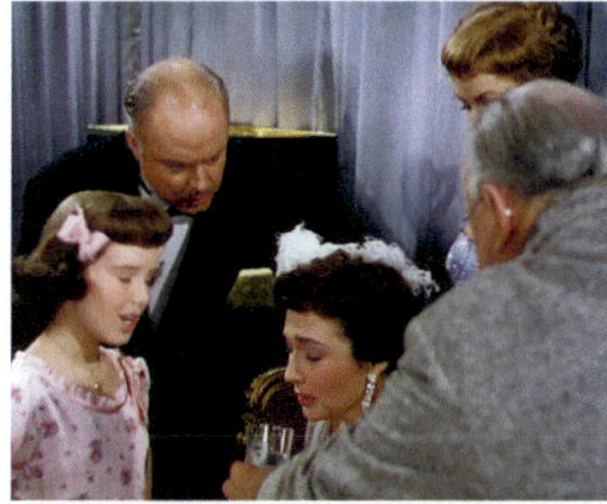

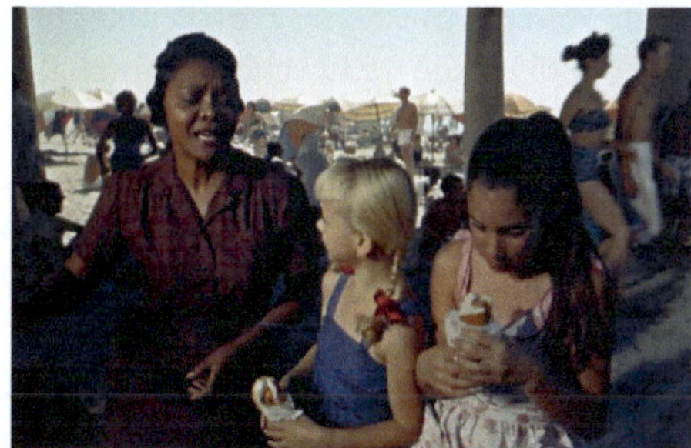

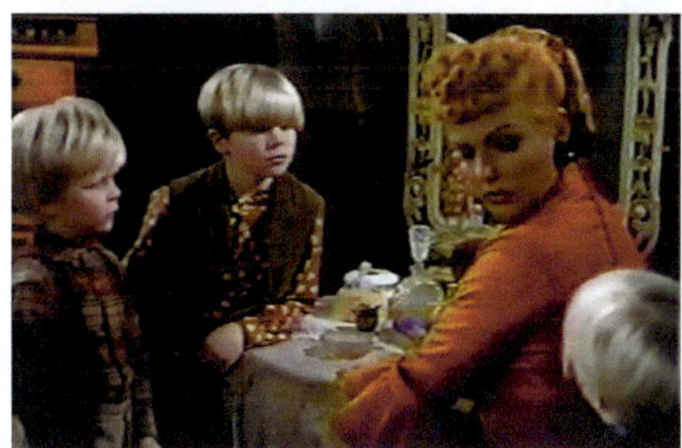

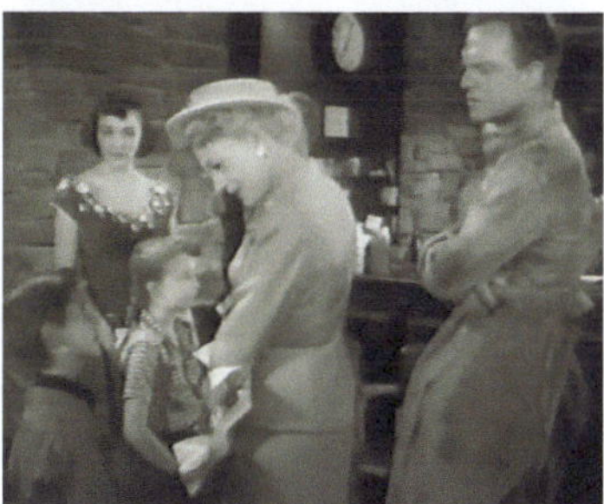

Beispiele aus: Battle Hymn, No Room for the Groom, Has anybody seen my Gal, Imitation of Life, Take me to Town, Week-End with Father

und Heuchelei: Die größte erotische Faszination hat immer noch das zwielichtig Schillernde. »So ist auch der Affe in A SCANDAL IN PARIS ein optischer Epilog, hineingespottet ins Publikum, dass alle Menschen dieses Films nicht über die alte Erbschaft des Lächerlichen und einer Nachäffung des Lebens hinausgelangt sind« (Sirk).[147]

LURED (1946/47)

Sirk hat hier einen Stoff, der ihm sichtlich liegt, voller ironischer Wendungen und mit einem ausgezeichneten Team: George Sanders und Lucille Ball in den Hauptrollen, aber bis in die kleinen Nebenrollen hervorragend besetzt, Kamera William Daniels und Buch Leo Rosten zusammen mit Sirk. Der Stoff wurde 1939 schon einmal ähnlich brillant von Robert Siodmak verfilmt (PIÈGES). Der größte Trumpf von Sirk ist die Hauptdarstellerin Lucille Ball, die in der Mischung aus Halbweltdame und Polizeiagentin ungewöhnlich gecastet ist. Aber sie schlägt sich bestens und verleiht diesem Film noir einen hübschen Screwball-Touch. Hollywood hat sie offensichtlich unter Wert verkauft. Dabei war sie in DANCE, GIRL, DANCE (Dorothy Arzner, 1940) schon die raffinierte Tänzerin mit »Oumpff« und in THE DARK CORNER (Henry Hathaway, 1946) die Privatsekretärin des Detektivs, die auf das Stichwort ›Mittagspause‹ prompt ihre Beine herzeigt.

Soho, Nacht, regnerische Straße, ein Frauenmörder geht um. Ein wahnsinniger Baudelaire-Fan schickt der Polizei Gedichte, die seine Morde als Kunstwerk ankündigen. Seine Opfer findet er über Kontaktanzeigen. Das Taxigirl Lucille Ball lässt sich von der Polizei als Lockvogel anheuern. Die Kontakte führen sie zu allerlei Verrückten und falschen Fährten. Sirk kostet die Verwechslungen und absurden Situationen mit großer Ironie aus. Sie landet in einem Modeatelier und die vermeintlichen Anzüglichkeiten dienen nur zur Überprüfung ihrer Figur. Dann trifft sie sich mit einem verdächtigen Vogelliebhaber, einem Knaben von vielleicht zehn Jahren. Auch ein dubioser Künstler und ein Fremder, der sie an die Themse geleitet, erweisen sich als harmlose Zeitgenossen. Bei Boris Karloff als wahnsinnigem Modeschöpfer führt sie ein Kleid vor Schaufensterpuppen und Seiner Exzellenz, der Bulldogge, vor. Der Mann handelt unter Wiederholungszwang, aber als auch noch die Schallplattenbegleitung in einer Wiederholungsschleife hängt, dreht er durch und entlarvt sie als Spionin – aber in einem weiteren ironischen Quidproquo als Spionin der Konkurrenz und nicht der Polizei. Bei einer Konzerteinladung entpuppt sich ein spinnöser Musikliebhaber als Wirrkopf, der sich in der Reihe geirrt hat. Und eine Stelle als Hausmädchen (jung und gutaussehend) führt sie tatsächlich auf die Spur eines Mädchenhändlerrings. Der ewig Kreuzworträtsel lösende Kriminalbeamte, der sie bei diesen Recherchen bewachen soll, bekommt dabei als Running Gag die richtigen Wörter geliefert, sei es der Hund Caesar oder die Symphonie in h-moll.

Wer sie tatsächlich sucht, ist George Sanders, der sie für seinen Nachtclub engagieren will. Sie läuft ihm bei ihren Recherchen öfters über den Weg, aber weicht seinen routinierten Eroberungsfeldzügen, wie eine Verflossene kommentiert, geschickt aus. Er macht sich dabei mächtig verdächtig; der Song ›All for Love‹ mit dem Refrain ›Come with Me‹ kommentiert passend das Doppelspiel aller Beteiligten. Lucille Ball gerät später in ein gefährliches Handgemenge mit dem Mädchenhändler und George Sanders darf als rettender Ritter auftreten. Dankeskuss und Hochzeit. Und nach der Hochzeit taucht wieder ein Gedicht auf, das sich wohl auf Lucille Ball bezieht. Im Schreibtisch von Sanders findet sie belastendes Material, Bilder und Gegenstände der ermordeten Frauen, »Skelette aus alten Tagen«, wie sein bester Freund und Partner kommentiert. Verhaftung. Wie sich bald herausstellt, war aber sein Partner der Täter. Vorher kommt es noch zu einem dramatischen Auftritt. Lucille Ball erscheint mit weißem Pelz, darunter schwarzes Kleid. Der eifersüchtige Partner will sie mit dem Halstuch erwürgen. Die letzte Falle der Polizei.

Zum Schluss sitzt Sanders an der Bar im Club. Sie erscheint mit dem hochsymbolischen Outfit im Spiegel. ›All for Love‹. Kuss und The End. Das letzte Wort hat aber das Kreuzworträtsel: »Happy Ending«. Sirk, dieser Spezialist für das Unhappy Happy Ending hat sich diesen ironischen Gag selbst ins Drehbuch geschrieben.

Sleep, My Love (1947)

»Film noir, das ist ein Genre, das mich sehr interessiert hat.«
(Douglas Sirk)

Ein Seitenstrang des Film noir. Suspicion (Hitchcock, 1941), Gaslight (Cukor, 1944), The Stranger (Welles, 1946), Sorry, Wrong Number (Litvak, 1948) … Filme um Ehefrauenmord. Krieg und Nachkrieg. Ehen sind zerrüttet, die Männer sind Fremde geworden. Paranoide Melodramen. Die verblendeten Ehefrauen sitzen fest in dem Netz, das ihre Männer geknüpft haben. Das melodramatische Geschäftsmodell dieser Filme ist das Vertrauen der Frau in ihren Mann bis zum bitteren Ende. Verblendungsfilme.

Verblendung wird im Film noir gerne mit Brillen unterstrichen. Hitchcock spielt mit dem Topos in SUSPICION (die Lesebrille von Joan Fontaine) und STRANGERS ON A TRAIN (die auffällige Brille der Ermordeten). Am bekanntesten sind die schwarzen Brillen von Barbara Stanwyck (in DOUBLE INDEMNITY) und Peggy Cummins (in GUN CRAZY). Sirks Mittel, um die Verblendung der melodramatischen Persona anzuzeigen, ist subtiler. Er arbeitet mit Licht, das Claudette Colbert immer wieder blendend auf den Augen liegt. Eine dicke Brille trägt in diesem Film dagegen der Helfer des Ehemanns. Diese Brille ist wie ein Blendlicht gefilmt, das die Ehefrau trifft. Sirks ironische Distanz findet sich in der übertrieben inszenierten Naivität von Claudette Colbert. Gegen allen Anschein vertraut sie ihrem Mann. Sie agiert wie ein Fall von Borderline. Der Polizeikommissar ist offensichtlich nicht gewillt, sich um ihren Fall zu kümmern, aber sie fällt auf sein professionelles Gerede herein, hält ihn für sehr kompetent und erwartet die baldige Verhaftung des Mannes, der sie tödlich erschrickt.

Ein rasend schneller Zug. Ein bedrohliches Spiel von Licht und Schatten, eine Lampe blendet Colbert, sie hat Kopfweh und Panik, ein Arzt leuchtet ihr mit der Lampe ins Auge. Sie weiß nicht, wie sie in den Zug gekommen ist, der Schaffner und eine alte Dame kümmern sich um sie. Der Ehemann (Don Ameche) ist in New York mit den üblichen Verdächtigen, Milchmann, Butler, Polizei. Sein Arm ist angeblich vom Waffenreinigen verletzt. Aus einem Telefonat erfahren wir, dass es nicht der erste Vorfall mit seiner Frau ist. Der Ehemann weiß, dass die Polizei mithört. Er beschwert sich: »My gun is missing.« Selbstanzeige von Claudette Colbert: »I have it.« Am Bahnhof trifft die alte Dame einen seltsamen Herrn mit dicker Brille: »I have said everything you told me.« Beim Rückflug trifft Colbert den netten Robert Cummings, der sich mit ihr anfreundet.

Der Ehemann hat unterdessen den Herrn mit dicker Brille als Psychiater Dr. Rinehart engagiert. Don Ameche suggeriert Colbert, sie habe auf ihn geschossen. Er sperrt die Pistole weg. Beim Fotografen haust die Femme Fatale als Model. Der Fotograf klopft als Dr. Rinehart Punkt 12.00 Uhr im strömenden Regen an. Er macht Colbert gehörig Angst und steigert ihre Panik. Er ruft im Büro des Mannes an: »It's serious.« Abgang. Sie ruft in Panik ihren Mann an, aber der ist gar nicht im Büro. Zusammenbruch.

So wird sie von ihrer Freundin und Robert Cummings gefunden. Ihr Mann kommt mit dem richtigen Dr. Rinehart. Sie hat wohl wieder halluziniert. Am nächsten Tag will sie ausgehen, aber ihr Mann ist geschäftlich verhindert; die Verhinderung ist die Femme Fatale und ein teurer Schmuck. Aber sie kann mit Cummings ausgehen, der sie zu einer chinesischen Hochzeit bringt. Beste Stimmung, aber zu Hause taucht wieder der Mann mit Brille auf, der sie erschrickt. Ihr Mann: »Nobody was here.« Er spielt den Hilflosen, Verzweifelten. Dann gibt er ihr heimlich eine Droge und suggeriert, dass sie über die Balkonbrüstung fliehen muss. In letzter Sekunde wird sie von Cummings gerettet, der besorgt zurückgekommen ist. Am nächsten Tag geht sie wegen des mysteriösen Fremden zur Polizei, die natürlich nichts unternimmt.

Cummings, inzwischen misstrauisch, überprüft diverse Ungereimtheiten und wird fündig. Er rät Colbert, abends nicht die heiße Schokolade zu trinken, die ihr der Ehemann gibt. Der trinkt daraufhin selbst die Schokolade, um zu zeigen, dass sie harmlos ist. Dann schleppt er sich mit letzter Kraft ins Bett. Cummings schleicht sich ins Büro des Mannes, schnüffelt rum und findet die Rechnung für den Schmuck. Und der Ehemann beginnt Fehler zu machen. So kommt Cummings auf die Spur des Fotografen, der dem Ehemann Vorwürfe macht. Jetzt wird es sehr expressiv, Nacht, Schatten, Hände, das Standardrepertoire. Ein letztes Mal setzt Don Ameche seine Frau unter Drogen, damit sie den Fotografen tötet, was zu einer Schießerei führt, bei der alle Bösewichte zu Tode kommen. Cummings hält Colbert im Arm: »Leave this house forever.« Das klingt wie der Stoßseufzer des Regisseurs. Sirk muss immer noch bei wechselnden Produktionsfirmen um seinen Platz in der Filmindustrie kämpfen.

Slightly French (1948)

Dieser Film ist ein weiterer Schritt in Sirks Ochsentour durch die niedrigen Gefilde Hollywoods. Eine musikalische Komödie für die Columbia unter Harry Cohn. Cohn war der mit Abstand schlimmste Sklaventreiber unter den Mogulen des klassischen Hollywood und genau das macht den Film interessant: Ein exzentrischer Regisseur (Don Ameche) mit Perfektionswahn dreht ein Musical mit einer französischen Hauptdarstellerin in einem Studio-Paris. Er schikaniert sie solange, bis sie einen Nervenzusammenbruch bekommt. Dann geht es hinter die Kulissen des Studios. Die ausführenden Produzenten sind auch am Rande des Nervenzusammenbruchs. Der Druck kommt von oben über das Telefon. Der Tycoon, den man nie zu Gesicht bekommt, ist natürlich Harry Cohn. Bei der Columbia dürften sich alle königlich amüsiert haben über diese ironische Film-im-Film-Story. Die teure Vorproduktion ist fertig und, um den Film zu retten, muss eine neue Französin her, die singen, tanzen und schauspielern kann.

Don Ameche wohnt mit seiner fürsorglichen Schwester in einer Villa. Um ihn abzulenken, geht sie mit ihm zu einem Lunapark. Dort fällt ihm eine Schaubuden-Schönheit auf (Dorothy Lamour), die in wechselnden Rollen erst eine Tänzerin, dann eine Chinesin und schließlich eine Französin mimt. Er engagiert sie und lässt sie im Schnellverfahren als Tänzerin, Sängerin und falsche Französin trimmen. ›My Fair Lady‹ kommt erst zehn Jahre später, aber in beiden Fällen ist es der uralte Pygmalionstoff, den Rousseau schon im 18. Jahrhundert für eines der ersten Melodramen überhaupt verarbeitet hatte. Narziss und Echo, Pygmalion und Galathea waren Figuren, die Rousseau sehr faszinierten. Elementares menschliches Handeln, thematisiert im Mythos. Aber in einer neuen, aufgeklärten Weise. Göttliches Wirken wird durch menschliches Tun und Wollen ersetzt. Sein pantomimisches Melodram wird von melodramatischer Musik gestützt. Entgegen der französischen Klassik ist diese Welt bereits ganz bürgerlich: Der Wille des Publikums gilt. Der Volonté Générale ersetzt das Eingreifen von Göttern durch Weltlichkeit und das von Herrschern durch Bürgerlichkeit.

Trotz der Liebesgeschichte, die sich anbahnt, spielt Don Ameche den unnahbaren Regiestar. Das naive Mädel vom Jahrmarkt bricht zusammen, aber die Schwester redet ihr zu, dass sie ihn bei seinem Ego packen muss. Sie spielt jetzt ihrerseits die Unnahbare, die auf Perfektion hinarbeitet. »I'll be as French as French fries!« Don Ameche führt sie dem ausführenden Produzenten zu, der sie prompt engagieren möchte und sich prompt in die charmante Französin verliebt. Auf einer Party wird alles arrangiert. Dorothy Lamour singt in einem ovalen Spiegel, eine Fälschung in einer Fälschung. Sie muss jetzt den Kopf von Don Ameche retten, der als herrschsüchtiger Regisseur in Ungnade gefallen ist: Sie unterschreibt den Vertrag nur, wenn er Regie führt.

Natürlich muss die Bombe irgendwann platzen. Don Ameche wird eifersüchtig auf ihre Affäre mit dem Produzenten, woraufhin sie eine öffentliche Szene macht und sich als Amerikanerin outet. Ein Fressen für die Presse. Alles scheint verloren, aber nun taucht Harry Cohn am Telefon auf und verlangt, dass der Film fertig gedreht wird bei so viel kostenloser Publicity. Nach einigen Verwicklungen bekommt die Schwester ihren Produzenten und Don Ameche seine Jahrmarktsattraktion. Der Schluss macht die Beziehung von Pygmalion zu Galathea nochmals ironisch deutlich. Bei einer Probeaufnahme besingt Dorothy Lamour ihren Schülerpart: »I want to learn about love from you, I do, I do, I do. I want to learn what a kiss can do, from you …« Don Ameche ist mit der folgenden Kuss-Szene nicht zufrieden und probt es mit ihr: »Remember, you are in love with me…«

Shockproof (1949)

»Give all to love; / Obey thy heart; / Friends, kindred, days, / Estate, good-fame, / Plans, credit and the Muse,— / Nothing refuse. // 'T is a brave master; / Let it have scope: / Follow it utterly, / Hope beyond hope: / High and more high / It dives into noon, / With wing unspent, / Untold intent: / But it is a god, / Knows its own path / And the outlets of the sky. / (…) / Though thou loved her as thyself, / As a self of purer clay, / Though her parting dims the day, / Stealing grace from all alive; / Heartily know, / When half-gods go, / The gods arrive.« (Emerson)

Etwas abgetragene Schuhe laufen über den Hollywood Boulevard. Vor einem Schaufenster stoppen sie. Im Laden kleidet sich die Protagonistin mit neuen Klamotten modisch ein. Dann geht sie zum Beauty Saloon und aus der Brünetten wird eine Blondine. Das Leinwand-Imago von Patricia Knight erscheint. Sie wandert weiter. Aufzug, Büro, am Schreibtisch Cornel Wilde. Irritiert blättert er in Fotos, wie ein Agent. Die Brünette ist blond. Aber die Exposition ist eine ironische Täuschung. Patricia Knight ist eine Mörderin, auf Bewährung entlassen. Und Cornel Wilde ihr Bewährungshelfer.

Er bietet ihr einen Job und erklärt ihr die Regeln. In der Bewährung ist fast alles verboten, auch Heiraten. Und dann ist in der Mordakte noch das Foto eines smarten Herren, ihr Geliebter, für den sie ins Gefängnis gegangen ist. »He is dead – for you.« Sie mault und er stellt klar, dass sie eine Teacher-Pupil-Beziehung haben. Er hat ein Zimmer für sie organisiert und am Weg dorthin taucht schon der Geliebte auf. Natürlich bittet sie ihn, zu gehen. So beginnt eine seltsame Dreiecksgeschichte. Ein schwarzes Melodram für zwei Mörder und einen Polizisten.

Am nächsten Tag ist sie nicht bei der Arbeit, sondern mit ihrem Geliebten in einem Wettbüro. Sie ist für ihn fünf Jahre ins Gefängnis gegangen, aber er hat fünf Jahre auf sie gewartet, stellt sie gerührt fest. Ein schwerer Fall von sexueller Hörigkeit. Sie soll mit falschen Verwandten nach San Francisco gebracht werden, weg von dem strengen Bewährungshelfer. Aber das Wettbüro wird hochgenommen und sie wird verhaftet. Das bedeutet zurück ins Gefängnis. Ein anderer stürzt sich lieber in den Tod als nochmals 20 Jahre ins Gefängnis zu gehen. Sie wird heimlich einer psychologischen Untersuchung unterzogen, merkt es aber und macht auf Philanthropie. Die Ärztin spricht sich für eine letzte Chance aus.

Wilde zeigt ihr Fotos von schönen Frauen und wie sie nach 20 Jahren Gefängnis aussehen. Sie soll sich nur noch mit »normal, decent people« abgeben. Aber der Geliebte gibt keine Ruhe. Wilde gibt ihr drei Minuten für einen endgültigen Abschied. Dann nimmt er sie mit zum Dinner – bei seiner italienischen Mama. Kids spielen Baseball auf der Straße, der kleine Bruder ist dabei. Vorstadtidyll. Die Mama ist Klischee – und blind. Natürlich erkennt die Mama blind, dass die Blondine eine Brünette ist. Gemeinsame Küchenarbeit. Und der nette ältere Herr ist auch auf Bewährung zu Gast. Knight versucht, ans Telefon zu kommen. Eigentlich ist sie mit ihrem Geliebten verabredet, kommt aber nicht weg. Immerhin stellt sie fest: »You're different.«

Wilde überschreitet jetzt alle Kompetenzen und gibt ihr einen anderen Job: »Taking care of a blind woman.« Er etabliert sie qua Amtsmissbrauch als Verlobte im eigenen Haus. Die dankt es ihm nicht, sondern fühlt sich überfahren. »You spy on me.« »It's my job. (...) He doesn't know what love is.« »And you know?« Daraufhin faselt er etwas von Freunden, Heim und Kindern. Kinobesuch mit Knight und dem kleinen Bruder. Ein Western. Sie sitzt in der Mitte. Der kleine Bruder umklammert in einer spannenden Szene ihre Hand. Und dann macht es Wilde auch. Und zum Schluss gibt es noch Eis für alle. Dieses Vorstadtidyll ist mit derselben Ironie gezeichnet wie in anderen Sirk-Filmen die Kleinstadt.

Patricia Knight macht Blindenbetreuung im Park. Sie bringt und holt Bücher aus der Bibliothek, wo sie sich mit ihrem Geliebten trifft. »He has fallen for me.« »Encourage him!«, rät der Geliebte. Im Park liest sie Emerson vor: »Give all to love (...) Nothing refuse.« Sirk, mit seinem Wissen um Americana, verweist immer wieder auf die Tradition des Transzendentalismus (vgl. ALL THAT HEAVEN ALLOWS). Der kleine Bruder schreibt auch Gedichte und übt am Piano. Die Mama: »Sometimes blindness is not a handicap. (...) You know what's in your heart.« Die Melodramen-Blinden sind sehend. Die Seelenmassage tut ihre Wirkung. Am Abend sind alle außer Haus, Wilde und Knight essen zusammen, tanzen. Sie gesteht, dass sie nicht nach San Francisco gegangen ist, weil sie ihn nicht betrügen will. »I don't want to go. I believe you.« Er hat beruflich Ambitionen, liest spät noch Fachliteratur. Sie hat einen Alptraum, schreit. »I dreamed about you (...) in a forest (...) caught in a steeltrap.« Er tröstet sie und: »I love you.« Kuss. »Will you marry me?« »You don't know me. (...) You deserve something better.«

Auch Patricia Knight gehört zu den Dual Personalities, die Sirk in seinen Melodramen so liebt. Zerrissene zwischen verschiedenen Prinzipien, fast schon schizophren. Ihrem Geliebten gesteht sie genervt: »I must get out. (...)

He wants me to marry.« Er rät wieder: »Marry now and keep it secret. (…) Then you can do anything.« Sie packt und will zum Flughafen. Die Mama ruft Wilde im Büro an. Der fängt sie ab. »Marry me now and keep it secret.« Er sagt ihr genau dasselbe wie ihr intriganter Geliebter. »Your job, your career?« Die Mama: »Ti benedica figlia!« Es gibt verräterische Briefe an den Geliebten. Der bestellt sie telefonisch in die Bibliothek, aber sie kommt nicht. Jetzt kreuzt er im Haus auf. Wilde schlägt ihn nieder. Die beiden sind sich ziemlich nahegekommen. Mit verteilten Rollen sagen sie Patricia Knight dasselbe. Der Kriminelle tritt distinguiert auf und verspricht Freiheit. Der Polizist prügelt und versucht, eine Schutzbefohlene zu verführen.

Knight muss die Geschichte mit den Briefen noch klären. Im Apartment des Geliebten kommt es zum Streit. Patricia Knight wie somnambul, mit einem Blick ins Unendliche fokussiert. Sie greift aus einer offenen Schublade eine Pistole. Ein Schuss löst sich und der Geliebte liegt verletzt am Boden. Er hat einen Brief in der Hand mit »I love you«. Die Szene ist genial aufgelöst. Im Vordergrund, groß, die aufgerissene Schublade. Auf dem Schreibtisch der Telefonhörer, das Ende aller Kommunikation. Am Boden hinter dem Schreibtisch der Verletzte. Starr stehend Patricia Knight. Nach hinten ein offener Durchgang. Fragmentierte Räume. Und irritierendes Licht von verschiedenen Lichtquellen. Richard Hamilton hat von 1964 bis 1982 eine Serie von Bildern rund um diese Schlüsselszene gemalt. Als Wilde eintrifft, ist sie schon weg, nur noch ihr Gemälde hängt an der Wand. Das Bild von der Frau, dem die Wirklichkeit nicht standhält. Wie in LAURA, WOMAN IN THE WINDOW und vielen anderen Film noir.

Die Mama: »She's here.« Wilde will sie der Polizei übergeben. In einer kurzen Rückblende erklärt sie, dass sie alles für ihn getan hat. Der Geliebte hat von der heimlichen Heirat erfahren und sie damit erpresst. »You're fallen for him. (…) It's in the record. You are married.« Sie will die Briefe, er ruft in seinem Büro an. Gerangel und Schuss. Wilde will die Version glauben. Er dreht das Auto um. »They will never believe you.« Die beiden verschwinden, werden gesucht.

Ihre Fluchtgeschichte besteht aus lauter ironischen Wendungen. An einer Tankstelle taucht prompt ein Polizeiwagen auf. Sie stehlen ein Auto mit dem Schild ›Just Married‹. An der mexikanischen Grenze wird das Schild bereits gesucht. Panisch zurück. Weiter mit dem Bus. Die Zeitungen sind voll. Die falsche Blondine färbt sich brünett. Kein Geld. Er verpfändet seine Uhr. Ein teures Geschenk mit der Aufschrift ›Always Straight Always Right‹. Shockproof ist die Uhr obendrein. Der Pfandleiher erkennt ihn und holt die Polizei. Flucht in einem Güterwagen. Ein Hobo wirft Messer. Wilde bekommt keine Arbeit ohne Social Security. Er stiehlt Essen. Im Park hält sie ein Polizist auf: »Clean up that mess!«

Schließlich findet er Arbeit auf einem Ölfeld. Sie hausen in einer Arbeiterhütte. Durch das Fenster sieht man die Pumpen, als würden sie von ihnen zermalmt werden. Er kauft ihr ein billiges Geschenk. »It's not the gift, it's the thought that counts.« Wieder sind sie in der Zeitung. Der Nachbar geht ins Büro, um sie zu melden – aber er kündigt nur. Eine totale Paranoia ergreift sie. »We will never stop running.« Sie stellen sich. Der Geliebte gesteht am Krankenbett, dass es ein Unfall war. Es gibt noch was zu klären: »Married with her parole officer, for two months?« Auch ein Unhappy Happy Ending. »Hope beyond hope (...) Though thou loved her as thyself.«

Mediales spielt wieder eine große Rolle. Die terroristische Wirkung der Presse, das bedrohliche Telefon, ein Vorstadtkino und sein Publikum, eine Bibliothek, die poetische Kommentare liefert, das Klischee von Hollywood. Das Personal ist eingesponnen in ein mediales Netz.

The First Legion (1950/51)

Nach einem katholischen Stück von Emmet Lavery; diese katholische Literatur ist eine eigene Unterabteilung der Literaturgeschichte. Bernanos, Chesterton, Guareschi, Le Fort, Marshall, Bergengruen. Schaper, Andres, Böll, Rinser, Greene, Waugh, Mauriac, Claudel, Péguy, Döblin, Tolkien, Manzoni, Malègue (der Lieblingsautor von Papst Franziskus) oder Anderson und Anthelme, nach denen Hitchcock Filme gedreht hat. Und nicht zu vergessen der Theaterautor Karol Józef Wojtyła. Die Freiheit des Christenmenschen zwischen Gut und Böse. Das Dreieck von Idealismus, Empirismus und Rationalismus. Das Verhältnis von Transzendenz und Immanenz. Menschliche Schwäche und moralische Disziplin. Die geniale Erfindung der Beichte und ihre Abgründe. Material, das sich für Verwicklungen vom Tragischen bis zum Komischen bestens eignet.

Ein Jesuitenkonvent. Die Erste Legion Gottes ist ein wenig fußlahm. Ein Frater hat einen Hund. Caesar heißt er und verweigert jeden Gehorsam. Wenn nichts mehr hilft, droht ihm der Frater mit den Jesuiten. Dieser Pater holt ein neues Mitglied mit knirschenden Bremsen vom Bahnhof ab. Der Neue ist jung, Pater John, er soll die Novizen unterrichten und er liebt die Musik. Das führt gleich zum ersten theologischen Disput. Wie kann man mit Gott kommunizieren. Mit Worten und mit Musik. Pater John hat ein Berufungsproblem. Auch sein junger Mitpater erinnert sich an eine 18-Jährige. Der Prior beauftragt Pater Arnoux (Charles Boyer), mit ihm zu reden. Nur wer seinen eigenen Seelenfrieden gefunden hat, kann der Welt helfen. »Where is your faith?«

Aus dem Unterricht erfahren wir die jesuitischen Grundsätze. Disziplin von Geist, Körper, Gebet und Arbeit. Die Trauben der Frömmigkeit sind hoch gehängt. Pater Sierra, der alte Lehrer von Pater John, liegt seit Jahren unheilbar darnieder, sein Tod ist stündlich zu erwarten. Ein atheistischer Arzt geht deswegen ein und aus. Er ist etwas dubios und heißt tatsächlich Morell, wie Hitlers Leibarzt. Pater John, in seiner Not, ruft Pater Sierra an, der ihn nicht wahrnimmt. Er will das Kloster verlassen. Am Abend zeigt er einen Film über Indien. Indische Spiritualität wird von den Mönchen hoch geachtet, das Verhältnis zu Sterben und Geburt. Während des Films erscheint plötzlich Pater Sierra. Das Lichtbild eines Elefanten, der nicht existiert, und die quicklebendige Erscheinung eines Paters, der schon tot sein sollte. Ein schöner Trick, um ein Wunder zu visualisieren. Pater Sierra faselt: »John, where are you? (…) You were lost and I found you.« Er hatte eine Vision: ›Go to John‹.

Der Arzt hat keine Erklärung. Pater Arnoux hat andere Sorgen: »What shall people say? (…) Jesuits are going back to black magic.« Pater John kann nicht mehr beten, aber ein Klavierkonzert hilft. Die Presse verbreitet das Wunder, Menschenmassen strömen zum Kloster, Händler verkaufen Devotionalien. Auch die gelähmte Freundin von Dr. Morell erhofft sich Heilung. Der Prior möchte das Wunder in Rom offiziell anerkennen lassen. Die Erzählkurve wird jetzt fiebrig und hysterisch. Schließlich, in einem Wortwechsel von Arzt und Pater Arnoux, gesteht der Arzt, dass es eine neue Nervendroge war, die er an Pater Sierra ausprobiert hat. Allerdings unter dem Siegel des Beichtgeheimnisses.

Arnoux verlangt von dem Arzt, an die Öffentlichkeit zu gehen, aber der argumentiert jetzt in einer wunderbar ironischen Umkehrung, wie hilfreich der Wunderglaube für die Heilung der Kranken sei. Arnoux widerspricht daraufhin dem Prior in der Wunderfrage heftig und droht, das Kloster zu verlassen. Der Prior bricht zusammen, am Sterbebett stoppt er das Verfahren. Der Arzt geht daraufhin reuig an die Öffentlichkeit. Arnoux tröstet die Gelähmte: »I see miracles everywhere I look. (…) And it's a miracle that God loves us.« Arnoux wird der neue Prior. Disziplin, Disziplin, Disziplin und nochmals Disziplin. Diese Überforderung vom Glauben gestaltet Sirk in großer visueller Ähnlichkeit zu Bresson, der im selben Jahr sein JOURNAL D'UN CURÉ DE CAMPAGNE dreht. Distanzierter Blick, verzögerter Schnitt.

Pater Arnoux führt den Diskurs zurück auf melodramatische Pfade: Liebe ist das Wunder. Und dann passiert tatsächlich das Wunder: Die Gelähmte

Sirks Naturtheater

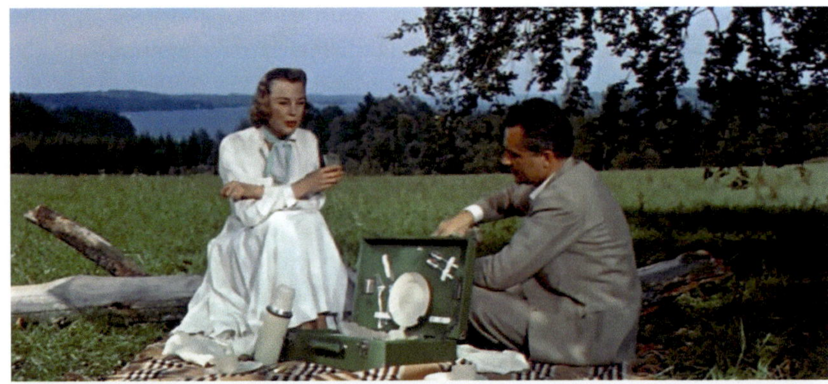

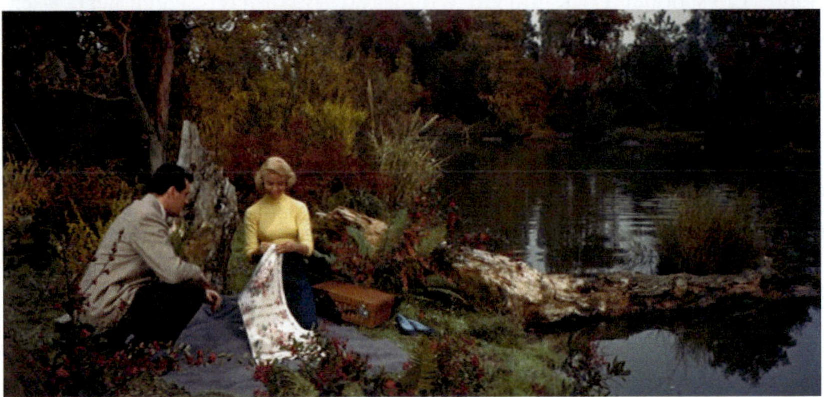

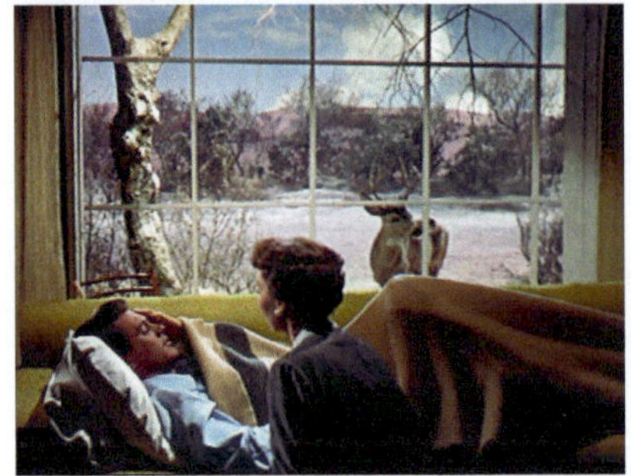

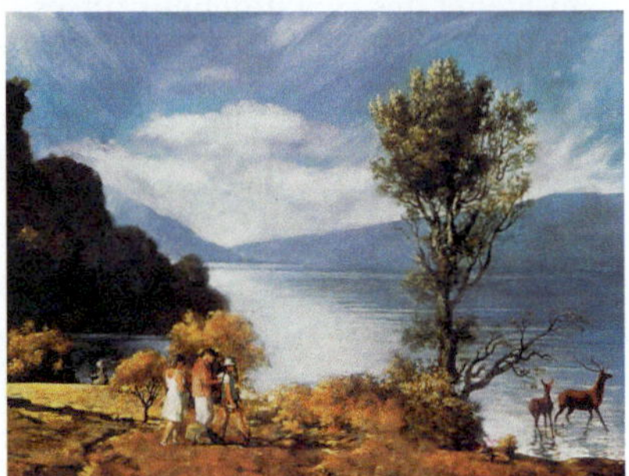

Beispiele aus: INTERLUDE, WRITTEN ON THE WIND, ALL THAT HEAVEN ALLOWS.
Rechts unten: JoAnn Wypijewski hat 1997 das Buch *Painting by Numbers* herausgebracht, das in einer weltweiten Studie das Lieblingsbild der gesamten Menschheit ermittelt hat. Mit Variationen kommt immer dasselbe Bild heraus; Collage durch den Autor.

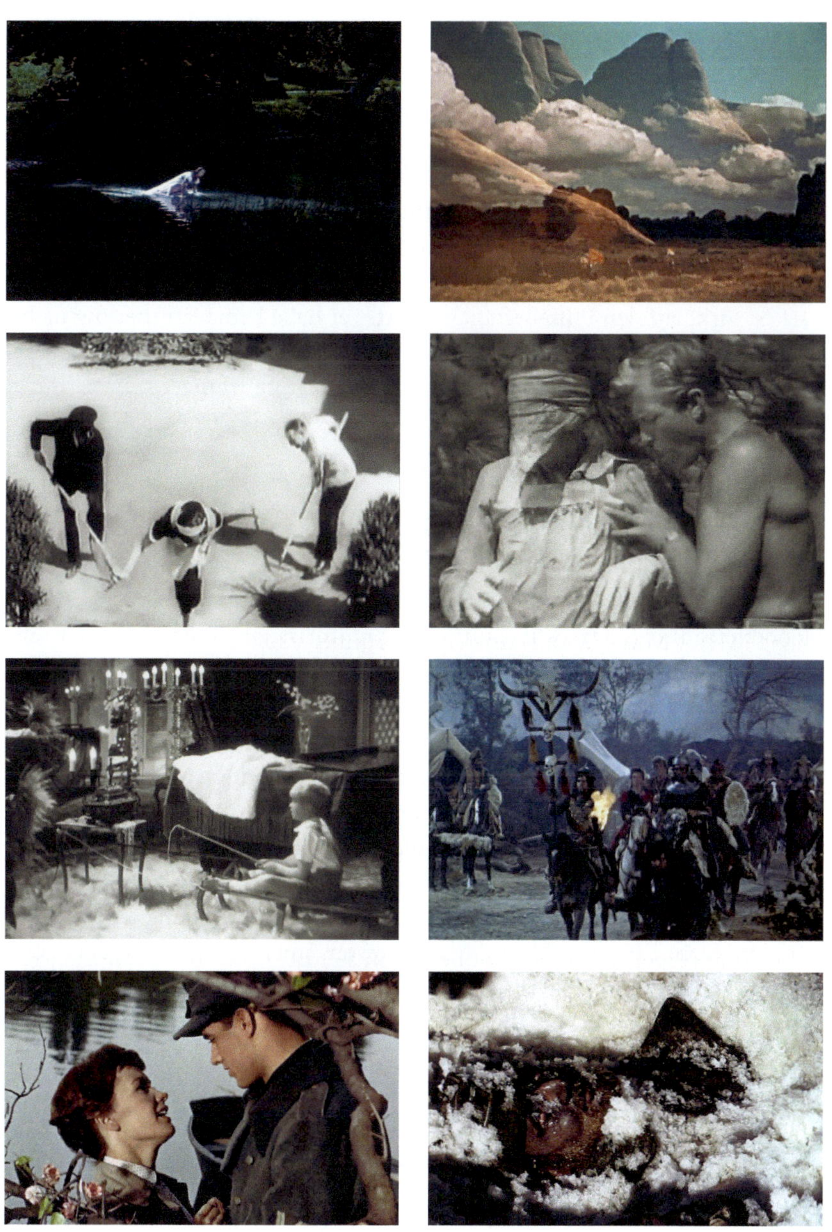

Beispiele aus: Interlude, Taza, Son of Cochise, April, April!, Week-End with Father (Tarzan blendet den Hauptdarsteller), La Habanera, Sign of the Pagan, A Time to Love and a Time to Die (2x)

betet vor dem Altar der Klosterkirche, erhebt sich und stürzt beim ersten Schritt. Sie hat nicht für sich gebetet, sondern für den geliebten Arzt: »Strangest thing happened now. (…) Praying for you, Peter, it happened.« Morells Spritzenzauber ist nichts gegen die Liebe der Gelähmten. Das Wunder ist visuell abgehoben mit einem Soft Focus, gespenstisch. Der Kirche war die Melodramatisierung der Religion immer suspekt. »Im Himmel werden keine Ehen geschlossen«, heißt es bei Markus. Das schnelle Ende des Films lässt die Frage der Heilung offen. Wer an ein Happy Ending glauben will, darf es. Sirk, auf den Film befragt, erklärte, er habe keine Erinnerung mehr. Aber er hat raffinierte mediale Lösungen gefunden für Dinge, zu denen Hitlers Arzt sagt: »I cannot explain«. Eine kleine private Ironie.

Mystery Submarine (1950)

Eine Brotarbeit. Nachkriegszeit. Geschichten von unaufgeräumter Geschichte. Eine Immigrantin, Bürgerin der USA, ist eine Spionin. Oder auch nicht. Ein schwarzes Melodram um Liebe, Verrat und Einsamkeit. Rückblendenerzählung. Der Ehemann der Spionin ist ein toter U-Boot-Kommandant. Ein Fremder am Strand fungiert als Bote aus dem Totenreich. Er bietet an, sie zu ihrem toten Mann zu führen. Von Kythera geht es standesgemäß mit einer Jacht ins Totenreich. In Wirklichkeit geht es darum, ihren Bekannten, einen Atomforscher, zu ködern. Das Totenreich ist ein deutsches U-Boot. Alte Nazis wollen neue Geschäfte machen. »No flag, no country.« In Häfen ereignen sich mysteriöse Dinge. Die Spionageabwehr tritt auf den Plan. »Money always has a country.«

In Südamerika (wo sonst?) gibt es Gesellschaft. Ein entflohener Gefangener, ein Arzt. Ein brauchbarer Mann, später amerikanischer Agent. Sätze unter Medodramen-Verdacht fallen. »Er kennt den Körper, nicht das Herz.« Eurydike weint. Der Herr der Unterwelt hat andere Vorschläge. »Future holds great promise for all of us.« Das weibliche Personal wird durch eine Latina aufgestockt. »Liebe und Hass sind im Herzen einer Frau eng beisammen.« Kurz vor der Peripetie: »Auf unsere erfolgreiche Reise!« Kampf im Funkraum, Fluchtversuch, eine aufgebrochene Schublade mit geheimen Koordinaten. Flucht zu einem Hospital, in der Apotheke Schießerei. Die ambigue Figur des ärztlichen Agenten: »I am your only friend.« Das Zettelchen mit den Koordinaten ist jetzt der Red Herring. Navy und Air Force tauchen auf.

Die Spionin wider Willen schießt eine Signalrakete ab. Douglas Sirk ist kein Wolfgang Petersen. Torpedos, Wasserbomben, Tauchgänge und Wassereinbrüche sind nicht sein Ding. Sie stören ihn sichtlich bei der Entwicklung des morbiden Melodrams. Eine Frau begibt sich aus Liebe in die Unterwelt, aber findet nicht ihren toten Mann, sondern den zweiten Eindringling in die Unterwelt, den listigen Odysseus. Man sieht, was Sirk an dem Stoff gereizt hat, aber er hatte wenig Möglichkeiten, sich zu entfalten.

Thunder on the Hill (1950/51)

Gewitter und Sturmflut. Kolonnen von Flüchtlingen strömen in Convent und Hospital von Our Lady of Rheims. Auch ein Polizeifahrzeug ist dabei. Eigentlich soll eine zum Tode verurteilte Mörderin (Ann Blyth) am nächsten Tag gehängt werden. Aber erst mal stranden sie hier. Claudette Colbert als Kloster- und Krankenschwester ist resolut, tatkräftig und eigenwillig, was nicht jedem gefällt. Sie hat ein Trauma aus der Vergangenheit, fühlt sich schuldig am Tod ihrer Schwester und ist deswegen ins Kloster gegangen. »Don't enter, the devil himself!« wird sie vor dem Zimmer mit Ann Blyth gewarnt.

Ann Blyth gibt tatsächlich den Satan persönlich. Sie soll ihren kranken Bruder ermordet haben. Sie ist unnahbar, verbittert, gewissenlos. Und Claudette Colbert will sie retten als Ersatz für ihre Schwester. Dieses Strandgut der Sturmflut interpretiert sie als ein göttliches Zeichen. Bald entwickelt sich zwischen den beiden eine Solidarität gegen die Polizei, die Geflüchteten, die Mitschwestern und die Schwester Oberin. Und die psychotische Frau des Chefarztes weiß mehr, behauptet, Ann Blyth ist unschuldig.

Claudette Colbert beginnt zu recherchieren. Ihr verrückter Schützling Willy und die Küchenschwester, die alte Zeitungen hortet, helfen ihr. Heimlich holt sie den Geliebten von Ann Blyth ins Kloster. Sie findet Widersprüche und neue Beweise. Die Frau des Chefarztes war die Geliebte des Ermordeten, ihr Mann hat den Mord begangen und Ann Blyth in die Schuhe geschoben. Der Chefarzt lockt Claudette Colbert nach dieser Entdeckung auf den Glockenturm, um sie zu ermorden. Sie kämpfen unter Glockengeläut. Diese Szenerie erinnert stark an den Schluss von Vertigo (1958), vielleicht hat Hitchcock den Film gesehen. Naja, der Chefarzt wird verhaftet und die Nonnen sagen ›Deo Gratias‹.

Dies ist der zweite Film, den Sirk für Universal gedreht hat nach Mystery Submarine. Sirk hat die Geschichte geschickt mit vielen hübschen Einfällen und ironischen Schnörkeln in Szene gesetzt. Auch hier ist der Zeitgeist der schwarzen Melodramatik wirksam. Die unschuldige Mörderin, die düstere Atmosphäre, die Nonne auf Abwegen, eine tödliche Dreiecksgeschichte.

Und es ist fast hinterfotzig, wie Sirk hier Gottes Hand mit Ironie walten lässt. Erst lässt er eine Sturmflut hereinbrechen, um eine Hinrichtung aufzuschieben, dann lässt er eine Nonne gegen alle Ordensregeln verstoßen, um Beweise zu sammeln, und die Küchenschwester hat ihre Regale ausgerechnet mit den richtigen Zeitungsausschnitten ausgelegt. Die Engelsgeduld von Claudette Colbert mit dem verrückten Willy wird doppelt belohnt: Er hat einen wichtigen Brief versteckt und weiß einen Weg in die nächste Stadt. Das Thema lag Sirk sichtlich mehr als MYSTERY SUBMARINE. Er konnte damit seine Position bei Universal festigen.

THE LADY PAYS OFF (1951)

Nachdem Sirk mit MYSTERY SUBMARINE den Einstieg bei Universal geschafft hatte, drehte er erst einmal eine ganze Reihe von Americana, meist kleine Familiengeschichten mit komischem Hintergrund. Eine Art Comédie humaine auf Amerikanisch. THE LADY PAYS OFF ist der erste Film dieser Serie von sechs Filmen. Es beginnt an einer Schule für kleine Mädchen. Linda Darnell soll den Preis ›Teacher of the Year‹ verliehen bekommen. Allerdings ist sie von dem ganzen Rummel etwas überfordert und sinniert in ihr Sektglas, aus dem nicht nur Blasen, sondern auch Männergesichter emporsteigen, die sich an die Lehrerin des Jahres anwanzen. »Where mothers fail, teachers must succeed«, schließt die Laudatio. Dann, bei der Preisverleihung, kommt die verhängnisvolle Frage, welchen Rat sie denn der arbeitenden Mutter mit Erziehungsproblemen gibt. »Whiskey and a psychiatrist«, platzt es ihr raus. Die Schulleiterin verordnet ihr daraufhin einen Erholungsurlaub.

Mit einem steifen Mathematikerkollegen landet sie in Las Vegas. Der Kollege hat ein System und verliert trotzdem. Sie hat kein System, aber dafür einen Schwips. Angeheitert merkt sie nicht, dass sie statt mit Chips zu 1 $ mit Chips zu 100 $ spielt und flugs ein paar Tausend Dollar Schulden hat. Sie weigert sich zu zahlen und landet im Büro des Casinochefs. Der erkennt sie wieder vom TIME-Titelbild als ›Teacher of the Year‹. Er telefoniert mit ›Sweetheart‹. Wie sich herausstellt seine Tochter, deren Mutter tot ist und die an »Something inside« leidet. Der Casinoboss schlägt ihr vor, die Schulden als Privatlehrerin seiner Tochter abzuarbeiten, was ihr gar nicht gefällt. Daraufhin schlägt er ihr Kartenziehen vor und betrügt sie natürlich.

Widerwillig tritt sie die Stelle an. Die Haushälterin preist den Casinoboss als »tough guy with a soft heart« an. Und die Tochter, erstmals Gigi Perreau, der altkluge Kinderstar von Douglas Sirk, weint dem Vater was vor, weil die neue Lehrerin so streng ist. Ihr Nachtgebet »Please God make her like me!« wird prompt erhört. Linda Darnell hört es und schwört Besserung. Von da an ist sie die Musterlehrerin: Baden, Schwimmen, Tischtennis, Essen, Reiten usw. Auch der Casinoboss gibt sich reumütig und verbrennt den Schuldschein. Als sie daraufhin abreisen will, zieht er den richtigen Schuldschein raus. Das ist so richtig der Mann, den sich Frauen wünschen. Wütend steht sie vor ihrem Spiegelbild: »Take a good look at yourself!« Von jetzt an ist sie gegen alles gewappnet.

Gigi Perreau und die Haushälterin haben ihre eigenen Ideen von dem streitbaren Paar und sind erst mal unpässlich, damit sie allein zu Abend essen müssen. Und dann klingelt es. »Darling« steht mit Koffern vor der Tür. Darling ist eine Schauspielerin, die sofort Konkurrenzgefühle und eine erstklassige Stutenbeißerei auslöst. Zum Picknick bricht Darling mit High Heels auf und holt sich einen Ausschlag an den Blümchen. Romantisches Lagerfeuer am Strand. Und Darling gesundet rasch. Linda Darnell foult jetzt auch. Beim Bötchenfahren wird Seenot ausgelöst. Mit einem Fischkutter geht es nach Monterey. Linda Darnell wird seekrank, braucht hochprozentige Medizin und startet im Vollrausch ein fröhliches Fischewerfen.

Am nächsten Tag erwacht sie mit Kopfweh. »Did I do anything disgraceful?« Liebeserklärung. Zurück in der Villa blafft Darling den Casinoboss an: »You have nothing in common with her.« Aber der verliebte Casinobesitzer will bürgerlich werden und verkauft seine Spielhölle. Darling reist ab. »I congratulate the winner.« Aber Linda Darnell reist auch ab, als sie endlich die ganzen Schwindeleien durchschaut. Ihre wohlwollende Chefin rät ihr aber zur gutbürgerlichen Liebes- und Geldheirat. Und dann kommt der Paukenschlag. Anruf: Gigi Perreau ist verschwunden. Linda Darnell hilft beim Suchen und alles renkt sich in der gemeinsamen Sorge wieder ein. Natürlich ist die Tochter nur in Konspiration mit der Haushälterin im Schrank versteckt. Bevor die beiden wieder streiten, fordert sie von beiden einen Kuss ein und zieht den Kopf weg.

Der Konflikt von Geld und Moral, ein Sirk'sches Lieblingsthema, ist hier auch im Komischen ziemlich bissig verhandelt. Und zum Thema Pädagogik gibt es sehr brauchbare Seitenhiebe. Gleichzeitig zeigt Sirk hier, dass er auch in der Screwball-Comedy versiert ist. Gigi Perreau ist der Prototyp der Sirk'schen Kinder. Diese Kinder brauchen keine Erziehung, das Wichtigste, die Bürgermoral, haben sie besser verinnerlicht als die Erwachsenen. Sie wissen immer besser, was sich für die Erwachsenen gehört und stehen mal als Intrigant, mal als Sittenpolizei am Wegrand. Erzogen werden deshalb auch nicht die Kinder, sondern die Erwachsenen. Die Ironie der Lehrerin des

Jahres ist, dass sie einen hartgesottenen Halbwelt-Unternehmer zum braven Bürger und Ehemann erziehen muss. Und zwar für ein altkluges Gör, das endlich ordentlich-bürgerliche Elternverhältnisse haben will.

Week-End with Father (1951)

Hektische Ferienlagerverschickung an der Central Station in New York. Ferienlager sind in den USA das Standardmodell der Mittelklasse, um in den Ferien Ruhe vor den lieben Kinderchen zu haben. Zwei Alleinstehende (Van Heflin und Patricia Neal) treffen sich bei dieser Gelegenheit. Van Heflin hat zwei Mädels und Patricia Neal zwei Jungs. Den Haushalt machen Haushälterinnen, so dass sich Fragen von unbezahlter Hausarbeit und Kinderbetreuung erst mal nicht stellen. Die Hausdamen beschäftigt das Thema fehlende Mutter/fehlender Vater auf ihre Weise. Die eine rät zu einem neuen Vater, die andere kann das Fernsehsternchen (Miss Reynolds) nicht leiden, mit dem Van Heflin befreundet ist (dieselbe Schauspielerin wie in The Lady Pays Off, Virginia Field). Abends treffen sich die beiden mit ihren Hunden am Zoo im Central Park. Während sich die Hunde um einen Knochen streiten, wird ein Dinner vereinbart. Das ist eine schöne Ironie. Hunde sind der klassische Ersatzpartner und deren Streiterei lässt schon ahnen, dass ein friedliches Dinner ganz unfriedliche Verwicklungen einleitet. Aber erst mal kommt es zu einem Kuss am Ende der Exposition.

Van Heflin arbeitet in einer Fernsehwerbefirma und die Schauspielerin trifft sich in einer Drehpause mit ihm. Er versucht ihr zu erklären, dass er jetzt eine andere heiraten will, aber wechselseitige Terminprobleme verhindern das. Aus den bruchstückhaften Informationen schließt die Schauspielerin, dass er ihr einen Heiratsantrag machen wollte. Da die lieben Kinderlein nicht schreiben, beschließen die Frischverliebten über das Wochenende im Camp vorbeizuschauen. Dort gibt es einen Campleiter, der Berufsjugendlicher und Tarzanimitator ist. Es war gerade die Zeit, als die ersten Filme mit Lex Barker als Tarzandarsteller herauskamen, und der Campleiter ist auf Ähnlichkeit gecastet.

Die Kinderlein reagieren auf den doppelten Überfall gemischt. »Willst du nicht, dass deine Mutter glücklich ist?« »Ja, aber du kannst doch auch mit Hunden glücklich sein.« Und: »Ich wollte immer Jungs.« »Ja, davon gibt es hier einen Haufen.« Und dann kommt es knüppeldick: »Who is THIS LADY?« »Stop calling her THIS LADY!« »Miss Reynolds sollte doch unsere Mutter werden.« Patricia Neal hat ihren ersten Schock: »Wer ist Miss Reynolds?« Man sieht schon zwei Klassiker der Familienkomödie. Kinder und

Hunde gehen immer. Und natürlich das Quid pro Quo. Beim Hotelportier stellt sich die knifflige Frage der Zimmerwahl: Ein nicht verheiratetes Paar mit vier Kindern. Und das Auspacken mit Hunden, Kindern und Koffern führt zu den ersten Blessuren bei Van Heflin.

Zum Kennenlernen wird erst mal ins Gebirge geritten. Da Van Heflin Indian-Scout-Erfahrungen hat, wird er gleich mal getestet. Die Jungs montieren die Wegweiser ab. Als sie deswegen den Rückweg nicht finden, muss sich Van Heflin anhören, dass er die Kinder nicht so anschreien soll. »Will you frighten the children?« Nach der Diskussion von Alternativen wie Verhungern oder Rauchsignale senden, finden die Pferde allein den Weg zurück. Am Rückweg treffen sie einen wütenden Rancher, der die Markierungen vermisst. Alle Finger zeigen auf Van Heflin. Gefängnis oder Reparatur. Van Heflin verbringt die halbe Nacht mit Reparatur. Inzwischen ist auch Miss Reynolds im Hotel aufgetaucht, die ihrem künftigen Mann nachreist. Den Hotelportier verblüfft sie mit dieser Mitteilung. Außerdem läuft ihr Tarzan über den Weg, der sie zum Tanz entführt.

Am nächsten Tag kommt der Vater-Sohn-Wettbewerb. Die Väter bilden mit ihren Söhnen Paare, die im Sackhüpfen, Rudern und Blindlaufen konkurrieren. Van Heflin fällt natürlich in allen Disziplinen durch. Dann hat die Jüngste Geburtstagsfeier mit Kuss-Spiel. Van Heflin mit Miss Reynolds und Patricia Neal mit Tarzan. Patricia Neal zieht in ein anderes Hotel. Die ältere Tochter, wieder Gigi Perreau, redet ihrem Vater gut zu, er solle doch an sein Glück denken. »Dad, you have to live your own life!« Und Tarzan führt Patricia Neal und die Jungs ins vegetarische Restaurant. Mit dem Grünzeug verschreckt er die Jungs endgültig. Im Kopf der Kinderlein erwacht die Idee der Familienzusammenführung. Wieder sind es die altklugen Kinder, die die gesellschaftliche Norm durchsetzen. Die Jungs und die Mädchen schmieden ein Komplott. Die Jungs verstecken sich im Zimmer der Mädchen und werden als vermisst gemeldet (wie Gigi Perreau in THE LADY PAYS OFF). Van Heflin, der schon frustriert abreisen wollte, beteiligt sich jetzt an der Suche. Miss Reynolds hat Termine und reist allein ab: »He thinks that two boys are more important than I.« Der verzweifelte Van Heflin wird durch den Hund auf die richtige Fährte geführt. Die Mädels: »We are really lost now.« Die lieben Kinderlein dichten dem Retter noch eine Löwenjagd an und die gerührte Patricia Neal landet in seinen Armen. Im Happy Ending fahren die beiden mit einem ›Just Married‹-Schild davon.

Has Anybody Seen My Gal? (1951/52)

Eine Kleinstadt-Komödie. Die bunt gemalten Titel enden mit dem Hinweis: »This is a story about money... REMEMBER IT?« Das ist eine sehr präzise Angabe. Es geht um Geld und vor allem das Geld, das man nur aus der Erinnerung kennt, wenn es fehlt. Aber erst mal sind wir in der Villa von Samuel G. Fulton (Charles Coburn), der ebenso schwer reich wie krank ist und sein Testament macht. »You are murdering me!« sagt er zu seinem Hausarzt, der ihm alles verbietet, was das Leben lebenswert macht, deftige Kost, Alkohol und Rauchen. Sein Vermögen soll die Tochter seiner verstorbenen Jugendliebe erhalten. Es kann zwar niemand glauben, dass so ein knallharter Geschäftsmann je verliebt war, aber sein Anwalt rät ihm, er soll sich seine Erben erst mal anschauen.

Kleinstadt, 1920er Jahre, im örtlichen Drugstore wird Charleston zum Titelsong getanzt. Der Drugstore gehört dem Ehemann der Erbtochter (Lynn Bari), mit dem er gleich mal erbittert um einen Penny streitet. Der Barmann Rock Hudson flirtet mit der Enkelin (Piper Laurie). Charles Coburn braucht ein Aspirin. Dann gibt er eine falsche Annonce auf, in der die Erbtochter ein Zimmer in ihrem Haus anbietet. Mit Hilfe dieser Annonce, der Androhung einer Betrugsanzeige und einer großzügigen Wochenmiete nistet er sich im Haus seiner Erbfamilie ein. Unter dem Dach muss er mit einem Promenadenterrier um das Anrecht auf ein Bett kämpfen. Mr. Smith nennt er sich, Kunstmaler auf Durchreise.

Im Haushalt der Erben verbessert sich der Gesundheitszustand von Coburn zusehends bei Irish Stew, Zigarren und (verbotenem) Alkohol. Es herrscht Streit zwischen den Eheleuten. Lynn Bari möchte ihre Tochter mit dem reichsten Erben der Stadt verkuppeln. Eine Heirat mit Rock Hudson wäre »the same mistake my mother made«. Ihr Mann hält davon nichts: »There is no disgrace in being poor.« Der kleinen Schwester (Gigi Perreau) fällt die klassische Sirk-Rolle der Altklugen zu. Sie malt zusammen mit dem Künstler Smith. Der klärt sie auf, dass seine Schmierage Surrealismus sei. Er liefert dann eine interessante Erklärung: Da malt man nicht, was man sieht, sondern was man innerlich fühlt. »Is this what you feel inside you? You must be all mixed up.« Und das ist er auch.

Coburn ermogelt sich ein längeres Bleiberecht, indem er im Drugstore für einen Hungerlohn arbeitet. James Dean spielt einen schnöseligen Youngster und bekommt von ihm eine Soda gemixt. Alle arbeiten auf die Verlobung von Piper Laurie mit Hudson hin, nur die Mutter beweint »all the things I never had«. Zur Feier des Tages gibt es Schwarzgebrannten und Coburn spielt Schicksal. Er lässt der Familie 100.000 $ anonym zukommen. Wer war das? »A welfare excentric.« »He's crazy«, kommentiert die kleine Gigi Perreau. Die Mutter wird erst mal ohnmächtig, dann beschließt sie, alles zu verkaufen und sich in einer standesgemäßen Villa neu einzurichten. Der Straßenköter wird gegen zwei weiße French Poodles eingetauscht. Der Hochzeit mit dem reichen Erben steht nichts mehr im Wege. Hudson wird als Erbschleicher verjagt.

Die Mutter verschleudert das Geld so irrsinnig, dass sich schnell herumspricht, sie seien jetzt Multimillionäre. Ein Senior Alvarez taucht auf, Latin Lover und Tangolehrer. Piper Laurie gerät durch ihren reichen Liebhaber in ein Speakeasy, wo sie von Coburn gerettet wird. Ihr Bruder hat Spielschulden und muss auch von Coburn gerettet werden. Leider kommt jedes Mal eine Polizeirazzia und Coburn landet beim Schnellrichter und im Gefängnis. Er rät Hudson, er soll vielleicht in der weiten Welt sein Glück versuchen. Reales Geld ist besser als vage Hoffnung. Coburn tröstet Piper Laurie im Kino. Der Schnellrichter hält ihn jetzt auch noch für einen Dirty Old Man. Der Skandal erreicht die gute Gesellschaft. Piper Laurie: »I wish we would never got money!«

Ihr Wunsch geht schneller in Erfüllung als sie denkt. Bei ihrer Verlobungsfeier heißt es noch ideologisch korrekt: »Money has nothing to do with it.« Aber dann muss ihr Vater dem Schwiegervater in spe gestehen, dass die Familie alles Geld verpulvert hat und pleite ist. Daraufhin platzt die Verlobung. Coburn: »You were much happier before you got the money.« Der Vater muss jetzt seine Frau aufklären: »They left because we're broke.« Die ganze gute Gesellschaft flieht, als wäre die Pest ausgebrochen. Die Mutter wird zum zweiten Mal ohnmächtig. Man reicht ihr Wasser. »She doesn't want water, she needs money«, kommentiert Gigi Perreau.

Happy Ending mit der alten Pfefferkuchenweisheit: »It's not money that makes you happy.« Die Familie im alten Haus. Der Vater im alten Drugstore. Hudson verlobt sich mit Piper Laurie. Coburn bekommt den ersten Preis beim örtlichen Kunstwettbewerb und zieht eilig von dannen. Wo ist Mr. Smith? Coburn zeigt auf das Haus: »If he is not in body there, he's in spirit.« Mit großem Vergnügen haben Sirk und alle Beteiligten den großen Fetisch der bürgerlichen Gesellschaft durchdekliniert. Und das Minimelodram um Piper Laurie war die Prise Salz, die man in einem guten Kuchen braucht.

No Room for the Groom (1952)

Eine Kriegszeiten-Komödie wie The Miracle of Morgan's Creek (1943) oder I Was a Male War Bride (1949). Immer geht es um den Ausnahmezustand des normalen bürgerlichen Lebens. Schwarz-Weiß wie im Film noir ist obligatorisch, und dass die beiden Genres changieren können, zeigt Frank Capras It's a Wonderful Life (1946). Hier nutzt der GI Tony Curtis einen Fronturlaub, um mit seiner Braut eine typische Kriegsehe bei einem besonders flotten Friedensrichter in Las Vegas zu schließen. Die Hochzeitsnacht endet am Lieferanteneingang des Hotels in einem Krankenwagen. Der Bräutigam hat Windpocken.

Beim nächsten Fronturlaub will Curtis die Hochzeitsnacht nachholen. Seine Frau (Piper Laurie) wohnt bereits in seinem Haus und arbeitet als Sekretärin von Mr. Strouple. Mr. Strouple, Chef des kriegswichtigen Zementwerks und einziger Arbeitgeber am Ort, ahnt nichts von der Heirat und hofiert Piper Laurie mit einem Spitzengehalt und Boni in Form von Pelzmänteln. Der Kriegsboom benötigt Arbeitskräfte, für die es vielfach keine Unterkunft gibt. Piper Laurie hat ihre ganze Großfamilie im Zementwerk und in Curtis' Haus untergebracht.

Dort herrscht die Mutter von Piper Laurie, die sich in Curtis' Wohnzimmer eingenistet hat. Sie tyrannisiert die Familie mit ihrer angeblichen Herzkrankheit, was sie nicht hindert, heimlich zu rauchen, Schnapspralinen zu verzehren und, in der Bibel versteckt, ›Blondes Are Dynamite‹ zu lesen. Sie betrachtet es als die patriotische Pflicht ihrer Tochter, den kriegswichtigen Mr. Strouple zu heiraten. Sobald die Tochter von Curtis redet, fällt sie in Ohnmacht, so dass sie immer noch nicht weiß, dass ihre Tochter verheiratet ist.

Curtis, auf einwöchigem Fronturlaub, findet sich als Fremder im eigenen Haus wieder. Er beschließt mit Piper Laurie, die Mutter endlich aufzuklären, aber sie kommen nur bis zur Verlobung, dann kommt die nächste Ohnmacht. Curtis soll das Bett mit einem vorlauten Knaben teilen, der bei jeder unpassenden Gelegenheit mit seinem Maschinengewehr rumballert. ›Little Monster‹ nennt er ihn. Nachts schleicht sich Curtis heimlich raus zu Piper Laurie, was gründlich schiefgeht. Die beiden müssen ins Badezimmer flüchten, wo Little Monster an der Tür alle zusammentrommelt. Curtis muss schließlich über das Fenster fliehen. Die Mutter erfährt jetzt die Wahrheit. Ohnmacht.

Am nächsten Tag muss seine Frau zur kriegswichtigen Arbeit. Dabei erfährt er, dass sie ein abenteuerlich hohes Gehalt bezieht, die Boni nicht einberechnet. Sie meint, ihre Dienstleistungen wären »invaluable«. Die Mutter muss mit ihm über seine so genannte Ehe reden. Dass er gegenüber dem kriegswichtigen Strouple zurückstehen muss, sei schließlich seine patriotische Soldatenpflicht. Er kann doch nicht so egoistisch sein und die »last chance for her future« ruinieren. Die Ehe, die nie vollzogen wurde, muss annulliert werden. Curtis ist auch so ein impotenter Sirk-Held, seiner Potenz beraubt durch einen Familienpolyp.

Strouple weiß jetzt auch, dass seine Sekretärin verheiratet ist. Aber er hat andere Pläne mit ihr. Er braucht für eine Werksbahn Grund von Curtis. Und das Haus steht auch im Weg. Alles möglichst billig natürlich. Und so soll sie ihm den Vertrag schmackhaft machen und unterschreiben lassen. Aufgrund des überbelegten Hauses ist es schwierig, in Ruhe zu reden. Schließlich landen die beiden im Gewittersturm unter einem Baum. Aber Curtis will nicht verkaufen. Und das kleine Monster saß die ganze Zeit im Geäst.

Curtis besucht einen Kriegskameraden, der nach einer Kriegsverletzung ein kleines Lokal betreibt. Er stellt Curtis sein Apartment zur Verfügung, um die Hochzeitsnacht nachzuholen. Mr. Strouple hat unterdessen einen neuen Vertrag mit großzügigen Konditionen vorbereitet. Statt einer Hochzeitsnacht stellt ihm Strouple nach. Aber Curtis will das ererbte Haus auf keinen Fall aufgeben. Am nächsten Tag rückt Strouple mit Anwalt und Psychiater an. Entweder er unterzeichnet oder er muss verrückt sein, so ein Angebot auszuschlagen. In diesem Fall würde die Unterschrift der Ehefrau reichen. Und eine Ehe mit einem Verrückten könnte auch leicht annulliert werden.

Piper Laurie kommt unterdessen ihrer Mutter auf die Schliche. Reumütig bereitet sie das Apartment für eine Hochzeitsnacht am letzten Tag vor. Den frustrierten Curtis verführt sie. Und den Vertrag, den Curtis als Verrückter (ungültig) unterschrieben hat, vernichtet sie. Die Geschichte ist flott inszeniert, amüsant und hat ausgezeichnete Darsteller. Aber das alles kann nicht über den düsteren Subtext dieser Komödie hinwegtäuschen.

Diese Zeitkomödie greift die tatsächlichen Irrungen und Wirrungen der Kriegswirtschaft geschickt auf. Übereilte Kriegshochzeiten, Entfremdung durch lange Trennungsphasen, Berufstätigkeit der Frauen, ein Kriegsgewinnler, der sich an die Ehefrau ranmacht, Kriegsboom und kriegsbedingter Bedarf an Arbeitskräften, Arbeitsmigration in die Produktionszentren mit entsprechender Wohnungsnot, Eigentumsverlust als Kollateralschaden der Zeitumstände. Und über alledem eine Entwertung bürgerlicher Werte durch einen Kriegspatriotismus, der jede Idiotie moralisch rechtfertigt. Das ist genau das Material, aus dem man üblicherweise einen Film noir macht.

Entsprechend abgründig ist diese Komödie, in der ein rabenschwarzes Ehemelodram steckt: Ein GI muss seinen Kopf hinhalten für eine Zivilgesellschaft, die ihn kriegsbedingt der ökonomischen Subsistenz und der Frau beraubt. Unamerikanisch sei der Film, eine Kritik, die nicht nur richtig ist, sondern auch gefährlich, mitten im Koreakrieg und der McCarthy-Hysterie. Das FBI lud Sirk prompt zur Befragung vor. Oder, wie die böse Mutter über Tony Curtis sagt: »A committee of the Congress should deal with him.«

Meet Me at the Fair (1952)

Auch dies ist ein Film nach dem Schema ›Kinder und Hunde funktionieren immer‹. Rosa auf grauen Titeln geht es los. Es geht um eine Medizinshow um 1800. Der Wunderarzt liest einen Buben samt Hund auf der Straße auf. Der Bub ist aus einem Waisenhaus mit schrecklichen Zuständen entlaufen. Der Wunderarzt ist eine Figur aus der amerikanischen Mythologie, eine Variante des Confidence Man, der Vertrauen mit Schwindel verbindet. Er ist ein Meister im Erzählen von Tall Tales, ein spezifisch amerikanisches Phänomen, das aus der Eroberung des Westens hervorgeht. Man entdeckt neue wunderliche Dinge, die man den Neuankömmlingen grotesk übertrieben auftischt.

Im Waisenhaus herrscht Aufruhr. Der Bub muss gefunden werden, damit die Machenschaften nicht aufkommen. Staatsanwalt und Leitung stecken unter einer Decke der Korruption; außerdem sind demnächst Wahlen. Im Beirat sitzt auch eine ehrbare junge Dame, die den Missständen auf der Spur ist: »This place is horrible.« Nichts ahnend ist sie mit dem Staatsanwalt liiert.

Der Wunderdoktor zieht unterdessen seine Jahrmarktsshow ab. »The biggest epidemic, disorder between husband and wife.« Gegen die erloschenen Gefühle hilft sein Wonder Tonic. Es kommt wie erwartet. Die ehrbare Dame spürt den Buben am Jahrmarkt auf. Nach diversen rasanten Fluchtaktionen wird sie langsam stutzig. Auch die örtliche Presse greift den Fall auf.

Wochenschau von 1904 im Vaudeville-Theater. In der Garderobe sucht unser Wunderdoktor eine alte Bekannte auf. Ein schönes Spiel von hinter der Bühne und vor der Bühne setzt Sirk in Szene. Er kann auch Ophüls. Als Mädchen verkleidet bringt er den Bub bei seiner Bekannten unter. Die öffentliche Meinung beginnt sich zu drehen und der Staatsanwalt bietet zum Schein einen Deal an, um den unangenehmen Zeugen loszuwerden.

Die ehrbare Dame entdeckt ihr Faible für den Wunderdoktor und durchschaut den Staatsanwalt. Reingelegt vom Staatsanwalt wird unser Wunderdoktor zum Kidnapper und nimmt gleich alle Waisenkinder mit seinem

Wagen weg. Im Vaudeville gibt es eine Tabuszene als komische Nummer: Ein Schwarzer Liebhaber einer Weißen. Aber der Schwarze, das wissen alle, ist nur schwarz angemalt. Minstrelshow.

Auf der großen Wahlveranstaltung des Staatsanwalts im angemieteten Vaudeville-Theater kommt es zum Eklat. Eine Nummer mit singenden Kellnern wird mit Dias vom Waisenhaus begleitet. Die Kinder tauchen auf. Die Schwindeleien werden öffentlich aufgedeckt. Die örtlichen Politiker machen schnell einen Deal, um ihre Haut zu retten, und lassen den Staatsanwalt fallen. Die Ebenen laufen schön übereinander. Film und Vaudeville. ›To save a lady in distress‹ und eine Tall Tale über Romeo und Julia. An der richtigen Stelle heißt es dann: »And kissed her«. Die Jahrmarktsshow geht über ins Vaudeville.

Medialen Wandel und mediale Wirkung kommentiert Sirk gern und häufig. Was ändert sich im Verhältnis zum Publikum, was passiert in der Gesellschaft. Das Hofkonzert, All That Heaven Allows, A Scandal in Paris, Imitation of Life, Shockproof, Take Me to Town.

Take Me to Town (1952)

»This is the tale of Vermillion O'Tool / Who started a crime wave / When she was in school. / At first she stole kisses, / And then she stole hearts. / The Warden says this is / The way it all starts. / (…) / She started a crime wave / When she broke every rule.«

Mit diesem Film beginnt Sirks Zusammenarbeit mit Russel Metty. Sirk wollte Metty für Take Me to Town unbedingt haben: »I saw some pictures he had done, and asked Universal to get him. He was very expensive, and very much in demand, but I finally succeeded.«[148] Schon in Take Me to Town kann man gut erkennen, wie sich ein Sirk-Metty-Stil etabliert. Sirk schätzt an Metty ausdrücklich, dass er nicht die typische Hollywood-High-Key-Fotografie mitmacht: »In Hollywood you always have a light which is really too strong, too splendid« (Sirk).[149] Und dann ist da die Farbdramaturgie. Keine Farbe ist zufällig – im Melodram ist alles durchgeplant bis zum Letzten. Ann Sheridan in Take Me to Town, das ist ein roter Zug, der eine dramatische schwarze Rauchfahne hinter sich herzieht und die strohgelbe, weite Landschaft des amerikanischen Westens sich unterwirft.

Metty macht für Sirks Melodramen auch ganz ungewöhnliche Sachen, filmt schon mal Personen in Innenräumen mit einem leichten Tele; da werden sie ganz flach und verloren. So in All That Heaven Allows, Imi-

TATION OF LIFE, MAGNIFICENT OBSESSION, WRITTEN ON THE WIND, THERE'S ALWAYS TOMORROW. Die großen Universal-Melodramen sind voll von Bildern, die einfach ›verboten‹ sind. Sirk bekennt: »We always agreed about everything: we had just the same way of seeing things, and we had a great time working together.«[150] Im Zug sitzt Ann Sheridan als Vermillion O'Toole, die mit einem Kumpan vom Marshall zum Gericht überführt wird. Ein Verkäufer bietet Wildwestgeschichten an. Crime, Love and Adventure. Ann Sheridan kauft ein Heft und wedelt sich damit Frischluft zu. Sirk verweist damit auf die medialen Quellen, die er kolportiert. Beim Gang auf die Toilette flieht sie durch das Fenster und ihr Kumpan schlägt den verdutzten Marshall nieder. Sie besorgt sich ein Ticket mit Geld aus dem Strumpfband (»must check the bank«) und landet in einem Ort mit einem ›Elite Opera House‹. Dort singt sie Songs wie: »A flaming redhead, I'm a flaming redhead, if you play with fire, you'll get burned.« Leider taucht auch ihr alter Kumpan auf, der sie in die krummen Sachen reingeritten hat.

Im selben Ort gibt es einen Haufen Straßenjungs, darunter auch die drei Buben von Sterling Hayden, Holzfäller, Farmer und im Nebenberuf Prediger. Sterling Hayden ist ein begehrter Witwer und die örtlichen Tratschtanten tätscheln schon mal seine Jungs, was die überhaupt nicht leiden können. Die Jungs treiben sich auch im Opernhaus herum, und als der Marshall auftaucht, verhelfen sie Ann Sheridan zur Flucht. Sie verstecken sie auf ihrer Farm, wo sie von einem der Tratschweiber entdeckt wird. Die sucht gleich Sterling Hayden auf, der gerade Bäume fällt. »I spotted a strange woman, a redhaired, in your kitchen.« Der reitet alarmiert zurück und findet eine rothaarige Köchin mit einer dampfenden Mehlspeise. Die Jungs sind begeistert. Sie kann singen und tanzen – und kochen kann sie auch noch. Es wird gegessen und sie kann erst mal bleiben.

Am nächsten Tag schläft sie erst mal bis Mittag und wird dann unsanft geweckt wegen eines Bären, der sich herumtreibt. Die Jungs drücken ihr ein Gewehr in die Hand, der Bär fällt tatsächlich um und sie fällt in Ohnmacht. Jetzt hat sie ein Bleiberecht erworben. Der Marshall ist überwiegend damit beschäftigt, der Puffmutter des Opernhauses nachzustellen. Dass Ann Sheridan Stoff einkauft, um für die Jungs und sich gestreifte Badeanzüge anzufertigen, entgeht ihm.

Sonntags muss Sterling Hayden in der Bauruine der Kirche den Gottesdienst abhalten. Zugunsten des Kirchenbaus planen die Tratschweiber einen Basar. Ann Sheridan entwickelt lukrative Ideen, eine Bühnenshow mit Melodram, Tanz usw. Ann Sheridans Auftauchen in der bigotten Gemeinde verlangt Sterling Hayden einiges ab. Einen Protestierer muss er niederschlagen, dann predigt er von der brüderlichen Liebe. Den Tratschweibern hält er vor, dass es nicht christlich sei »to turn our back to those who need our help«.

Ann Sheridan beichtet Hayden die Wahrheit. Er will die unschuldig Schuldige reinwaschen. Die Bühnenshow droht zu scheitern, da ein beleidigtes Tratschweib mit seinem Piano abzieht. Die Puffmutter mit ihrem Piano muss aushelfen. Die Jungs schlagen unterdessen eine Heirat vor und entlocken Hayden einen Kuss. Wie immer sind es bei Sirk die Kinder, die wissen, was für die Erwachsenen das Beste ist.

Basar. ›The Ladies' Good Name‹ – A Melodrama in three Scenes. Der Marshall folgt der Puffmutter, weiß aber inzwischen von Ann Sheridans Unschuld. Am dramatischen Höhepunkt des Melodrams muss Sterling Hayden hinter der Bühne einen Schuss abgeben. Als der alte Kumpan von Ann Sheridan auftaucht, gibt es auch eine Schießerei. Aber dann kommt doch noch ein Schuss zur rechten Zeit. Die beiden Melodramen enden synchron mit dem Tod des Bösewichts. Und die Tratschweiber legen noch einen flotten Saloontanz hin. Im frühen Melodram, das Sirk hier mit Witz und Ironie herbeizitiert, gab es meist eine komische Nebenhandlung.

Take Me to Town ist der Abschluss der Americana-Serie von Sirk. In dieser Serie zeigt Sirk, wie intensiv er sich mit der amerikanischen Alltagskultur beschäftigt hat. Aber er macht es nicht wie ein amerikanischer Regisseur, der darin aufgeht. Er hat den Blick von außen, den Blick des europäischen Emigranten. Es ist immer wie im Moritatentheater. Sirk ist der Mann mit Zeigestab. Diese europäische Distanz zeigt und ironisiert zugleich.

All I Desire (1952/53)

»How do I love thee? Let me count the ways. / I love thee to the depth and breadth and height / My soul can reach, when feeling out of sight / For the ends of being and ideal grace. / I love thee to the level of every day's / Most quiet need, by sun and candle-light. / I love thee freely, as men strive for right. / I love thee purely, as they turn from praise. / I love thee with the passion put to use / In my old griefs, and with my childhood's faith. / I love thee with a love I seemed to lose / With my lost saints. I love thee with the breath, / Smiles, tears, of all my life; and, if God choose, / I shall but love thee better after death.«

(Elizabeth Barrett Browning)

2. Mai 1916. Ein Provinztheater, Vaudeville, alles sehr schäbig in verwaschenem Schwarz-Weiß. Bijou heißt das Theater, aber alles sieht nach Talmi aus. ›Naomi Murdoch direkt vom Broadway‹ behauptet die Werbung. Eine tiefe verrauchte Frauenstimme: »Naomi Murdoch, that's me. (...) at the end of my rope.« Eine pseudosubjektive Erzählung. In ihrer Garderobe findet sie einen Brief ihrer Tochter vor. Der macht sie vor, dass sie auf großen europäischen Bühnen Shakespeare spielt. Die Tochter lädt sie zu ihrem Debüt im Schultheater ein.

Kleinstadt. Naomi, gespielt von Barbara Stanwyck, kommt tatsächlich. Unterdessen fährt die Kutsche eines Verehrers mit der ältesten Tochter vor. Hier reicht ein Kuss »to scandalize the neighbours«. »A silly town« (with) »silly people«. In der Küche probt die Schwester ihre Theaterrolle. In einem Waffenladen gibt es Schießübungen. Der Ehemann von Barbara Stanwyck ist der Leiter der örtlichen High School. Eine ältere Lehrerin, Leiterin des Schultheaters, ist in ihn verknallt. Die Ankunft von Stanwyck führt sofort zu allerlei Andeutungen. Stanwyck findet vor dem Haus den alten Hausschlüssel. Der Jüngste taucht mit einem Hund auf. Die Musik geht ins Elegische. Das Interieur durch das offene Fenster mit dem Stichwort »acting in a play«. Jeder spielt hier seine Rolle. Die Ironisierung der Kleinstadt ist eine Spezialität von Sirk.

Die Reaktionen auf ihre Ankunft sind gemischt. Das überraschte Dienstmädchen sieht sie natürlich zuerst. Die Freude der jüngeren Tochter wird von der pikierten Schwester konterkariert: »We aren't your family and you not our mother.« Blick von oben durch das Treppengeländer und die Küche. Die klassische Sirk-Perspektive auf Kleinfamilien. Auftritt Vater, schimpfend. Schultheater. Familie Murdoch in der ersten Reihe. Getuschel. »What other people think (...) a heavy price.« Auftritt der begabten Tochter. »It was almost magical.« Im Publikum auch der Boss des Waffengeschäfts, offenbar ein alter Liebhaber von Stanwyck, Verursacher eines Skandals, der ihre Flucht aus der Kleinstadt mitverursacht hat.

Bei der Feier danach wird Friede, Freude, Eierkuchen gespielt. Die Jungschauspielerin will verhindern, dass die Mutter den Nachtzug nimmt und verstellt die Uhr. Stattdessen rezitiert sie das Sonnet Nr. 43 von Browning. Die Schauspiellehrerin sieht ihre Chancen schwinden. Der verflossene Liebhaber schaut durch das Fenster. Und der Ehemann ist ein Spielverderber: »How can everything seem to be the same for you?« Frühstück. Die schauspielernde Tochter: »I am going with you. (...) I am going to be an actress in New York«. Stanwyck laviert jetzt. Es wird wieder ironisch. »You are afraid of my competition.« Und: »A mother without principles (...) a daughter without guts.«

Stanwyck macht einen Ausflug zu einem Teich. Der verflossene Liebhaber taucht auf. »The devil is crazy about you (…) a lot to remember together.« Sie wirft ihm vor, was er ihrer Familie antut. Kuss und Ende. »We can't go back.« Die Schauspiellehrerin lädt unterdessen zu einer Shakespeare-Rezitation ein. Sie gesteht Stanwyck: »It wasn't love. (…) I lost in the moment you saw him again.« Die ältere Tochter wird immer pikierter. »I don't like a sweet mother-daughter-chat.« Ihr Vater ist nur unglücklich, seit sie kam. Die Jüngere erzählt ihrem wenig begeisterten Freund, dass sie mit der Mutter nach New York geht. Stanwyck redet mit ihrem Mann über ihre Karriere als Kompensation für das Familienleben. Und: »I missed you (…) and the children.« Und dann fällt das böse Melodramen-Wort: »It's too late.«

Wieder Frühstück. Als Barbara Stanwyck erklärt, dass sie nicht nach New York geht, macht die Jüngere eine Szene. Der verflossene Liebhaber macht unterdessen mit Schüssen auf sich aufmerksam. Sie treffen sich. Stanwyck: »Never bother me again.« Sie ohrfeigt ihn und er versucht eine Vergewaltigung. Ein Schuss verletzt den Verflossenen. Vor dem Fenster eine Menschenmenge. Sie kolportieren »the whole story in the worst way«. Stanwyck will jetzt nach Chicago zurück. Der jüngeren Tochter wirft sie die Fakten an den Kopf. Keine Klassiker, keine große Karriere: »Theatre is a tough jungle.« Sie packt panisch. »Don't hate me too much.«

Die Familie bittet sie jetzt, zu bleiben. Die Ältere spricht sich mit dem Vater aus. »She thinks we will be happier without her. (…) She loves you?« Er bittet sie nochmals, zu bleiben. Vergebung und Kuss. Die symbolischen Hausschlüssel. »The girls will be home soon. We'll wait for them.« Die Kleinstadt hat sie wieder. Familiär, ökonomisch und moralisch. In the worst way: »How do I love thee? (…) I love thee with a love I seemed to lose / With my lost saints. I love thee with the breath, / Smiles, tears, of all my life; and, if God choose, / I shall but love thee better after death.« Lebendig begraben in der Kleinstadt. »Es ist im Grunde eine ›Imitation of Life‹ gewesen, was sich als ständiges Thema auch durch alle folgenden Filme durchzieht« (Sirk).[151]

Taza, Son of Cochise (1953)

»Film ist die amerikanische Volkskunst, und der Western ist die amerikanische Volkskunst schlechthin.«
(Douglas Sirk)

Broken Arrow (Delmer Daves, 1950) war ein Meilenstein in der differenzierten Darstellung von Indianern im Western und gleichzeitig ein Beitrag zur kritischen Bestandsaufnahme dieses uramerikanischen Genres. Ein altes Anliegen der Linksliberalen in Hollywood, das von den europäischen Emigranten mitgetragen wurde. Western von Lang, Zinnemann oder Ulmer bringen neue Diskurse ins Genre. Sirks Film beginnt mit dem Helden aus BROKEN ARROW (Jeff Chandler) am Sterbebett.

Sein Vermächtnis ist der Friede, der von jungen Hitzköpfen gefährdet wird. Taza, der Erstgeborene, gespielt von Rock Hudson, steht für dieses Vermächtnis. Sein Bruder verbündet sich mit dem Aufständischen Geronimo. Um den Frieden für die Apachen besser zu vermitteln, gründet Taza eine Reservatspolizei in Armeeuniform. Eine Sache, die nur durch die persönliche Freundschaft mit einem fortschrittlichen Offizier gedeckt ist. Das Prinzip ›Apachen bestrafen Apachen‹ wird durch einen sturen General konterkariert. Ein Indianeraufstand ist die Folge. Last Minute Rescue.

Frieda Grafe hat darauf hingewiesen, dass TAZA, SON OF COCHISE ein Ethno-Western ist: »Das ist ein Film, in dem indianische Farben gegen die Farben der amerikanischen Armee gesetzt sind. Der Vorspann läuft ab über einem indianischen Gewebe. Der ganze Rock-Hudson-Barbara-Rush-Bereich ist in einer völlig anderen Farbgebung als alles, was die Armeegeschichten betrifft. Und wenn Hudson seine Uniform auszieht, sie zusammenfaltet und beiseite legt, gibt er Gelb und Blau auf.«[152]

Der Kampf um den Frieden wird zu einem Bruderkampf, der zugleich Rivalität um die Indianerin Oona ist. Dadurch entsteht ein richtiges Familienmelodram, für Sirk eigentlich ein Heimspiel, aber außerhalb des bürgerlichen Milieus. Sirk dreht ein Melodram ohne Ironie. Zwar nimmt das Verhängnis seinen Lauf durch Geld, mit dem die Indianer Waffen kaufen können oder der rivalisierende Bruder die Hochzeitsgabe von Cochise überbietet, aber für Ironie ist das Drama der Indianer einfach zu bitter. Jäger und Sammler werden zwangsweise zu Ackerbauern und Viehzüchtern. Die neolithische Revolution wiederholt sich als Tragödie. Zum Schluss baut Oona ein Wigwam, auch ein Unhappy Happy Ending.

MAGNIFICENT OBSESSION (1953/54)

»You have to do your utmost to hate it – and to love it. My immediate reaction to MAGNIFICENT OBSESSION was bewilderment and discouragement. But still I was attracted by something irrational in it. Something mad, in a way – well, obsessed, because this is a damned crazy story if ever there was one. The blindness of the woman. The irony of it all –

not irony in the usual sense of the word, but as a structural element, an element of antinomy.«
(Douglas Sirk)

»Die Unwissenheit ist ein Dämon, wir fürchten, sie wird noch manche Trauerspiele aufführen; mit Recht haben die größten griechischen Dichter sie in den furchtbaren Dramen der Königshäuser von Mykene und Theben als das tragische Geschick dargestellt.«
(Karl Marx)

Eine Welle rollt über den See, wie ein Tsunami. Erst später erkennt man Rock Hudsons knallrotes Boot, das über den See rast. Hurricane heißt das Rennboot und seine Beifahrerin ist sichtlich gequält. Sie steigt beim Bootshaus aus, und er rast allein weiter. So ein rotes Teil zum Rumrasen wird uns in Sirks Werk noch öfters begegnen. WRITTEN ON THE WIND, INTERLUDE. Zwei Männer kommentieren: »Too many bugs.« Und dann knallt es. An der Unfallstelle braucht man zur Rettung des superreichen Hudson ein Beatmungsgerät. Das wird ausgeliehen in Dr. Phillips' Klinik, der manchmal selbst Anfälle hat und das Gerät braucht. Dummerweise hat er gerade jetzt einen Anfall und stirbt.

In Dr. Phillips' Klinik führt sich Hudson auf, wie man es von einem verwöhnten reichen Schnösel erwartet. Er telefoniert, raucht, hört Musik, verweigert die Mitarbeit und macht sich heimlich davon, nachdem ihm die Oberschwester (Agnes Moorehead!) die Zigaretten weggenommen hat. Jane Wyman, die Witwe, verwaltet die Klinik und muss erfahren, dass die Klinik fast pleite ist, da ihr Mann so großzügig war. Viele Dankbare kommen jetzt und bringen das Geld für die kostenlose Behandlung.

Jane Wyman liest den Klinikflüchtling Hudson auf der Straße auf. Der will die attraktive Witwe gleich zum Dinner einladen. Im Gespräch erfährt er, dass er lebt, weil Dr. Phillips starb. Unterwegs bricht er doppeldeutig zusammen. Unter seiner schwachen Kondition und unter der Wahrheit. Wieder in der Klinik erfährt Jane Wyman, wen sie da transportiert hat. »I never have to see him again.« Er versucht sich mit einem Scheck loszukaufen, aber Jane Wyman wirft ihn raus. »Leave me alone.«

Ein nobler Club. Hudson ist sternhagelbetrunken. Er rast mit seinem Auto los und knallt in eine Absperrung. Er wankt in eine nahe gelegene Villa, um zu telefonieren. Die Villa gehört einem Maler, ein alter Herr, der ihm bekannt vorkommt. Er hat ihn in der Klinik bei Jane Wyman gesehen. Ein alter Freund ihres Mannes, eine Art Alter Ego des Dr. Phillips, den wir nicht zu sehen bekamen. Der alte Mann ist ein strippenziehender Herr des Lichts.

Religiöse Motive

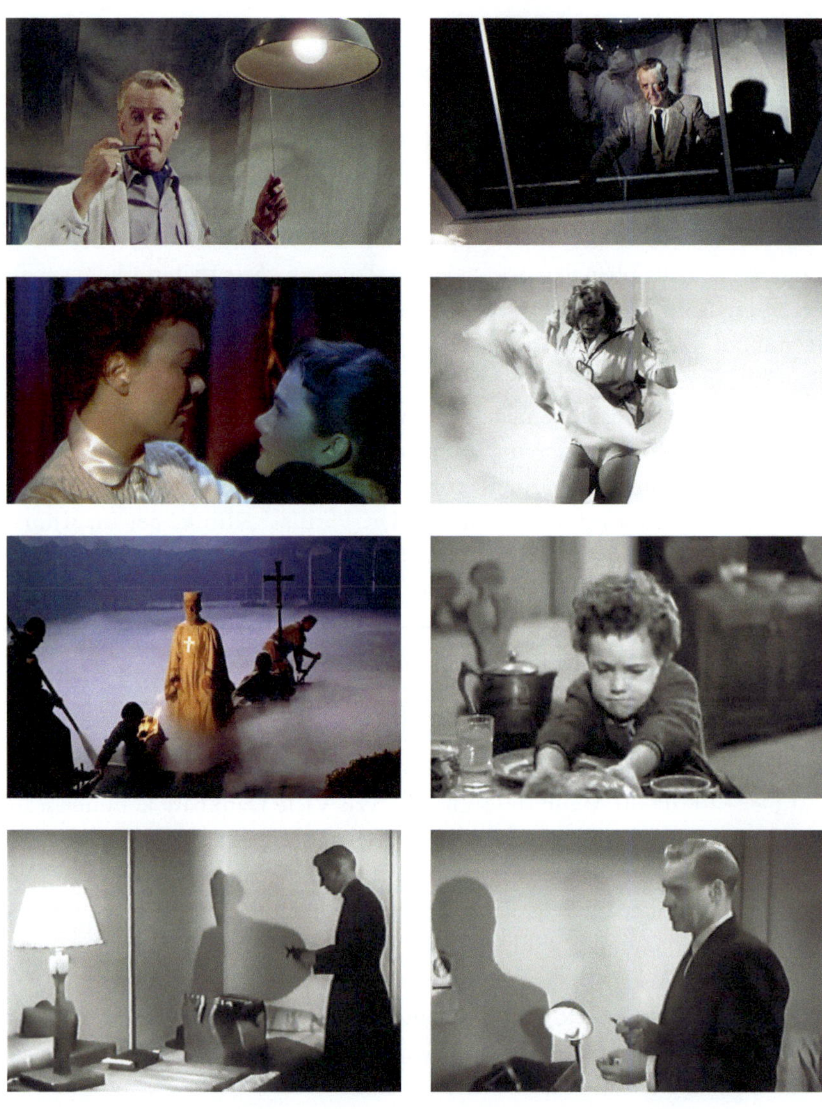

Beispiele aus: Magnificent Obsession (2x): Der göttliche Demiurg ist Strippenzieher, Übervater und Alter Ego des Regisseurs. All that Heaven Allows: Der zentrale Mutter-Tochter-Dialog ist in einen Raum mit Assoziationen an Kirchenfenster und Mausoleum verlegt. The tarnished Angels: Dorothy Malone stürzt wie ein gefallener Engel vom Himmel. Sign of the Pagan: Papst Leo I. rettet Rom. Hitler's Madman: Der Vater/Ernährer ist verhaftet/ermordet. Das Kind greift nach dem Brotlaib am Tisch. Eine Geste wie ein verzweifeltes Tischgebet: »Gib uns unser täglich Brot!« The first Legion (2x): Der zweifelnde Pater und der manipulierende Arzt in derselben Pose.

Hudson reagiert leicht paranoid. »Phillips. This man is haunting me.« Er schläft erst mal seinen Rausch aus. Am nächsten Tag redet ihm der freundliche Maler gut zu. Er rät ihm, »to establish contact with your destiny«.

Hudson ist immer noch mit quietschenden Reifen unterwegs und hat die Botschaft des Malers gründlich missverstanden. Er schenkt einem Mann ein Bündel Banknoten für die ärztliche Behandlung seiner Frau und setzt sich in ein Lokal. Dort erblickt er Jane Wyman, ganz im Witwenschwarz. »I won't believe it. It does works (sic!).« Er fühlt sich jetzt berufen dazu, sie zu belästigen. Die versucht, in einem Taxi zu entfliehen, aber er kommt hinterher. Sie steigt auf der anderen Seite in Panik aus und wird prompt überfahren. In der Klinik kommt die Diagnose. »No hope. (...) Her eyes. She'll be blind.« Jane Wymans Tochter macht Hudson runter. Der alte Maler: »She won't see you.« Es schneit.

Auf den Winter folgt der Frühling. Der alte Maler und Jane Wyman mit Blindenbrille und Blindenstock sitzen am Seeufer. Sie klagt, dass sie »a problem to everybody« sei. Rock Hudson lungert am Ufer herum wie ein Stalker. Am Ufer hilft er einem Mädchen mit seinem Boot. »Thank you for your help.« Jane Wyman fragt, wie der hilfsbereite Mann heißt. Er nennt einen falschen Namen. Robby Robinson. Irgendwoher meint sie, kennt sie ihn. »At the hospital? You are a doctor?« »We have never met.« Sie antizipiert damit, was Hudson werden wird, ein Arzt. Bei dem alten Maler reift sein Entschluss. Der verspricht ihm, wieder schön doppeldeutig, eine »magnificent obsession«. Dazu die Neunte, Freude, schöner Götterfunke ...

Rock Hudson, der jetzt heimlich überall finanziell hilft, studiert brav Medizin. Die besten Fachärzte sollen Jane Wyman heilen. Robby Robinson ist jetzt der neue Freund von Jane Wyman. Am Seeufer werden Sie von ihrer Tochter und deren Mann überrascht. Die Tochter ist empört. »Stay out!« Aber sie beruhigt sich, als sie von den ernsthaften Bemühungen Hudsons erfährt. Mit Tochter und Oberschwester fährt Jane Wyman in die Schweiz. Sie schickt Postkarten an den Medizinstudenten Robby Robinson. Der reist ihr nach. Die Postkarte, auch eine schöne Ironie, wird zur Postkartenschweiz animiert.

Sie ist optimistisch, aber die Kapazitäten eröffnen ihr nach langen Untersuchungen: »Facing the facts (...) we can do nothing.« Jane Wyman ist schlaflos, im Dunklen tastet sie durch das Hotelzimmer. Mitten im Raum steht eine gedrechselte, phallische Holzsäule. Von da weiter zur Balkontür, wo sie einen Blumentopf runterwirft. Sie ist jetzt nahe am Zusammenbruch. Da klopft es. »Robby Robinson.« Sie flieht in seine Arme. Kuss. Die Tochter tritt ein mit einem Glas unschuldiger Milch. Die Tochter akzeptiert die Situation. »I will apologize. (..) After all, what you have done for her.« Sie fahren mit offenem Cabrio durch das Gebirge. Er schildert die Landschaft für sie. »Ahead, a little old town.« Die Harmonika spielt. Er kauft eine ganze Wagenladung Flieder. Volksfest. Man verbrennt die Hexe. Feuerwerk. »I like to dance too.« Sie tanzen Walzer bis Mitternacht und sie trägt ein weißes Brautkleid. »I love you. I want to marry you.« Robby Robinson muss jetzt sein Pseudonym lüften. Sie will ihm am nächsten Tag antworten. »Tomorrow.«

Am nächsten Tag findet die Tochter einen Brief. »She's gone.« Sie ermahnt ihn in dem Brief, zu studieren. Mutter und Oberschwester sind verschollen. Alle Nachforschungen sind vergebens. Auch der alte Maler ist verreist. Aber Hudson hört das Echo seiner Stimme: »It will be a magnificent obsession.« Hudson arbeitet jetzt in der selbst gestifteten Klinik für Neurologie. Die Tochter bekommt ein Baby, aber die Großmutter ist immer noch verschollen. Schließlich bekommt der alte Maler eine Nachricht von der Oberschwester. Wyman liegt in einem Krankenhaus in New Mexico im Koma. Der Schaden am Sehzentrum ist nicht besser geworden, wie die Kapazitäten versprochen haben, sondern hat sich auf weitere Bereiche ausgedehnt. Lebensgefahr.

Hudson reist sofort hin. »Operation as soon as possible.« Aber: »I have no experience.« Jetzt kommt der alte Maler ins Spiel und rät ihm zur OP. Dieser Mann, alter Freund und Alter Ego von Dr. Phillips, sieht dann auch wie ein Gottvater von einer Glaskuppel aus auf den OP-Raum. In letzter Sekunde will Hudson abbrechen, aber der Blick nach oben rettet ihn. Wieder klingt ›Freude, schöner Götterfunken …‹ an. Diese Glaskuppel ist ein doppelter Spiegel, erst für Gottvater, dann für die Operation. Der alte Mann geht ab. Im Krankenzimmer ist wieder alles im Spiegel zu sehen. Das Bett, die Blumen. Es ist noch Nacht. Sie wacht auf. »Who is here? (…) Hold me close!« Die Sonne geht auf über dem gemalten Prospekt einer öden Landschaft. »I can see some light. (…) I can see you.« »Don't be excited.« »May I get excited tomorrow? (…) And you will be with me.« Und dann noch ein dreimaliges »Tomorrow«. Echo: »It will be a magnificent obsession.«

Die ungeheuer erfolgreiche Romanvorlage des schreibenden Pastors Lloyd C. Douglas, dem wir auch ›The Robe‹ und ›The Fisherman‹ verdanken, ist genau das, was die Kirchen eigentlich am Melodram gar nicht mögen: Die unzulässige Vermischung von undefinierbaren Schicksalskräften mit theologischen Vorstellungen. Gott wird in diesem Film zwar nicht erwähnt, aber umso deutlicher kommt er in der Gottvater-Figur des alten Malers zum Ausdruck. Douglas Sirk hat gar keinen Versuch gemacht, diese durchgeknallte Geschichte irgendwie zu rationalisieren. Im Gegenteil, es ist wohl der verrückteste, wahnsinnigste Film, den er je gedreht hat. Er geht wirklich überall bis zum Äußersten, bis es richtig weh tut. Hier erschlägt eine Unwahrscheinlichkeit die andere und ein Klischee das nächste. Wie Hitchcock sagt, man darf der Wahrscheinlichkeit nicht erlauben »ihr hässliches Haupt zu erheben«.[153]

Für die Rezeption dieses Films gibt es zwei Möglichkeiten. Entweder man taucht ein und lässt sich von dieser Geschichte treiben. Oder man schaut genauer hin. Und das lohnt sich hier wirklich. Es geht an bei der formalen Wahl von Breitwand mit knalligen Farben. Alles ist wie Hochglanz lackierte Oberfläche. Dann die Wahl der Hauptdarsteller. Rock Hudson und Jane Wyman. Der hölzerne Rock Hudson ist alles andere als ein Schauspieler der kleinen Nuancen. Alles ist sofort plakativ. Er ist ein verzogenes Riesenbaby, narzisstisch und verbohrt. Ganz offensichtlich kann er die tollsten Frauen haben, aber sofort, wie vom Blitz gerührt, tut es ihm Jane Wyman an, ein älterer, mütterlicher Frauentyp. Es ist eine Konstellation, die Sirk in ALL THAT HEAVEN ALLOWS variieren wird: Ein Mann, der nicht richtig erwachsen ist. Regressiv.

Und natürlich ist es die alte Geschichte von Ödipus. Der Sohn tötet den Vater und heiratet die Mutter. Und natürlich geht diese Geschichte nicht ohne Verblendung einher. Hier ist es Jane Wyman, die buchstäblich erblindet, während Rock Hudson blind ist in seiner Obsession. Auch hier ist die Sirk'sche Ironie in einem Doppelspiel versteckt. »This man is haunting me«, sagt er über den getöteten Vater. Dabei ist es seine eigene Obsession, die ihn treibt, er ist es, der Jane Wyman stalkt. Diese formuliert wiederholt das Inzesttabu. »I never have to see him again.« Und: »Leave me alone.«

Das Alter Ego des toten Vaters rät ihm, »to establish contact with your destiny«. Das versteht er als Aufforderung zu weiterer Belästigung der Mutter, deren Blindheit er nun verschuldet. Zu der Blinden kann er jetzt mit falscher Identität Kontakt aufnehmen. Und zwar unter dem besonders anonymen Pseudonym Robby Robinson. Wieder tritt der tote Vater mit einer Verheißung auf: »It will be a magnificent obsession.« Vom Arztberuf ist die Rede, aber seine Mutterobsession ist größer. Die Magnificent Obsession wird untermalt von der Neunten. Die Verheißung wird noch wiederholt auftauchen. Als er sich der Mutter offenbart, verschwindet sie spurlos. Auch der tote Vater ist weg. Hudson ist verzweifelt. Aber er hört ein Echo: »It will be a magnificent obsession.« Später, bei der OP, ist er wieder am Verzweifeln. Aber dann blickt er nach oben zum Übervater und hört die Neunte. Und zum Schluss hört er wieder das Echo. In diesem Film passiert das Unerhörte, Ödipus wird erlöst.

Dieses Happy Ending muss unhappy sein, und die Indizien sind erdrückend. Eigentlich endet die Geschichte in der Schweiz, wo die größten Kapazitäten Jane Wyman erklären: »Facing the facts (...) we can do nothing.« Die verzweifelte Jane Wyman wird in die Schlaflosigkeit entlassen. Sirk, Russell Metty (Kamera), Milton Carruth (Montage) und Frank Skinner (Musik) müssen jetzt zaubern. Jane Wyman sitzt in einem Sessel und die Tochter richtet alles für die Nacht. Sie knipst zwei Nachtlampen an, die die Blinde offensichtlich nicht braucht, aber Russell Metty für die Lichtsetzung. Es ist sehr dunkel. Ganz leise setzt Klavier ein (Skinner verarbeitet hier Chopin, Nocturnes, op. 27 Nr. 1 in cis-moll). Chopins sanfte Melodie setzt sehr verhalten ein. Jane Wyman erhebt sich und tastet sich durch die Dunkelheit. Zum Klavier kommt ein entfernter Chor. Ihr weinrotes Kleid hat kaum Kontrast. Die alte Jane Wyman verschwindet schließlich aus dem Bild. Auch die Musik intoniert ein Verschwinden.

Im Umschnitt, halbtotal, taucht sie wieder auf. Die Musik schwillt langsam an, Streicher kommen dazu. Es ist der Beginn ihrer Wiedergeburt. Vom Balkon kommt diffuses Licht, dem sie, als könnte sie etwas sehen, entgegenstolpert. Dann, in einer Naheinstellung, landet sie bei dem großen gedrechselten, phallischen Pfosten in der Mitte des Raums. Die Musik wird lauter. Sie bricht fast zusammen an dem Pfosten. Ihr Gesicht verschwindet halb im Dunkeln, es hat, man kann es kaum anders sagen, etwas Obszönes. Dann wankt sie weiter dem Licht zu, hinaus auf den Balkon, als könnte sie das Licht fühlen. Die Musik wird noch lauter. Der Chor brüllt fast. Dort, am Balkon, wirft sie einen Blumentopf herab. Es stockt der Atem, bis man es in der absoluten Stille klirren hört. Wieder bricht sie fast zusammen und in diese Spannung hinein taucht einer auf, der eigentlich in den USA Medizin studieren sollte, Robby Robinson. Er klopft in die Stille hinein, man hört dazu, ganz sanft, das Klavier. Die Verzweifelte klammert sich jetzt an ihn, wie vorher an den phallischen Pfosten. Sirk gelingt hier ein dramaturgisches Husarenstück. Er verknüpft die Peripetie mit der Anagnorisis durch wiederholte Verwendung von tableauartigen Momenten der Stasis mit verzögertem Schnitt und verhaltenem Ton. Ein Musterbeispiel für den melodramatischen Aufschub.[154]

Diese Nacht wird ihre Hochzeitsnacht. Bis Mitternacht tanzt sie im weißen Brautkleid. Heiratsantrag. Robby Robinson lüftet seine Identität. Der Sohn erklärt sich der Mutter. Aber die verschwindet jetzt erst mal. Der verblendete Sohn muss erst die blinde Mutter heilen. Dieser irreale Teil beginnt am Abend der Hexenverbrennung. Licht gegen Dunkelheit. Die Verbrennung ist Läuterung im Gegensatz zu anderen Formen der Hinrichtung wie

Hängen, Köpfen etc., die den Charakter des Ausschließens haben. Geläutert werden soll die Liebe von Mutter und Sohn und die Liebesnacht endet mit der Enthüllung des Geheimnisses. Das ist wie Ödipus, der Iokaste die Wahrheit verkündet. Iokaste erhängt sich jetzt nicht, aber verschwindet spurlos. Als Sterbende taucht sie in Mexiko wieder auf. Und er rettet sie, wieder mit Licht. Das Licht Gottvaters, das von der Glaskuppel herunterscheint und ›Freude, schöner Götterfunke‹ verkündet. Gottvater ist jetzt nicht mehr nötig. Das Licht reicht.

Die OP findet im Spiegel der Glaskuppel statt. Später, im Krankenzimmer, ist alles im Spiegel, auch die morbiden Blumen. Morgengrauen. »I can see some light (...) I can see you.« Ob sie wirklich sehend wird, wissen wir aber nicht. Wir werden dreimal auf »Tomorrow« vertröstet. Das ist wie ein Echo. Und das Echo verkündet uns weiter, dass wir Zeuge einer »magnificent obsession« sind. Echo ist die Nymphe, deren Liebe nie zustande kommt. »Ist jemand da?«, heißt es bei Ovid. »Und ›da‹ antwortete Echo. (...) ›Komm!‹ so tönt sein schallender Ruf. Sie rufet den Rufer. (...) ›Warum fliehest du mich?‹ Was er sprach, dasselbe vernahm er. (...) ›Vereinen wir uns!‹ (...) ›Einen wir uns!‹ (...) ›Eher‹, so ruft er, ›den Tod, als dass du mir nahtest in Liebe!‹ (...) ›Dass du mir nahtest in Liebe!‹ (...) ›Wehe!‹ (...) ›Wehe!‹ (...) ›Leb wohl!‹ – ›Leb wohl!‹.«[155] Ein Meisterwerk der ironischen Brechungen. Der Kontext zum Osterwunder ist schon im zweiten Kapitel ausgeführt.

SIGN OF THE PAGAN (1953/54)

Als Sirk 1950 bei Universal anfing, war das ökonomisch seine Rettung. Ein renommiertes Studio des klassischen Hollywood. Aber Sirk musste wie alle europäischen Emigranten in Hollywood auch das Genrekino bedienen und konnte sich nur bedingt die Rosinen rauspicken. Im Lauf der Jahre hat er so ziemlich viel zusammengebracht. Agentenfilm, religiöser Film, Western, Mantel-und-Degen-Film, Kriegsfilm, Provinzkomödien (Americana) und Sandalenfilm. Der Antikfilm SIGN OF THE PAGAN ist sein Tribut an die Sandale.

Es geht um Attila oder besser gesagt, eine Fantasie über Attila. Im Groben und Ganzen stimmt es, dass Ostrom Attila und andere Herrscher außerhalb des Reichs mit Tributzahlungen ruhig gestellt hat. Attila wandte sich daraufhin Westrom zu. Verbürgt ist die Begegnung mit Papst Leo I. bei Mantua 452. Attila zog tatsächlich ab. Sicher ist dabei viel Geld geflossen, aber eine Mischung aus Weissagungen und schlechten Träumen hat vielleicht auch ihre Wirkung getan. Alarich hatte schon 42 Jahre vorher Rom geplündert und die größten Schätze waren bereits weg. Als Geiserich drei Jahre nach Attila nochmals kam, mussten die Vandalen schon sehr genau nachschauen, um Beute zu machen (»hausen wie die Vandalen«). Die Story von Oscar Brodney spitzt das Ganze aber zu auf ein christologisches Ereignis.

Was macht ein Regisseur wie Sirk mit so einer Geschichte? Er baut die biedere Geschichte etwas auf mit Motiven aus Marlowes ›Tamburlaine‹, Hybris, die die eigene Familie zerstört. Und er macht die Episode mit Papst Leo zu einem ikonografischen und dramatischen Höhepunkt vor den Mauern Roms. Die manichäische Teilung zwischen Heidentum und Christentum führt zu einer glasklaren Bildsprache. Überall, wo Attila ist, herrscht schwarzer Rauch von Verwüstungen oder Nacht, mit Blitzen erhellt. Überall, wo die (christlichen) Römer sind, scheint die Sonne. Auf christlicher Seite hat Attila (Jack Palance) einen Centurio (Jeff Chandler) als Gegenspieler, der sich später zum Heerführer mausert. Beide sind Hollywood-Haudegen von Format. Der Rest ist eher bescheiden besetzt. Was Sirk mehr interessiert als der Sieg des Kreuzes über die Barbarei sind zwei Familienromane, die in der Geschichte versteckt sind. Die oströmische Kaiserfamilie und die Familie Attilas.

Der oströmische Kaiser hat seine Rom freundliche Schwester entmachtet. Sie ist eine Gefangene im eigenen Palast. Attila misshandelt seine Frau und beherrscht seine Tochter. Der männliche Jeff Chandler pendelt zwischen kaiserlicher Schwester und barbarischer Tochter mit erotischem Erfolg. In Konstantinopel zettelt er eine Revolte gegen den Kaiser an und seine Schwester schickt ihn mit Entsatztruppen nach Rom. Die verliebte Barbarentochter bekehrt er zum Christentum, so dass sie Attila verrät. Das Christentum erscheint hier wie eine Frauenbefreiung, während Attila die Welt vom Joch Roms befreien will. Das ist alles ziemlich komisch, aber Sirk tut sich hier hart mit Ironie, auch wenn es manchmal aufblitzt. Als Attilas Tochter sich als Christin outet, tötet Attila sie mit einem Dolchwurf. »(The) army of martyrs will have one more.«

Nach dem Rückzug Attilas muss der Film irgendwie zu Ende kommen. Jack Palance und Jeff Chandler treffen endlich aufeinander. Aber nicht Jeff Chandler tötet Attila, sondern seine Frau rammt ihm hinterrücks einen Dolch ins Herz. Der antike Feminismus nimmt doch noch eine ironische Wendung. Das Schwert Jeff Chandlers wird nur noch benötigt, damit Attila im Schatten eines Kreuzes stirbt.

Captain Lightfoot (1954)

Irland 1815. Das Land ist eine englische Kolonie. Überall gärt es. Ein junger Heißsporn vom Lande (Rock Hudson) überfällt reiche Engländer, eine Kutsche und einen Geldeintreiber. Er ist ein ziemlich ungeschickter Anfänger in diesem Metier und muss nach Dublin fliehen. Dragoner verfolgen ihn. Ein Priester rettet ihn, aber es ist in Wirklichkeit der berühmte irische Freiheitsheld Thunderbolt. Der nimmt ihn unter seine Fittiche, führt ihn ein in die Dubliner Gesellschaft und seinen privaten Spielclub. Er lernt sich zu kleiden, zu fechten, zu schießen und zu tanzen. Seine bescheidenen Fähigkeiten bei alledem, vor allem im Tanzen, werden in seinem Decknamen Captain Lightfoot ironisiert. Rock Hudsons zweifelhafte Versuche, der irischen Sache zu dienen, führen von einem Debakel zum nächsten. Die Gestaltung der undankbaren Rolle ist eine einzige Abfolge ironischer Reinfälle. Die Rettung vor einer Dummheit führt ihn regelmäßig zur nächsten.

Die englische Konkurrenz lässt den Spielclub in einer Razzia hochgehen. Thunderbolt will sich rächen und tappt dabei in eine vorbereitete Falle. Verletzt flieht er und versteckt sich bei fahrendem Volk. Rock Hudson soll unterdessen seine Geschäfte führen. Thunderbolts Tochter hat es ihm angetan, was sich vor allem darin zeigt, dass er sie verdrischt. Mit der englischen Konkurrenz fängt er Streit an. Duell mit dem besten englischen Pistolenschützen. Zigarrenpaffend betritt der den Duellplatz. Das Etui steckt er in die Brusttasche; kein Wunder, dass er den tödlichen Schuss überlebt. Dann beendet er das Duell mit einem Bluff. Die Tochter Thunderbolts hat ihm dafür den Aufenthalt des Vaters entlockt, besucht diesen heimlich und führt natürlich die Engländer auf seine Spur.

Der Verhaftete weiß rasch wieder zu entkommen, während der parallele Rettungsversuch Rock Hudsons prompt zu dessen Verhaftung führt. Dies löst eine ganze Reihe von tölpelhaften Rettungsaktionen aus, die damit enden, dass unser Held zu Tode kommt. Die allgemeine Trauer wird durch ein irisches Lied unterbrochen. Unser wunderbar geretteter Held taucht wieder auf. Die ironische Rettung als Iterativ. Ein Mantel-und-Degen-Genrefilm, der ganz unmelodramatisch, aber dafür herrlich selbstironisch ist. Und ein sehr schönes Beispiel dafür, wie Sirk das Breitwand-Format nützt: Der Film ist voller origineller Aus-, Ein- und Durchblicke.

Text und Zeichen

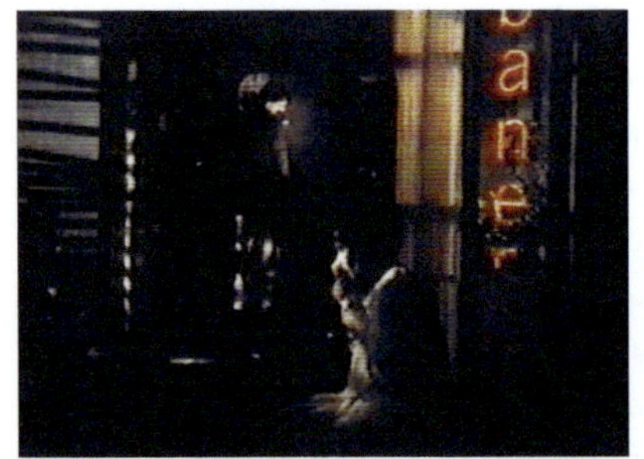

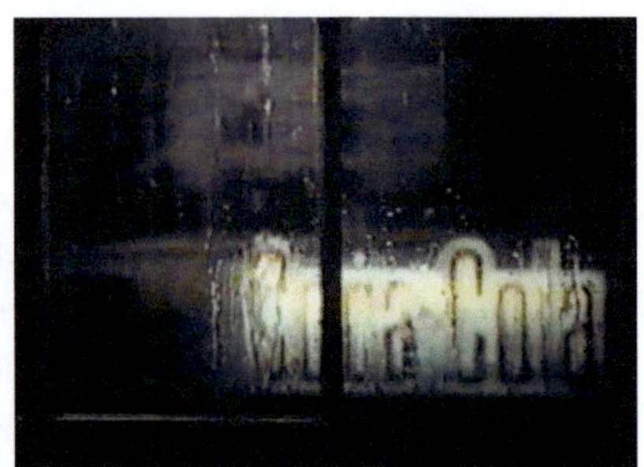

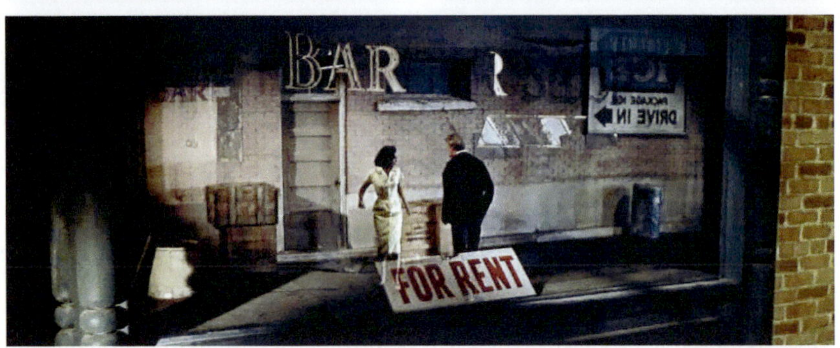

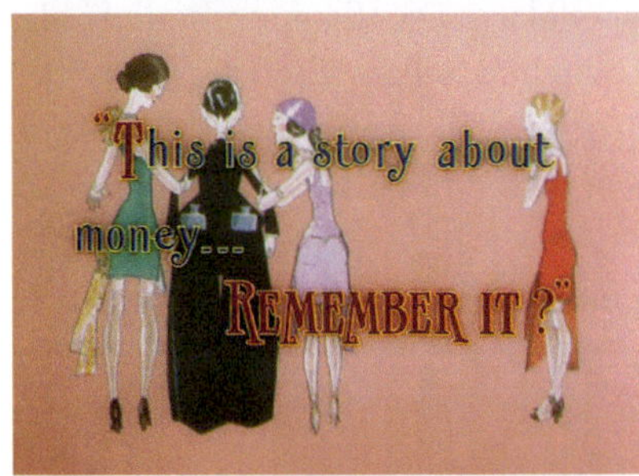

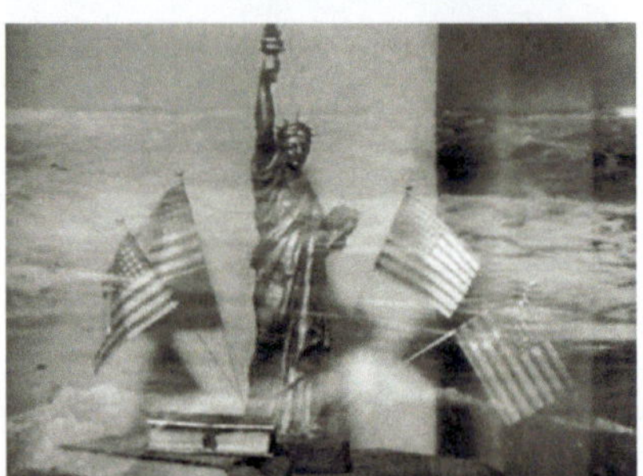

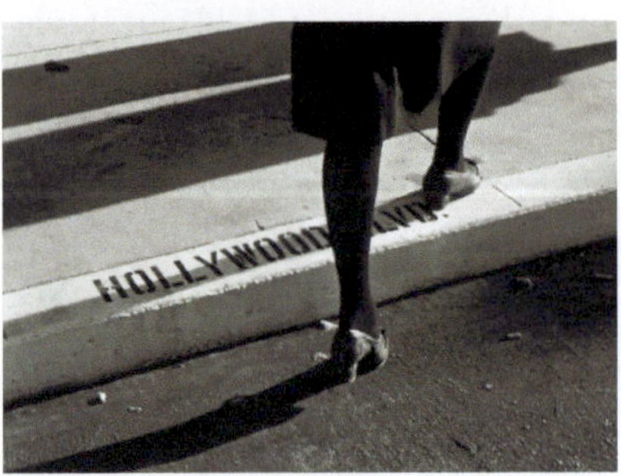

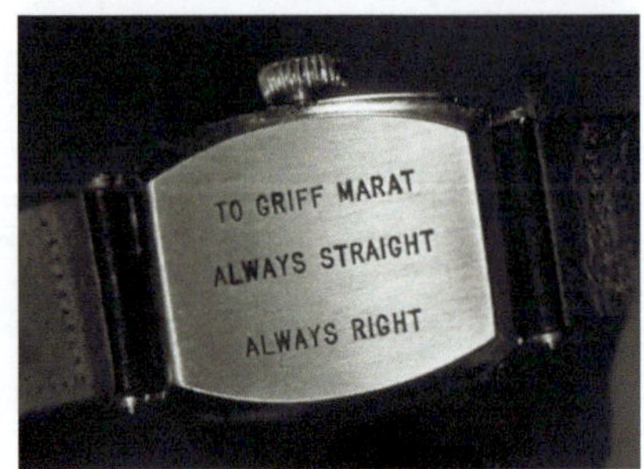

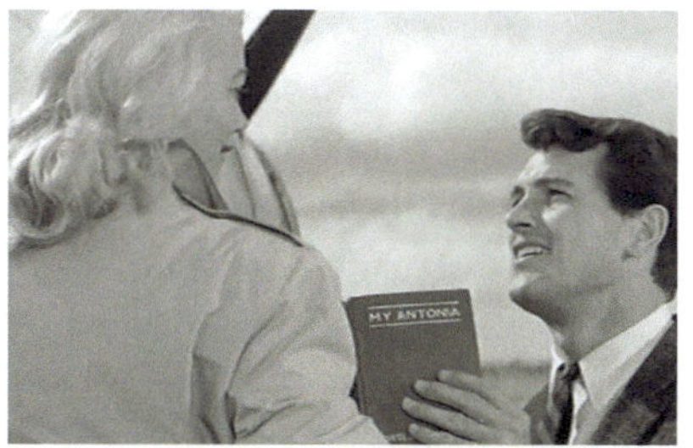

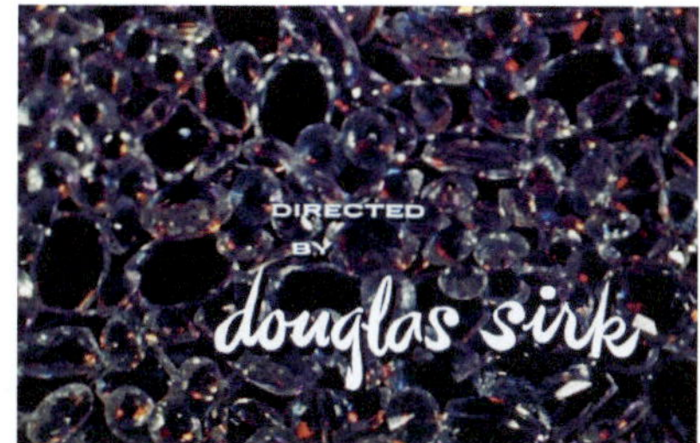

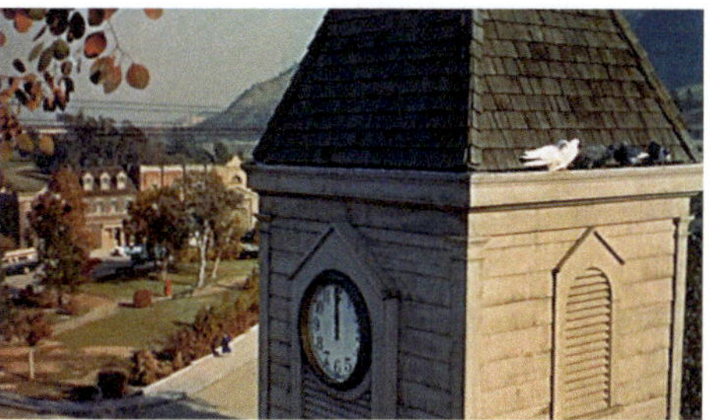

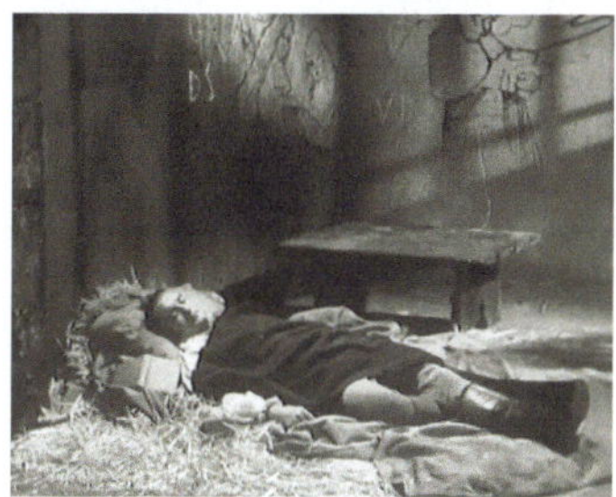

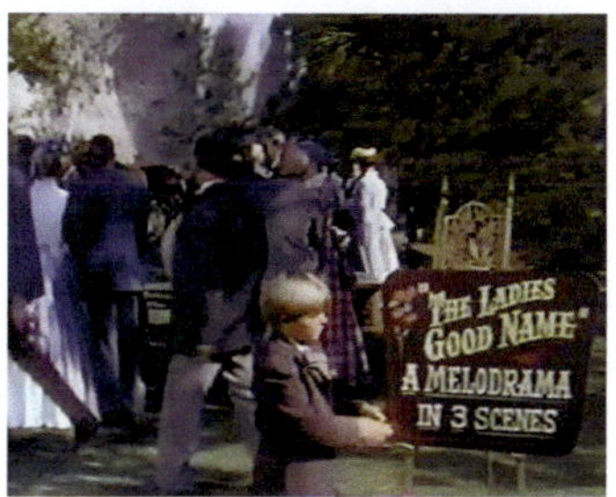

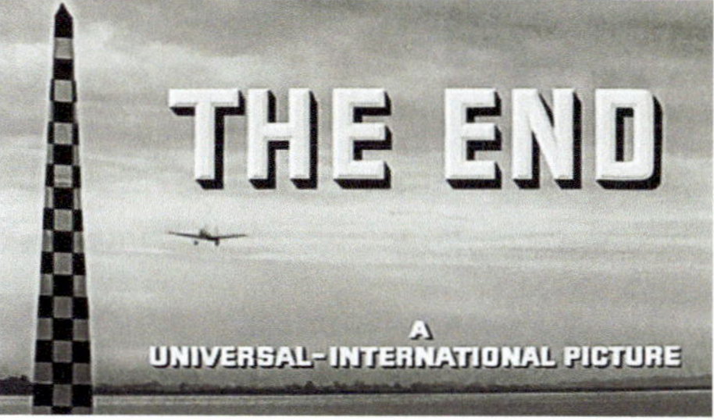

Beispiele aus: Bourbon Street Blues mit der Reklame La Habanera. Sprich zu mir wie der Regen: Ein Film aus dem Land der Kräuterlimonade. Imitation of Life: Rassismus zwischen ›Liberty Bar‹ und Leihhaus. Has anybody seen my Gal: This is a story about money. Mit dem Zusatz: Remember it? Falls man das Geld nur noch aus der Erinnerung kennt. Schlussakkord: Ein Zeichen wird vom Meer überspült, das in einem Schwenk nach Berlin wechselt. Ein Schwenk übers Meer wird selbst zum Zeichen. Ein Fundstück für Semiotiker. Shockproof (2x). The tarnished Angels: Rock Hudson überreicht seiner Liebe das Buch von Heimkehr und Sesshaftigkeit. Imitation of Life: Falsche Diamanten, Glasperlen, Talmi, Ironie und Selbstironie, directed by Douglas Sirk. All that Heaven Allows, 1955. Zeit und Ort: 12.00 Uhr, Provinz, Friedenstauben am Kirchturm, sattes Herbstlicht. Ein Ort der Erfüllung, eine Ironie, wie sich zeigen wird. A Scandal in Paris: Über dem Kopf des Delinquenten, die Gefängniskritzelei DS wie Douglas Sirk. Take me to Town: Das Melodram, angekündigt im Vordergrund, findet statt im Hintergrund. The tarnished Angels: Wieder fliegt das Flugzeug vorbei an den tödlichen Wendemarken des Flying Circus.

All That Heaven Allows (1955)

Einer der wirkmächtigsten Filme von Sirk. Fassbinder (Angst essen Seele auf, 1974) und Todd Haynes (Far from Heaven, 2002) haben den Stoff adaptiert. Auch dies ist ein antikapitalistischer Film ohne Antikapitalismus. Ein radikales Plädoyer für die Liebe gegen die bürgerlichen Konventionen. Establishing Shot, ein Kirchturm über der herbstlichen Kleinstadt, dann schwenkt die Kamera langsam und landet beim hellblauen Auto von Agnes Moorehead. Russell Metty ist der Lieblingskameramann von Sirk, ab Take Me to Town (1952) zehn Filme. Dieser große Kranschwenk ist heute noch atemberaubend. Begleitet wird er von einem romantischen Klavierkonzert (nach Liszt, Consolation Nr. 3 in Des-Dur), eine Stimmung von Melancholie und Vergänglichkeit. Die eingängige Tonfolge mündet in eine versetzte Wiederholung, Vergangenes und Erinnertes assoziierend. Eine verlorene und wieder gefundene Liebe.

Agnes Moorehead bringt der Hausherrin (Jane Wyman) Geschirr zurück und macht ihr Vorwürfe, weil sie als Witwe so zurückgezogen lebt. Sie sagt zu, in den Country Club zu kommen. Die herbstlichen Gartenarbeiten erledigt ein Gärtner (Rock Hudson), der das Geschirr reinträgt. Sie trinken zusammen einen Kaffee und Rock Hudson schwärmt von seinem Beruf. Er schneidet ein Ästchen Goldregen ab, der nur da gedeiht, wo Liebe ist. Sie steckt es in eine Vase.

»Mutter!«, tönt es von der Tür. Jane Wyman sieht im Spiegel ihre Kinder kommen. Die Tochter ist eine Brillenschlange, die Psychologie studiert und gleich mal darüber referiert, dass ihre Mutter ein gewisses Alter erreicht hat. Nach Freud, verkündet sie, habe dann der Geschlechtstrieb zu schweigen. Während sich Sohn und Tochter über das Älterwerden auslassen, entdecken sie am Nachttisch verwundert einen Liebesroman. Die Mutter zieht für den Country Club ein offenherzig rotes Kleid an, was dann schon als skandalös thematisiert wird. Die Tochter gibt sich emanzipiert. Die Zeiten der Pharaonen, wo Witwen lebend mit ins Grab mussten, sei vorbei. Und ihr Bruder, der sich über das Dekolletee echauffiert, sei nur ein Ödipus. Im Country Club geht es dann gleich weiter. Unanständig sei das Kleid für eine Witwe mit zwei erwachsenen Kindern. »There's nothing like red for attracting attention. I suppose that's why so few widows wear it.« Der örtliche Lustmolch lädt sie gleich zum Tanz ein mit weiteren Frivolitäten über die Kleidung von Witwen. Sie sei schön, zu schön, um einsam zu sein. Er bietet einen Trip nach New York an und tanzt ins Nebenzimmer, wo er über sie herfällt.

Nach dem Eklat verlässt sie den Club. Ihr Begleiter, ein älterer Herr und Freund ihres verstorbenen Mannes, redet beständig über seine Krankheiten. Die Tochter kommentiert, sie könne ja wieder heiraten, z. B. den kränkelnden Herrn, im Alter sei die Zuneigung wichtiger als Romantik. Für die Kinder in Sirks Filmen ist die Sexualität der Eltern stets ein Schock (THERE'S ALWAYS TOMORROW, IMITATION OF LIFE, MAGNIFICENT OBSESSION, WEEK-END WITH FATHER, ALL I DESIRE). Immer sind die Kinder die obersten Tugendwächter. Erwachsenwerden heißt bei Sirk nicht selbstständig werden, sondern die ungeschriebenen Gesetze der Gesellschaft verinnerlichen. Aber in keinem Film wird die Ablehnung der Kinder so boshaft zelebriert wie hier.

Später lädt der romantische Gärtner zu einer Besichtigung der Gärtnerei ein. Jane Wyman kann sich für die Gärtnerei nicht besonders begeistern, aber sie entdeckt die alte, verfallene Mühle seines Großvaters. Er sollte sie als Wohnhaus herrichten statt seiner spartanischen Behausung im Anbau des Gewächshauses. Sie entdeckt eine zerbrochene Kanne aus Wedgwood-Porzellan. Sie liebt Wedgwood, aber Hudson meint, es wäre wertlos. Sie geht die Treppe zum oberen Geschoss hinauf, aber eine aufgescheuchte Taube erschrickt sie. Sie landet in Hudsons Armen. Er wird doch sicher ein nettes Mädchen kennenlernen, mit der er da wohnen kann, meinte sie gerade noch. Aber er hat offenbar schlechte Erfahrungen gemacht. Aus der Nähe wird ein plötzlicher Kuss. Die dressierte Taube sitzt höhnisch auf der Treppe.

Auf den Herbst folgt der Winter und auf den Kuss das Wiedersehen. Hudson fährt den klassischen holzverkleideten Karavan. Im Gegensatz zur Upperclass des Countyclubs ist er ein Naturbursche. »Nature boy« nennen sie ihn verächtlich. Er ist ein Anhänger des Transzendentalismus, jener ungeheuer wirkmächtigen amerikanischen Philosophie von Thoreau, Emerson u. a. Vom passiven Widerstand, den Ghandi dort entlehnt hat, bis zur Hippie-Bewegung reichen die Folgen. Die Philosophie ist nicht antikapitalistisch, aber gegen die Symptome: Geldgier, Jagd nach Erfolg, Kampf um gesellschaftlichen Status, stille Verzweiflung im Rat Race, Selbstbetrug, falsches Leben. Das Verhältnis zur Natur ist nicht räuberisch, sondern domestizierend. Gärtnerei ist eine gute Umschreibung. Hudson zieht sogar einen domestizierten Hirsch groß. Die alte Scheune mit dem vielen Holz, dem großen Kamin und den großen Fenstern zur Natur hat es ihm bald angetan; liebevoll renoviert er sie. Selbst die Wedgwood-Kanne klebt er.

Jane Wyman sitzt am Klavier, ihr Gesicht spiegelt sich im Deckel. Agnes Moorehead, ihre einzige Freundin, besucht sie und legt ihr den Kauf eines Fernsehapparats nahe. Der Tröster einsamer Witwen. Eine Einladung sagt sie ab, da sie Hudson bereits zugesagt hat. Er hat Freunde eingeladen, die wie er nonkonformistisch eingestellt sind. Ein Mädchen in Hudsons Nähe macht sie eifersüchtig.

Kirchturm. Schnee. Hudson macht in der renovierten Mühle Jane Wyman einen Heiratsantrag. Die Erste von Brahms gibt die Stimmung. Aber sie reagiert hysterisch: »Completely impossible« – »The only possible.« Sie fragt nach Sicherheit. Es gibt sie nicht, nur wahres Leben. Hysterisch wirft sie die Wedgwood-Kanne um, flieht. Das zerbrechliche Symbol der Liebe zerstört. Und Hudson wirft die Teile ins Feuer. Das Wichtige vom Unwichtigen trennen, ein transzendentalistischer Grundsatz. Sie hat ihre Schuhe vergessen, kommt zurück, landet in seinen Armen. Sie richten sich häuslich ein.

Beim Einkaufen in der Stadt läuft sie der örtlichen Klatschbase über den Weg. Jetzt wissen es alle. Moorehead, die angebliche Freundin, konfrontiert sie mit dem Klatsch. Unmöglich, ein Gärtner. Und der Mann ist zu jung. Zudem ist sie eine Witwe mit Geld. Oder hatte sie schon vor dem Tod des Mannes was mit dem Gärtner? Was tut sie ihren Kindern an? Als die Kinder erfahren, dass sie wieder heiraten will, denken sie erst den alten kränkelnden Herrn. Auf die Wahrheit reagieren sie schockiert. Was bringt schon eine Baumschule ein? Ein Witz, was sollen die Freunde sagen? Eine Schlammlawine bricht über sie herein. Das Melodram gilt gemeinhin als paranoides Genre und dieser Film ist ein Musterbeispiel.

Sie versucht die Flucht nach vorne, räumt die urnenartigen Pokale ihres verstorbenen Mannes ab. Und geht mit dem widerstrebenden Rock Hudson in den Country Club. Sie werden freundlich angepöbelt. Der Altersunterschied, die soziale Stellung, die ökonomische Position. »Have I seen you somewhere before?« (...) »Probably in your garden.« (...) »Fascinating. The tan, I suppose from working outdoors, of course, I'm sure, he's handy indoors too.« Der betrunkene Lustmolch reklamiert ältere Rechte. Es kommt zu Handgreiflichkeiten mit Hudson. Abgang. Danach heißt es, Hudson hätte ihn fast umgebracht.

Hudson erklärt, nichts sei wichtig »except us«. Aber sein Auto ist eingeschneit und die Beziehung auf Eis. Wieder streitet Jane Wyman mit ihren Kindern. Ihr Normverstoß wird als Blindheit tituliert, eine schöne ironische Wendung, wo alle um sie herum verblendet sind. Sie wolle nur einen jungen, muskulösen Mann. Und dafür das Heim und das Andenken des Vaters aufgeben. Und was die Leute sagen. Hinter dem Sohn schließt sich eine Gittertür und die Haustür. Die Tochter, die sich so weltoffen gibt, weint. In einem Raum mit bunten Glasbausteinen ist sie wie eine Hexe in grünes Licht getaucht. Die Mutter in warmen Rottönen. Ja, vor Vaters Tod hat sie ihn sicher schon betrogen.

Bei Hudson bittet sie um einen Aufschub. Sie faselt von ihrer Verantwortung für die Kinder. Hudson bleibt jetzt hart. Wir werden nie glücklich, wenn andere unser Leben beeinflussen. Sie macht sich das Problem und nur sie kann es lösen. Sie: »It's all over.« Ein Hausfrauendialog beim Staubsaugen. Agnes Moorehead beglückwünscht sie zu ihrer Entscheidung. Später trifft Jane Wyman ihren Hausarzt, klagt über Kopfschmerzen. Sie wartet auf den Besuch ihrer Kinder, die sich aber beruflich ganz woanders niederlassen. Am Weihnachtsmarkt trifft sie auf Hudson; wieder ist die junge Frau in der Nähe. Das geheiligte Vaterhaus, meinen die ausgeflogenen Kinder jetzt, sei doch zu groß für eine Person. Man sollte es verkaufen. Man muss nur ein bisschen kratzen am Lack des ideologischen Geschwafels und schon kommt die bürgerliche Ökonomie zum Vorschein.

Das Weihnachtsgeschenk der Kinder ist der Witwentröster: Ein Fernsehapparat. Ein Spiegel der Welt, Drama, Komödie, so viel Gesellschaft, wie sie will. In dieser Invektive konkurriert auch das alte Medium (Film) mit dem neuen (Fernsehen). Ihr verzweifeltes Bild spiegelt sich im Bildschirm. Die Tochter trägt ein Rotkäppchenkleid, sie ganz in Schwarz. Das Märchenmotiv in einer ironischen Verdrehung. Der Hausarzt diagnostiziert organische Gesundheit. Er gibt praktische Ratschläge: Sie bestraft sich selbst, für das Leben gibt es keine Medizin. »You were ready for a love-affair, but not for love.« Die junge Frau, erfährt sie nebenbei, will einen anderen heiraten.

Sie fährt zu Hudsons Mühle, aber der ist gerade auf der Jagd. Sie kehrt um. Er ruft ihr hinterher, stürzt und verletzt sich schwer. Der Kirchturm zeigt 12.00 Uhr Nacht. Kaminfeuer spiegelt sich in der TV-Box. Sie wird gerufen, eilt zur Mühle, wacht neben dem Bett. Sie hat jetzt Zeit zu sehen, wie liebevoll er an ihrem Heim gebaut hat. Er wacht auf. Vor dem großen Fenster sind sie hingekauert wie Kinder. Der Hirsch stapft durch den Schnee. Für immer nach Hause gekommen.

Sirks Sympathie gilt eindeutig den Liebenden. Mit beißender Ironie macht er sich lustig über die Kleinstadt, die durchaus für das amerikanische Bürgertum schlechthin steht. Aber natürlich ist er nicht so naiv, den transzendentalistischen Gegenentwurf für voll zu nehmen. Seine Distanz ist unübersehbar. Seine ironische Inszenierung des Naturburschen, die ganze Naturidolatrie mit domestizierten Formen von Natur (Gärtnerei, Baumschule, das große Fenster, der zahme Hirsch) stehen am Anfang einer Kette, die mit den Bürgerhäusern endet, die mit Friedhofsblumen, Weihnachtsbäumen, Bildern von Natur und Wedgwood mit Blumendekor vollgestopft sind. Niemand holt einen Gärtner, um die Natur zu belassen, wie sie ist. Der Gegenentwurf ist regressiv. Eine dressierte Taube muss zum ersten Kuss verhelfen. Wie zwei

Kinder kauern sie am Schluss vor dem großen Fenster. Und tatsächlich stapft der zahme Hirsch vorbei. Dieses irre Bild ist ein ironischer Paukenschlag mitten in den verwursteten Liszt hinein. »Ein Windhauch«, kommentiert Sirk, »und die Blumen sind entblumt.«[156]

There's Always Tomorrow (1955)

Once upon a time, in sunny California. So beginnt dieses Melodram. Dazu strömender Regen in herbem Schwarz-Weiß. Nicht nur eine Ironie, sondern auch ein Herbeizitieren des Film noir. Mit den Hauptdarstellern Fred MacMurray und Barbara Stanwyck findet das Paar aus Billy Wilders Double Indemnity von 1944 wieder zusammen. Und es gibt einen anderen Film noir, der direkt mit diesem Film korrespondiert: Pitfall von André de Toth (1948). Auch hier steckt ein Geschäftsmann fest in der zermürbenden Alltagsmühle aus Familie und Arbeit. Und auch hier scheitert sein Ausbruchsversuch kläglich.

Eine Spielzeugfabrik. »A dreamy place to work in«, heißt es. Die Sekretärin antwortet mürrisch: »I think so.« Fred MacMurray, der Chef, versucht wiederholt daheim anzurufen, aber immer ist belegt. Dann sehen wir die pubertierende Tochter telefonieren und hören Gesprächsfetzen wie »atomic« und »dreamy«. Dann telefoniert der erwachsene Sohn. Fred MacMurray rückt mit Blumen an und wird von seiner kleinen Tochter im Tutu überfallen. Seine Frau (hochkarätig besetzt mit einer anderen Noir-Heldin, mit Joan Bennett) hat Geburtstag und er hat zwei Showkarten mitgebracht. Aber sie muss weg zum Ballettauftritt der Kleinen. »That trouble in the rain.« Er mault, dass sie drei Jahre nicht mehr ausgegangen sind. Auch der Teenager hat keine Zeit, sondern muss »emotional problems« der Freundin lösen, braucht aber sein Geld. Und der Sohn hat ein Date. Nächstes Wochenende, beschwört er seine Frau, werden sie aber was unternehmen. Und selbst die Haushälterin will die Karten nicht. Sie muss Babysitten.

Schon in dieser Exposition hat Sirk seine Kleinstadtironie kübelweise über MacMurray ausgegossen. Allein, wie ein begossener Pudel, bleibt er zurück. Da läutet Barbara Stanwyck. Eine alte Bekannte kommt nach 20 Jahren endlich vorbei, um ihn und seine Familie zu sehen. »Life is always busy.« Und natürlich geht er mit ihr in die Show. Statt des zweiten Akts besuchen sie dann seine Fabrik. MacMurray ist auch so ein Sirk-Held, der nie erwachsen wird. Spielzeug ist vorgestellte Wirklichkeit, Übung für den Ernstfall. Eisenbahn, Puppen. Und seine neueste Erfindung, Rex the Robot. »Oh, the kids will love him.«

Die ganze Ironie dieses Satzes wird sich erst noch zeigen, wenn unser Held zum Roboter wird, den seine Kinder genau in dieser Rolle lieben. Der Spielzeugroboter ist eine kindliche Einübung ins Roboterleben. Reproduzierte Wirklichkeiten spielen im Leben von MacMurray eine große Rolle. Mechanische Töne, Radio, Telefon, fast wie eine Ahnung des Handyzeitalters. Fotos, das erstarrte Momentum, hier fast ein Memento Mori. Später wird er sich wundern, dass er seinem eigenen Foto ähnlich sieht. Ein Leierkasten erinnert an alte Zeiten und spielt ›Blue Moon‹: »You saw me standing alone / Without a dream in my heart / Without a love of my own.« Und dann die böse Frage, auf die wir keine Antwort brauchen: »You are happy?« Und schließlich: »Times stood still.«

Natürlich wird es mit dem gemeinsamen Wochenende nichts. MacMurray muss sich mit einem wichtigen Geschäftspartner treffen. In einem Freud'schen Reflex wählt er das Freizeit-Hotel, wo Barbara Stanwyck das Wochenende verbringt. An der Bar wird er von einer reifen Dame angebaggert: »You lucky men can always go around.« Prompt sagt der Geschäftspartner ab und MacMurray verbringt das Wochenende mit Barbara Stanwyck. Reiten, Swimmingpool, Bungalow am Strand. Sie tanzen ›Blue Moon‹.

Der Sohn macht mit Freunden auch eine Spritztour ans Meer. Unterwegs will er seinem Vater guten Tag sagen, aber der feixende Portier erzählt ihm was anderes. »Maybe she's the business associate.« Aber dann stellen sie fest: »They have a good time.« Wie Spanner verfolgen sie einen Freundschaftskuss. »Let's get moving.« Zuhause geht es weiter. »I saw father …« Eine regelrechte Kinderverschwörung bricht los. Stanwyck gesteht unterdessen, dass sie nur aus Einsamkeit mal geheiratet hatte. Die Kids am Fenster: »He should be back right now.« Auftritt MacMurray. Er erzählt tatsächlich von der alten Bekannten, einer Modeschöpferin, die die Familie sehen will. Die Kinder tuscheln weiter, vergleichen ihn mit dem heuchlerischen Clyde Griffiths aus ›An American Tragedy‹. »I never will get married«, tönt die Tochter. Morgen Nacht soll Stanwyck zum Essen kommen. Aus der Kinderverschwörung wird ein Teenageraufstand: »Must we meet that woman?« Später fällt Stanwyck ein altes Foto von MacMurray aus der Tasche. »You look very much like your foto.« Und dann setzt Sirk noch eins drauf: »Really, that's interesting.« Man kann zusehen, wie die Ironie von der Leinwand trieft.

Das Abendessen ist ein Desaster. »Your brother is rude« und »Sit down young lady« sind die verbalen Umschreibungen der Peinlichkeiten. Die Kerzen am Tisch trennen die Personen auch visuell. Barbara Stanwyck lässt ihren Smalltalk dahinplätschern als würde sie nichts bemerken. Schließlich geht sie ab. »I am tired of the children always taking over.« Es bricht aus MacMurray heraus. Er fühlt sich wie ein Roboter. »My life, our life.« Joan Bennett hört sich geduldig alles an. »Always you find an excuse.« Joan Bennett erklärt, dass ihr Barbara Stanwyck leid tut. Das Ehebett ist ein Post-Code-Bett. Zwei Betten nebeneinander. Sie abgewandt. MacMurray flüchtet nochmal ans Telefon. Er muss jetzt mit Barbara Stanwyck telefonieren. Das Telefonat findet visuell hinter Gittern statt. Und der Sohn hört heimlich zu. Der Mann hat die Sittenpolizei im eigenen Haus. Der Sohn faselt von einem »showdown with her«.

Am nächsten Tag im Modesalon von Barbara Stanwyck. Joan Bennett hat die Einladung angenommen und sieht sich Kleider an. In einem Abendkleid fährt sie zu alter Film-noir-Form auf. Die irritierte Freundin des Sohns taucht in Stanwycks Büro auf. Sie wäscht ihr den Kopf. »Imagining things.« Sie ruft bei MacMurray im Büro an, dass sie ein unerwartetes Interview hat. Der hat einen Termin sausen lassen. Zuhause findet er nur die Haushälterin, am Radio ein Foto der abwesenden Familie. Auch hier nur Reproduktionen von Tönen und Bildern. Der Sohn ist im Garten mit seiner Freundin, die schon die ganze Zeit auf der Seite von Barbara Stanwyck steht. Er sei noch nicht erwachsen, hält sie ihm vor. MacMurray bricht verzweifelt auf, er will Stanwyck doch noch treffen. Nach ihrem Interview gesteht er: »I am fallen in love with you.« »That can't happen.« »I am desperate sitting in my own living room (…) I am still alive.« Kuss. »Let me alone.« Sie verdrückt eine Träne. Joan Bennett kommt mit der Kleinen nachhause. »Something wrong?« Ein Aspirin hilft immer. »Always the children.«

Tochter und Sohn führen ein Gespräch über den Streit mit der Freundin des Sohns. Der Sohn will es wissen. Durch den Regen stapft er zum Hotel. Barbara Stanwyck lässt ihn raufkommen, versprüht Parfüm und redet von einer netten Überraschung. Morgen will sie zurück nach New York. Der Sohn gibt sich nicht zufrieden: »What's going on (…) between you and my father. I saw you, intimate.« »We met by chance.« »Daddy kept on calling you.« Und dann kommt der Tiefschlag: »Your father has been neglected for a long time. (…) Love is a very reckless thing.« »Don't take him away«, bettelt er.

Regen am Fenster. Stanwyck kommt in die Firma. MacMurray fühlt sich wie ein Roboter. Sie erklärt ihm, dass sie wieder nach New York fliegt. 20 Jahre sind eine lange Zeit. Sie verteilt jetzt die Plätze. Er ist Familienvater, sie Karrierefrau. Regen am Glas. Sollen seine Kinder in der Zeitung lesen, dass er mit einer anderen Frau weggegangen ist? »What have I to give you?« Sie verschwindet im Taxi. Rex der Roboter marschiert auf den Tischrand zu, dann ist er aus dem Bild. Das Bild ist so bösartig ironisch, dass man schier die Funken sprühen sieht, wie er im Off aufschlägt.

Der Sohn entschuldigt sich bei seiner Freundin. »We give no love in return.« »Long pants at last.« Die zwei Töchter lungern am Telefon herum. Im Flugzeug sitzt Barbara Stanwyck und verdrückt eine Träne. Subjektiver Blick von MacMurray. Das Flugzeug am Himmel bis es aus dem Bild verschwindet. Fenster zu. »I'm alright now.« Die Kinder sehen ihn hinter Gittern. Der Mann ist ruhiggestellt, eingesargt im eigenen Haus. Er wird funktionieren wie ein Roboter. Irgendwann fällt er vom Tisch. Der ganz undramatische ›Death of a Salesman‹: der Mann hat alles, Frau, Kinder, Haus, Fabrik, Erfolg, und dennoch ist er ein lebender Toter.

Ein Tschechov-Ende: »Was für sinnlos verbrachte Nächte, was für uninteressante, bedeutungslose Tage! (…) Unnütze Tätigkeiten und Unterhaltungen über immer dasselbe rauben die besten Jahre, die besten Kräfte und schließlich bleibt ein verstümmeltes, flügellahmes Leben, ein einziges sinnloses Dasein, und man kann weder fortgehen noch fliehen, als säße man in einem Irrenhaus oder in einer Arrestzelle.«[157] Oder in einem Zoo-Käfig, in dem die Kinder ihre Eltern neugierig beäugen.

Der Film ist ein Lehrbuch-Beispiel für ein Patriarchat, das dem Patriarchen vor die Füße fällt. MacMurray ist ein milder Patriarch, weit weg vom Klischee des Haustyrannen. Amerikanistisch gesprochen ist er ein Produkt der angelsächsisch-puritanisch-momistischen Sozialisation. Für die Familie ist er der Ernährer, der nicht verloren gehen darf. Notfalls muss er eingesperrt werden im eigenen Haus. Und er bekommt nichts zurück dafür. Oder wie es Barbara Stanwyck so schön formuliert: »He is neglected.« Barbara Stanwyck wäre der Ausweg, der ihm aber versperrt bleibt. Sie formuliert Rollenbilder, Karrierefrau, Familienvater, erinnert ihn an seinen Job, seine Verantwortung. Die Ironie geht so weit, dass sie es sogar als Zeitungsmeldung imaginiert. Und die Frau kennt sich aus mit Medien, gibt wichtigen Journalisten Interviews.

Auch für die offensichtlich einsame Barbara Stanwyck wäre das Modell ein Ausweg. Warum unterminiert sie es selbst? Sie, die bewusst keine Familie hat, plädiert für Familie. Das kinderlose Gesellschaftsmodell, für das sie steht, ist zwar nur bedingt tragfähig, hat keine Zukunft außerhalb des rein Privaten. Aber die schönen Worte, mit denen sie MacMurray an seine familiäre Verantwortung erinnert, formulieren auch ihre soziale Verantwortung. MANN VERLÄSST FAMILIE WEGEN EINER ANDEREN FRAU. Diese Schlagzeilen-Ironie bringt es auf den Punkt: Familie geht in Not und Elend zugrunde wegen einer Karrierefrau. Die Verkehrung ökonomischer

Zwänge in soziale Imperative. So darf in All I Desire eine Liebe siegen, die grundfalsch ist, während in There's Always Tomorrow die richtige Liebe aus falschen Gründen scheitert.

Natürlich gibt es noch einen dritten Weg, der in neueren Melodramen vorkommt. Durchaus ein Fortschritt, weil personale Liebesbeziehungen nicht mehr an eine einzige Person gebunden sind. What Maisie Knew (Scott McGehee, David Siegel, 2012) zum Beispiel, ein Patchwork-Familien-Melodram. Aber auch hier kommen bürgerliche Ökonomie und bürgerliche Familie schnell in Konflikt. Die Patchwork-Familie scheint überhaupt das neue, sagen wir mal postmoderne Melodramen-Modell zu werden. L'homme fidèle (Louis Garrell, 2018), Jackie (Antoinette Beumer, 2012) oder Ema (Pablo Larraín, 2018) sind gute Beispiele. »Das Melodram ist (...) dem Freud'schen Familienroman verwandt. (...) Wenn das Melodram die Familie als das Grab der Gefühle deutet, so hat es doch ihr nichts entgegenzusetzen als den Keim einer neuen Familie« (Georg Seeßlen).[158]

Das frei flottierende Begehren kämpft auch in diesen postmodernen Melodramen mit der Ökonomie des Mangels, was keine gute Zukunft verspricht. Und selbst wer so reich ist, dass er alle ökonomischen Probleme wegbezahlen kann, unterliegt immer noch der bürgerlichen Ideologie. Manoel de Oliveiras Melodramen sind dafür gute Beispiele. Oliveiras Oberschicht-Helden sind großenteils Ideologietäter.[159] Ökonomisch am dringendsten brauchen aber die Unterschicht und das Kleinbürgertum das Sicherheitsnetz der bürgerlichen Familie, ein Netz, in dem sie sich regelmäßig und tödlich verfangen. In den Sirk-Melodramen wird dieses Diktat aus Ökonomie und Ideologie beständig angesprochen, aber nicht plump ausformuliert. Genau dafür ist Ironie da: »He is the American man remaining a child. He is a producer of toys still playing with toys« (Sirk).[160] Babe lost in toyland. In der ›Dreigroschenoper‹ wird das Melodram parodiert; die Hinrichtung von Macheath wird vom reitenden Boten des Königs in letzter Sekunde verhindert. »Nicht immer kommen die reitenden Boten des Königs rechtzeitig,« kommentiert Sirk.[161] Wir sind Zeugen einer Hinrichtung.

Written on the Wind (1955/56)

»Hier treffen die billigen Kriminalromane und Illustrierten der Fünfzigerjahre mitsamt ihrer Pin-Up-Ästhetik auf einen Dante der Soap Operas.«
(Wim Wenders)

»A faithless lover's kiss is written on the wind / A night of stolen bliss is written on the wind / Just like the tide leaves / Our dreams we've calmly thrown away / Now they've flown away / Softly flown away / The promises we made are whispers in the breeze / They echo and they fade just like our memories / Though you are gone from me / We never can really be apart / What's written on the wind / Is written in my heart«
(Titelsong von: Sammy Cahn, Musik: Viktor Young)

Ein antikapitalistischer Film ohne Antikapitalismus. Die Zerstörung der herrschenden Klasse von Innen heraus. »The kaputt superstructure« (Sirk).[162] Der Film beginnt mit dem Schluss. Ein kanariengelber Sportwagen rast durch nächtliche Ölfelder. Der betrunkene Fahrer steigt vor einer Villa aus. In der Villa gibt es verschiedene Personen, die irgendein Geheimnis verbindet. Tuscheln. »The promises we made are whispers in the breeze«, heißt es im Titelsong. Heftiger Wind weht Laub ins Foyer. Dekadenz und Zerfall. Ein Schuss. Die Villa spuckt einen Toten aus. Rückblende.

Wir befinden uns im Hadley-Imperium. Die Familie heißt Hadley, die Firma heißt Hadley, die Stadt heißt Hadley und überall prangt das große H, auf Gebäuden, auf Autos, sogar auf der Hadley-Police. Die Landschaft ist gepflastert mit den Ölpumpen und Bohrtürmen der Firma, und selbst mitten in der Stadt stehen die Pumpen. Man kann sicher sein, bei jeder dramatischen Szene steht im Vordergrund ein Pumpenarm, der bedrohlich auf und nieder geht. Die Erde blutet Öl. Die Ikonografie ganzer amerikanischer Fernsehserien ist hier abgekupfert. Nirgends ist Sirks Werk so ins kollektive Bewusstsein gesickert wie hier. »Wenn man Written on the Wind sieht, dann weiß man plötzlich, woher die Popkultur kommt (...) Written on the Wind ist wie Rauschenberg« (Frieda Grafe).[163] Die Farbsymbolik ist wie in Comics. Bei Dorothy Malone knallig Rot, fleischfarben Rot, schrill, immer overdressed, selbst noch im Trauerkleid. Das gelbe Auto ist die Signalfarbe für Robert Stack. Im Gegensatz zu den Hadley-Erben Malone und Stack stehen die gedeckten Töne von Rock Hudson und Lauren Bacall. »This material (...) is in a kind of poster style, with a flat, simple lighting (...). Here I paint in primary colors«, erklärt Sirk.[164]

Nebenfiguren

Die Nebenfiguren sind bei Sirk immer wichtige Kommentatoren, mitunter werden sie zu heimlichen Hauptfiguren.

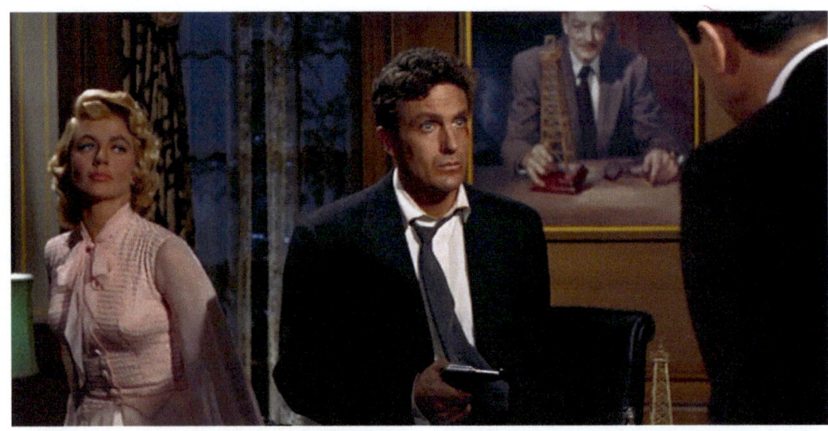

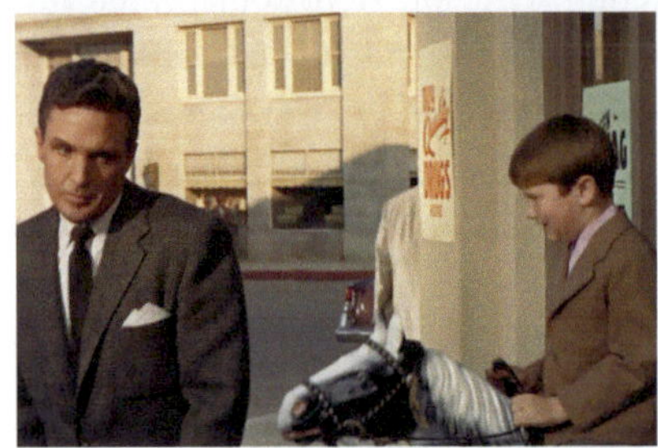

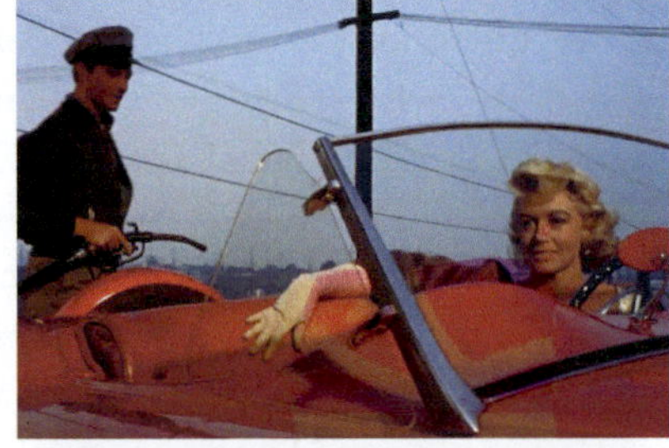

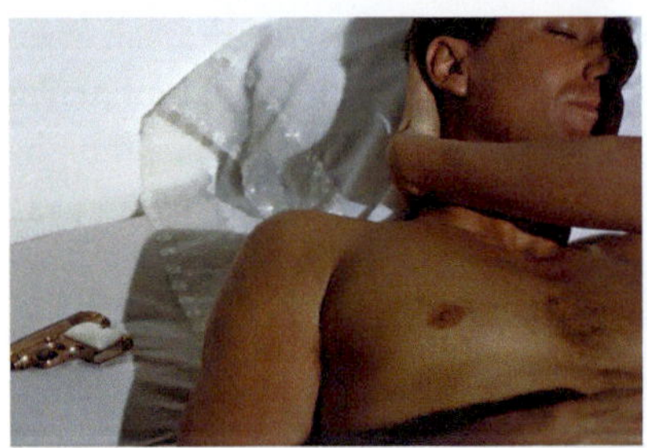

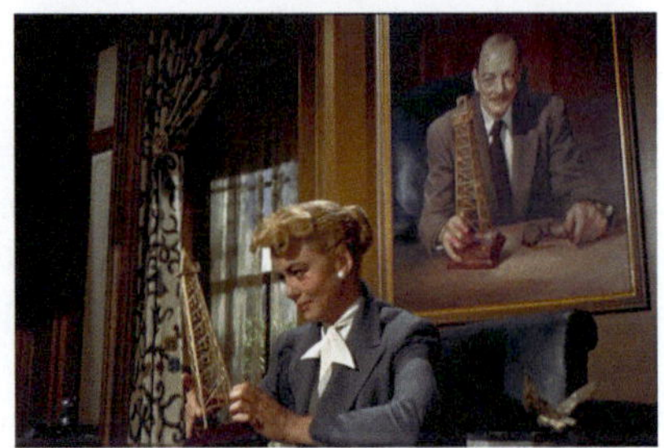

Beispiele aus: WRITTEN ON THE WIND (5x)

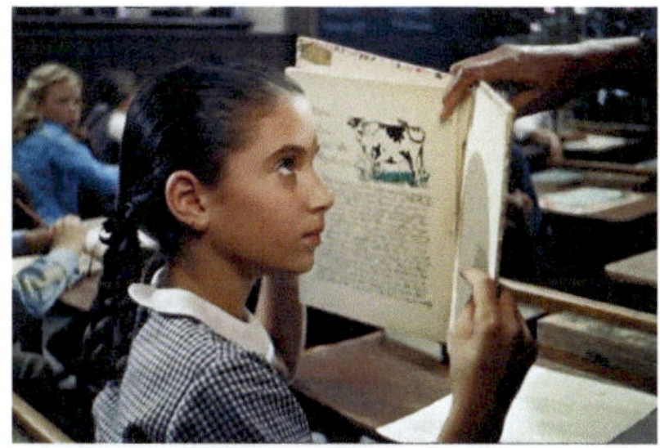

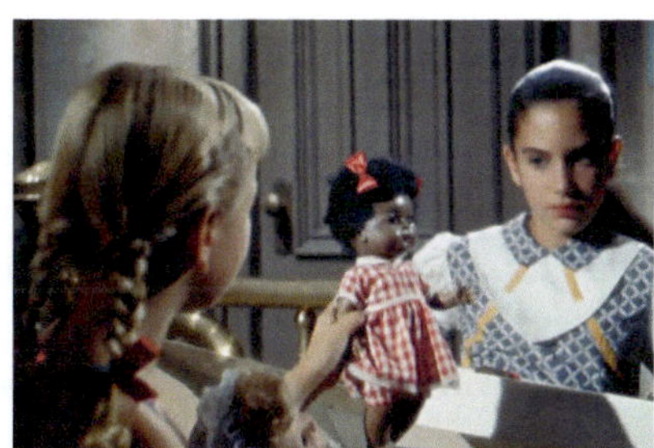

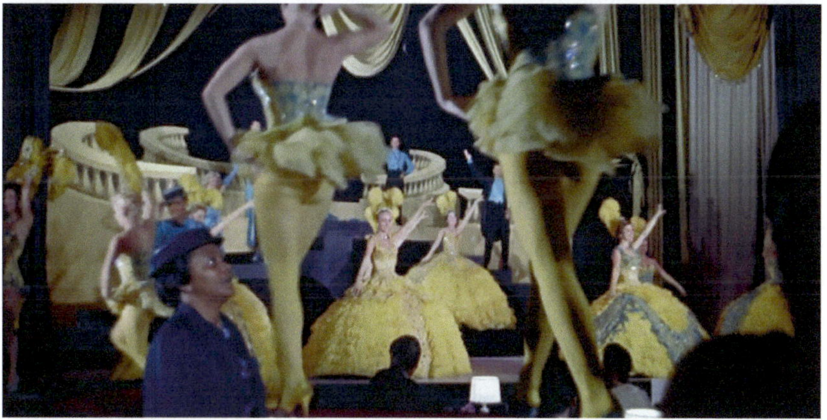

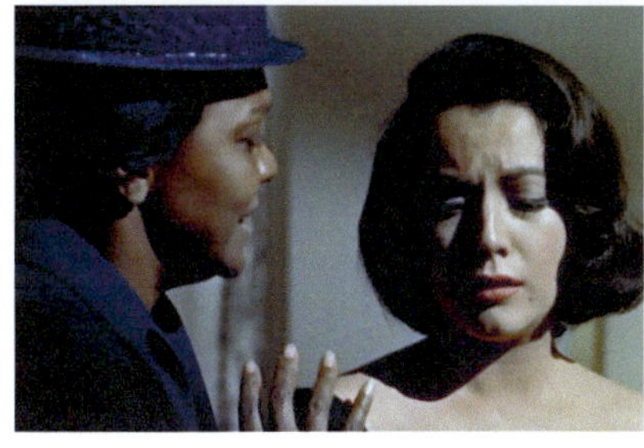

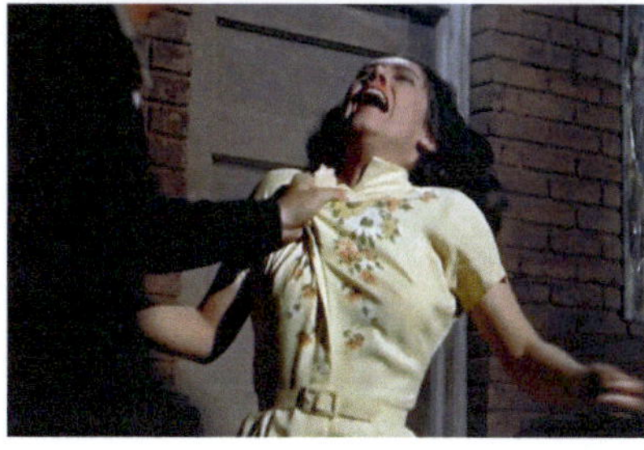

Beispiele aus: Imitation of Life (5x)

Robert Stack spielt den Hadley-Erben, der mit der Chefsekretärin Lauren Bacall die Werbung der Firma diskutiert. Er verliebt sich prompt in sie, ein Playboy, der jedem Rock nachläuft. Sie behandelt ihn von oben herab und tituliert ihn »prince charming of the oil«. Das ist er nicht gewohnt und er will die Frau deshalb kaufen. Als Danaergeschenk ködert er sie mit großzügigen Aufträgen und dann mit Geschenken. Rock Hudson, der attraktive Chefingenieur, stört dabei nur. Er schickt ihn weg wie einen Laufburschen. Der bezeichnet seinen Beruf als »troubleshooter, geologist«. »You're sarcastic«, nennt Bacall seine Kommentare. Ein Businesstrip mit Bacall im Privatflieger von Stack wird schnell zu einem Kurzurlaub in Miami. Unterwegs gesteht Stack: »I drink too much.« Beruhigend bei einem Piloten, der in 10.000 m Höhe den Kurs ändern will. Zu Bacall: »We're at the point of no return.« In Miami hat er eine Zimmerflucht gemietet. Die Schränke voll mit Kleidern für Bacall, die Schubladen voll mit Wäsche. Der wird das alles zu viel. Sie flieht zum Flughafen. Stack folgt ihr in Panik. Er kann keinen Verlust akzeptieren. 5 vor 12 zeigt die Uhr am Flughafen. Stack zieht das letzte Register, Liebe, Heirat, Heim und Kinder. Das wirkt.

Scheibchenweise enthüllen sich die persönlichen Verknüpfungen. Robert Stack und seine Schwester (Dorothy Malone) haben mit Rock Hudson schon als Kinder am nahen Flüsschen gespielt. Außerhalb von Hadley sind die USA das Land von Emerson und Thoreau. Eine Öllache und die Natur von Technicolor, wie man sie nur im Studio hinkriegt. Sirk ist da immer ganz gnadenlos in der Übertreibung. Nur der Kitsch kann der falschen Hoffnung auf Rettung entsprechen. Fassbinder: »Das Licht bei Sirk ist immer so unnaturalistisch wie möglich. Schatten, wo keine sein dürften, helfen Empfindungen plausibel zu machen, die man sich gern fremd halten möchte. Genauso die Einstellungen in WRITTEN ON THE WIND, fast nur schräge, meist von unten, sind so ausgesucht, dass das Fremde an der Geschichte nicht im Kopf des Zuschauers passiert, sondern auf der Leinwand.«[165]

Rock Hudson war es immer, der für die Dummheiten von Robert Stack den Kopf hinhalten musste. Er ist ein Ingenieur, der etwas aus der Erde holt, im Gegensatz zum nomadisierenden Robert Stack. Ein Kain-und-Abel-Paar. Rock Hudson ist der Schwarm von Dorothy Malone, die er aber wie eine Schwester behandelt. Hudson, aus einfachen Verhältnissen, wird vom alten Hadley gefördert; dank seiner Tüchtigkeit zieht er ihn seinem eigenen Sohn vor. Hudson gehört zur Familie. Die Hand der Tochter lehnt er mit dem Inzest-Argument ab, aber die exzessive Sexualisierung von Dorothy Malone steht auch für die Bedrohung des patriarchalen Prinzips und mobilisiert Kastrationsangst. Eine Menge guter Gründe, die nicht ausgesprochen werden, aber die man sieht. Robert Stack, reich und verwöhnt, ist der typische Versager-Alkoholiker mit einem massiven Vaterproblem. Er hätte sich einen Vater wie den von Rock Hudson gewünscht, ein Daniel-Boone-Typ. Nachts, die Betten wie in einer blauen Grotte. Bacall steht auf, weil Stack neben dem Kissen liegt. Sie zieht das Kopfkissen, darunter kommt eine Pistole zum Vorschein. Dazu ein verjazzter Tristan. Später spricht sie darüber mit seinem Vater. Er trinkt nicht mehr. »I know all about his anxieties, fears.« Die Ruhe vor dem Sturm.

Unterdessen ist Dorothy Malone in einer Bar mit einem Typen, den sie aufgegabelt hat. Das Heißeste, was die 1950er Jahre an Klamotten aufzubieten haben, trägt Dorothy Malone beständig im Film. Der Typ möchte mit ihr ins Nebenzimmer verschwinden. Der Barkeeper warnt: »She's not your class.« In Panik ruft der Barkeeper bei der Familie an. Das Hadley-Auto rollt an, Stack und Hudson verprügeln den Mann, den ihre Schwester aufgegabelt hat. Hudson fährt Dorothy Malone zurück in ihrem knallroten Sportwagen. »Sir Galahad« tituliert sie ihn und schwärmt von den alten Zeiten am Fluss. Er versucht mehrmals vergebens, seine Zigarette anzuzünden – plakativer geht's nicht. »I love you Mitch. (…) Do you love me?« »Like a brother.« »I'll wait.« Und dann spielt sie ein bisschen Hamlet: »Marriage. Or no marriage.«

Zwei Frauen in einem Haus ist das chinesische Schriftzeichen für Streit. Und natürlich streiten sie sich. Das Interieur bekommt jetzt Bedeutung. Sirk drapiert wieder mal alles mit Blumen wie auf einem Friedhof. Dorothy Malone redet ihren Bruder schlecht. »About your marriage: You have my condolence.« Bacall wirft sie raus, sie soll sich um ihren eigenen Kram kümmern. Malone kippt ihren Whiskey in eine der Blumenvasen und geht ab. Alles ziemlich morbide in diesem Haus.

Hudson geht mit seinem Vater auf die Jagd. Er erzählt, dass er in eine andere Firma wechseln will. Es wird ihm alles zu viel. Er liebt Bacall, die in sein traditionelles Weltbild passt. Aber sie ist die Frau seines besten Freundes. Malone sitzt unterdessen an dem Flüsschen. Eine akustische Rückblende. Ein Kinderkuss. »I love you.« Und dann tatsächlich ein altes Herzchen in einem Baum. Dorothy Malone und Robert Stack sind zwei kleine Kinder geblieben, gefangen in einer Zeitschleife. Geld hat verhindert, dass sie erwachsen werden. Sie müssen alles bekommen, was sie haben wollen. Diese Parallelwelt voller Überfluss aus wertlosem Tand setzt sich gleich fort. Auf einer Party hat sich Hudson verkrochen in ein altes Kinderzimmer mit den Fetischen der Kindheit. Malone folgt ihm. Der Raum ist in das Blaulicht getaucht, das wir aus der Schlafzimmer-Szene von Bacall/Stack kennen. Auch ein verkehrtes Paar. Smalltalk. »A drink … nice dress.« Dann versucht Hudson ihr klarzumachen, dass er jetzt erwachsen ist. »I was an idiot-boy.« Und Malone über ihren Bruder: »The other idiot-boy. One year sober.«

Nach einem nüchternen Jahr ist die Ehe immer noch kinderlos. Stack wird seltsam, will nicht mit seiner Frau tanzen, überlässt es Hudson. Schließlich sucht er einen Arzt auf. Die freundliche Diagnose: Er habe eine »weakness, not steril.« Er geht ab mit irrem Blick. Sein ganzes Leben hat er alles gewollt und nichts erreicht. Das Geld ist seine Potenz, aber er ist impotent. Der amerikanische Alptraum schlechthin. Wie immer im Melodram sind die körperlichen Defekte Ausdruck der seelischen. Und dann kommt die Wahnsinnsszene. Stack kommt aus einem Drugstore, voll mit Werbung für ›Drugs‹. Und vor der Tür sitzt ein Bub, der wie irre auf einem Schaukelpferd reitet. Eine Ironie, die an Abgründigkeit kaum zu übertreffen ist. Jetzt säuft er wieder. Ein Fall für Catull: »Alles, was du gesagt und getan hast, ist in den Wind geschrieben.«[166]

Dorothy Malone lotst unterdessen ihren Rock Hudson zum Picknick am Fluss. Aber der ist nur höflich. In Malones Zimmer springen Anthurien die Kamera an. Friedhofsblumen. Die Montage wird jetzt hektisch, springt schnell zwischen den Schauplätzen. Die Dinge laufen aus dem Ruder. Mit ihrem roten Auto rast sie durch die Gegend. An einer Tankstelle füllt ein strammer Tankwart das Öl ihres Vaters mit einem phallischen Teil ein. Sie nimmt ihn einfach mit. Mitten zwischen den phallischen Bohrtürmen wird die Hadley-Police gerufen, um dem Treiben ein Ende zu machen. Tankstutzen, Bohrtürme, Ölpumpen werden zu Bildern sinniger Ironie. Stack verkündet unterdessen im Rausch, wie sehr er seine Schwester hasst. Er trinkt auf die Schönheit, das Ende der Trockenheit und die »quiet dignity«. Aber es wird weder »quiet« und schon gar nicht in »dignity«. Hudson liefert ihn im Vollrausch bei seinem Vater ab. Nachts kommen die alten Dämonen wieder. Der Vaterkomplex. Die Hadley-Police liefert die Tochter mit Tankwart ab. Sie bestätigt, dass sie ihn aufgegabelt hat. »That's the way she operates.« Der Vater hatte schon die Pistole gezogen. Dann schickt er alle weg. Hudson: »Keep it quiet!«

Dorothy Malone geht triumphierend ab. Sie stellt lauten Jazz an und tanzt einen orgiastischen Tanz mit dem Bild von Hudson (›Temptation‹ von Nacio Herb Brown und Arthur Freed, 1933). Ein Striptease im Spiegel, Anthurien im Hintergrund. Salomes Totentanz. Der Vater schleppt sich die Treppe rauf. Infarkt. Ein zweifacher Vatermord, begangen von beiden Geschwistern. Am Tor lehnt ein Kranz mit schwarzer Schleife. Der schwarze Butler hebt ihn hoch. Die Schleife wird vom Wind verweht. Auch dieser Butler ist ein stummer Kommentator, der nur gelegentlich die Handlung mit Ansagen strukturiert. »Dinner is served« oder »Yes Sir«. Der Underdog als Moritatenerzähler. Eine Brecht'sche Figur.

Stack säuft weiter. Zu Bacall: »You love me? I don't even love myself!« Hudson ordnet den Schreibtisch des Vaters. Bacall bringt Kaffee. Er gesteht: »I am disgusted, mostly with myself.« Und sie gesteht: »I need you here.« Hudson: »The only reason I stay. (...) I made a resolution. (...) To hell with the Hadleys.« Hudson fährt zu seinem Vater und nimmt Bacall mit in die Stadt. Malone schaut zum Fenster runter. Zu Stack: »That was your wife. Here they're going.« Dann erzählt sie die Menage à Quattre als Märchen. »Once upon a time ...«. Und endet mit: »The end of a marriage. The beginning of a love affair.« »You're a filthy lyer.« »I'm filthy. Period. (...) Try to get your head clear and your eyes open.« »You never cared about me.« »Or your wife. (...) I never had him, but your wife has.« Stack ohrfeigt sie und schüttet seinen Whiskey auf sein Spiegelbild. Selbsthass.

Hudson setzt Bacall in der Stadt ab. Sie: »I'm much trouble to you.« Er: »You don't know how much.« Sie besucht einen Frauenarzt. Hudsons Vater hakt unterdessen nach: »How do you feel about her?« Dann holt er sie vom Arzt ab und gesteht ihr seine Liebe. Jetzt folgen die Wendungen der Story Schlag auf Schlag. Und Sirk präsentiert sie mit sich steigernder Ironie. Bacall erzählt ihm, dass Stack eigentlich impotent ist; trotzdem ist sie schwanger. Eine Liebe zur falschen Zeit am falschen Ort. Ein verstohlener Kuss und links senkt sich die Ölpumpe drohend ins Bild. Die Kleinstadt ist voll mit Zeichen wie ›Drugs‹ und ›Guns‹. Der eifersüchtige Stack lässt sich in einer Bar volllaufen. Hudson verräumt die Pistole aus dem väterlichen Schreibtisch. Dinner zu dritt. Ein Motor heult durch den Park. Malone: »I think, I hear the master's kiddy-car.« Bacall schleppt den Betrunkenen in ihr Zimmer. Stack: »I'm turning back the clock, Palm Beach.« Sie: »We will have a baby.« Er lacht bitter. »Adopt one?« Sie: »No, our baby.« Jetzt wird er rasend: »You shouldn't have done that to me. (...) You and Mitch. (...) My name, my money.« Er schlägt sie nieder.

Hudson hört sie schreien und stürmt die Treppe rauf. Diese Halbkreis-Treppe, elegant und tödlich. Bühne für die Auf- und Abtritte von Dorothy Malone, Ort des Vatermords, ein Jessner-Vehikel für große Gefühle. Eine Kreisform für Zirkularität. Schlägerei. Hudson: »Get out before I kill you.« Er holt einen Arzt. Der kann nur noch eine Totgeburt feststellen. Muss man sich Sorgen machen? Der ahnungslose Arzt liefert den Kommentar: »Kyle has no cause.« Auch hier ist der körperliche Defekt wieder Ausdruck der melodramatischen Pathologie: Stack bringt nichts zustande, und wenn er zufällig doch was schafft, muss er es zerstören. Was nicht sein kann, darf nicht sein.

Die melodramatische Persona steckt aussichtslos fest in einem Zirkel aus Versagen und Alkohol.

Unterdessen säuft Stack weiter in der Bar. Flipper und Musikbox liefern den Kommentar zu Stacks Versuch, eine Waffe zu erwerben. Schicksalsmechanik. Wieder rast das gelbe Auto durch die Ölfelder. In der Villa angekommen sucht Stack nach der Pistole des Vaters. Er verwüstet das Zimmer und findet schließlich die versteckte Waffe. Stack bedroht Hudson: »You crawling snake (…) stole everything. You made me small in father's eyes. You made my sister spit at me. Then stole my wife.« Hudson: »The child would have been yours.« »Lousy white trash!« »White trash«, das ist noch unter Nigger. Er will schießen, aber seine Schwester geht dazwischen. Auch hier groß im Hintergrund das Bild des Vaters mit einem phallokratischen Bohrturm in der Hand. Der Schuss verletzt ihn tödlich. Seine letzten Worte: »What are we doing here? Let's go down to the river. Will be down to the river.« Regression. Zwischen Villa und gelbem Sportwagen bricht er zusammen.

Der Fall kommt vor Gericht. Das Gericht ist wie der Chor in der Tragödie. Hier wird das Private öffentlich verhandelt. Dorothy Malone droht Rock Hudson: »I could tell the police (…) that you killed Kyle.« »You're sick. (…) How far we have come from the river.« Vor Gericht bezeugen alle, dass er Stack bedroht hat. Schließlich kommt Dorothy Malone als Kronzeugin. »My brother, he was killed by Mitch.« Die Aussage stimmt im melodramatischen Sinn. Rock Hudson war der Sohn, den der Vater gerne gehabt hätte. Das hat Stack getötet. Und dann kommt die Erklärung: »A brother for a brother. (…) He was depressed. (…) and he was drinking. (…) He was sad. He needed so much and had so little.« Freispruch. Hudson und Bacall gehen ab. Dorothy Malone, jetzt im strengen Business-Anzug, sitzt vor dem Bild des Vaters und hat selbst den phallischen Bohrturm in der Hand. Der Vater ist tot und sie ist an seine Stelle getreten. »Mit ihren dünnen Fingern fährt sie über einen kleinen Bohrturm aus Gold, das Symbol ihres neuen Lebensinhalts: das schwarze Gold wird sprudeln (und nicht mehr das Sperma), aber Ödipus wird immer gegenwärtig sein!« (Truffaut).[167]

Sie hat alles gewonnen und alles verloren. Der schwarze Butler öffnet das Gittertor. Hudson und Bacall verlassen das Gefängnis des Reichtums, um ins Gefängnis der bürgerlichen Biederkeit einzutreten. Die stumpfen Farben sind Programm. »Throughout my pictures there are these recurring signs – the plane, those goddamned cars, and the pond to which they all want to return, all these victims« (Sirk).[168]

BATTLE HYMN (1956)

»Oh, when the saints go marching in, Lord, / how I want to be in that number, / when the saints go marching in.«

Dieser Gospelsong rahmt den Film. Religion und Krieg, ein ziemlich disparates Thema. Nirgends ist die Theodizee so ausgereizt. Ein Vorwort von Luftwaffengeneral Earle E. Partridge zum Koreakrieg macht uns auf das Schlimmste gefasst: Ein Flieger mit Skrupeln und der Kampf des Bösen gegen das Gute an sich. Nie war die Moral so schön auf amerikanischer Seite wie im Koreakrieg; General McArthur hatte ein UNO-Mandat.

Ohio. Rock Hudson als Priester einer Methodisten-Denomination predigt, dass niemand frei von Schuld sei. Die Gemeinde hört mürrisch zu. Ein Gemeindemitglied ermahnt ihn, er könnte auch mal über die Hoffnung predigen. In einer Rückblende erfahren wir, dass der Mann nur über sich selbst predigt. Im Zweiten Weltkrieg hat er fahrlässig ein Waisenhaus bombardiert. Zur Sühne wurde er Priester. Als der Koreakrieg ausbricht und erfahrene Piloten gesucht werden, meldet er sich freiwillig. In seiner Tätigkeit als Priester sieht er keinen Sinn mehr. Es war eine falsche Entscheidung. Rock Hudson hat ein Melodram mit sich selbst. Ein Monodrama.

Hudson will nicht wieder Kampfpilot werden, sondern koreanische Piloten ausbilden. Am Trainingsflughafen tauchen bald ausgehungerte koreanische Kinder auf, die im Müll wühlen. Er toleriert die Kinder gegen den Willen seiner Vorgesetzten. Bei einem Übungsflug machen sich vier seiner Leute selbstständig und bombardieren einen nordkoreanischen Konvoi, obwohl sie keine Kampfeinheit sind. Beim Konvoi ist auch ein Flüchtlingsfahrzeug mit Kindern, das getroffen wird. Ironie des Schicksals. Der Pilot ist am Boden zerstört. Mit Hudson hat er einen Disput über den Willen Gottes. Der schwarze Pilot ist von der Kleinheit des Menschen überzeugt. »We have to trust him. How can we live out there? (…) His reasons are invisible.« Gospel-Religiosität. Das hilft Hudson mehr als dem Piloten. Es kommt noch schlimmer: Die koreanische Betreuerin der Kinder entpuppt sich als nordkoreanische Agentin, die eine Handgranate ins Munitionslager werfen will. Eine zweite bittere Ironie.

Die Kinder werden immer mehr, irgendwann sind es Hunderte. Hudson organisiert ein Lager in der Nähe, seine Leute klauen bei der Navy Lebensmittel und Decken. Eine koreanische Lehrerin kümmert sich um das Lager. Es entsteht eine künstliche Familie. Feldpost kommt. Aus der Anschrift ›Reverend‹ erfahren Hudsons Leute, dass er Priester ist. Er erfährt, dass seine

Frau schwanger ist. Das Lager wird aus der Luft angegriffen. Die Piloten müssen verteidigen, Hudson muss einen Gegner abschießen. Zerstören, um zu retten. Bei strömendem Regen werden sie von den Nordkoreanern überrannt. Mit Not können die Maschinen starten. Hudsons alter Kamerad wird tödlich verletzt. Er kann sich endlich als Priester bewähren, fühlt sich das erste Mal als nützliches Werkzeug Gottes.

Hudson wird für neue Befehle ins Hauptquartier beordert. Aufgrund des nordkoreanischen Vorstoßes muss die Provinz aufgegeben werden. Hudson ist entsetzt wegen des Kinderlagers. Er macht sich selbstständig und organisiert eine Rettungsaktion für seine neue Großfamilie. Alle Einheiten, die helfen könnten, sind auf der Flucht. Die Rettungsaktion wird zu einer Odyssee. Bei einem Luftangriff rettet die Lehrerin ein Kind und kommt zu Tode. An ihrem Grab bleibt der Priester sprachlos. Aber Taten sind mehr als Gebete. Ein Hilferuf von einem verlassenen Flugfeld per Funk erreicht das Hauptquartier. Eigentlich ist der Mann ein Fall für das Kriegsgericht (»A clear case of insubordination«). Aber PR ist wichtiger. Transportflugzeuge werden geschickt. Die Kinder kommen in ein Waisenhaus. Es gibt Erlösung. Das Prinzip Hoffnung geht gut aus. Eine Heimat für die Kinder und Erlösung für Rock Hudson. Sirk zieht sich mit zwei Volten harscher Ironie aus der Affäre. When the Saints go marching in …

INTERLUDE (1956)

»Die Art, wie Rossano Brazzi sein Orchester dirigiert, ist wie eine schematische Illustration der Regie von Douglas Sirk: (…) ein bisschen zu übertrieben, als dass es wahr wäre, und gleichzeitig ausreichend für eine Karikatur des Falschen.«
(Michel Mourlet)

Sirk hat drei Filmerfolge von John M. Stahl neu verfilmt: IMITATION OF LIFE (1934), MAGNIFICENT OBSESSION (1935) und WHEN TOMORROW COMES (1939). Dies ist das Remake von WHEN TOMORROW COMES. INTERLUDE hat richtig schlechte Kritiken bekommen. Aber wer die Sirk'sche Ironie schätzt, kommt hier voll auf seine Kosten. Die Ironie ist sogar so boshaft wie sonst nirgends in seinem Werk. Allerdings muss man schon genau hinschauen. Und es ist der einzige Film, abgesehen von seinen frühen Fingerübungen und der Komödie NO ROOM FOR THE GROOM, auf den sich auch das böse Wort Parodie münzen lässt. Denn Sirk geht üblicherweise mit dem Unglück seiner Protagonisten durchaus liebevoll um, keineswegs denunziatorisch, und lässt gerade seinen negativen Figuren eine sehr menschliche Ambiguität.

Die Story ist schnell erzählt: Eine etwas naive Frau fängt mit einem Stardirigenten eine Affäre an. Später erfährt sie, dass er verheiratet ist. Da die Ehefrau krank ist und ihren Mann braucht, verzichtet sie. Drei Sätze. Aber schauen wir mal, was Sirk daraus gemacht hat. Die Handlung spielt in München, Oberbayern und Salzburg 1956. München, das muss man den Nachgeborenen leider sagen, war im Zweiten Weltkrieg zu 80% zerstört bzw. teilzerstört. Beim Wiederaufbau hat sich eine konservative Idee durchgesetzt: Retten, was zu retten ist. So gab es 1956 neben Ruinen und Behelfsbauten auch Allerlei, was sich von Touristen fotografieren lässt. Sirk entscheidet sich für einen amerikanischen Touristentraum. Farbe, Cinemascope, Kamera William Daniels. Schon die altdeutschen Titel im Vorspann sind mit Sehenswürdigkeiten unterlegt: Friedensengel, Glockenspiel am Rathaus, Maximilianeum, Bavaria, Maximiliansbrücke und einer Ansicht der Altstadt vom Turm des Deutschen Museums aus.

Am Bahnhof kommt eine Amerikanerin (June Allyson) an und wird von der Melodie ›In München steht ein Hofbräuhaus‹ begrüßt. Die anschließende Taxifahrt geht durch Absurdistan: Über das Siegestor zum Stachus, alten Rathaus, Isartor, Justizpalast, Maximilianeum, Haus der (ehemals Deutschen) Kunst, zu einem Nobelquartier im NS-Stil. Nun muss man den Nachgeborenen nochmals erklären, dass München nicht nur die Hauptstadt der Bewegung war, sondern im fliegenden Wechsel auch die Hauptstadt der amerikanischen Zone. Und 1956 war die Stadt noch voll mit amerikanischen Soldaten und Zivilangestellten, die die ehemaligen Partei- und NS-Bauten benutzten, seien es Hotels, Gästehäuser, Behörden, Kasernen oder die Führerbauten. Wir haben also visuell zwei Welten, die bayerische Barockwelt für die Fantasie und den rigiden NS-Stil, der wunderbar zu puritanischer Enggeistigkeit passt.

June Allyson ist Bibliothekarin und hat einen Job in der Bibliothek des Amerikahauses ergattert, das damals noch im nördlichen Führerbau war. Ihre Chefin trägt den netten Namen Stubbins (in bewußter Nähe zu ›stubborn‹). Die Büroleitung befindet sich in Wurfweite vom Führerbüro, wo das Münchner Abkommen ausgehandelt wurde und dem Mussolinibalkon, Orte, die damals weltweit bekannt waren. Ein Verehrer von ihr ist auch schon in München, ein junger Arzt, der in einer Klinik mit Vinzentinerinnen (Uniklinik) arbeitet. Am Königsplatz können sie Tauben füttern. Allyson muss sich fragen lassen, was sie in Europa sucht. Romance? Nein, sie wollte immer schon Europa sehen.

Mit Mrs. Stubborn soll sie sich um ein Konzert kümmern, das vom Amerikahaus gesponsert wird. Nun muss man wissen, dass es 1956 zwar die BRD gab, aber die Amerikaner in München unübersehbare Herrenrechte ausübten. Die beiden begeben sich zum (ehemaligen) Kongress-Saal (NS-Architekt Bestelmayer) oder genauer gesagt: fahren direkt vor die Tür. Mrs. Stubborn lässt sich nicht abweisen und platzt mitten in eine Probe. Der Dirigent ist der Stardirigent Tonio Fischer, gespielt von Rossano Brazzi, der wegen seiner großen Ähnlichkeit zu Karajan besetzt wurde. Dieser Maestro darf sogar Amerikanerinnen hinauswerfen, was er auch tut. Dann wird ihm eine Nachricht überbracht, woraufhin er die Probe abbricht und nach Hause fährt. June Allyson ist tief beeindruckt und folgt ihrem Auftrag der Saalrequirierung bis zur Villa Karajans. Der residiert im Schloss Höhenried am Starnberger See. Auf dem riesigen Grundstück befindet sich heute auch das Buchheim-Museum (Museum der Phantasie). Kongress-Saal und Schloss Höhenried waren, versteht sich, ebenfalls amerikanisch requirierte Gebäude.

Dort wird sie von der Hausherrin, einer älteren Gräfin (Françoise Rosay) empfangen. Sie tröstet sie, der Maestro sei manchmal »very rude«. Dieser spielt am Piano und im Lack des hochgeklappten Deckels spiegelt sich seine kranke Frau (Marianne Koch). Ihr Blick ist wie blind – das Sirk'sche Verblendungsmotiv. Ratlose Ärzte sind da. Sie faseln von »hope, time, patience«. Schließlich gibt ein beherzter Medicus Karajan den Rat, sich nicht bei seiner kranken Frau zu verkriechen. »You have the choice between the living and the dead. (...) Tannhäuser tonight, the world of Venus!«

Beim Konzert steht dann June Allyson seitlich beim Vorhang, später treffen sich ihre Blicke durch eine Glastür. Dann beherzigt er den Rat des Arztes und bietet ihr eine Heimfahrt an. Karajan, der einen limitierten Porsche fuhr, hat hier natürlich auch einen roten Sportwagen. Sie heuchelt Bescheidenheit. »Only someone to talk with«, heuchelt er. Er entschuldigt sich für sein schlechtes Benehmen. »You caught me up in a bad moment.« Nochmals ein Glasfenster, sie hat ihren Schal liegen lassen, dieser Strick, mit dem schon so manche Gans gefangen wurde. June Allyson, man muss es leider sagen, mit ihren hochgeschlossenen weißen Kleidern, wo nur der Hals herausragt, und ihrem nach unten gezogenen Profil, ist bewusst auf Gans gestylt. Eine kleine Puritanerin aus Philadelphia auf Abwegen.

Nachtclub. Sie übt mit ihrem Arzt Chachacha. Ihre angeheiterte Kollegin bestellt »swarzer Kaffee, hurry, snell«. Sie lädt sie ein zu einem Empfang in Schloss Nymphenburg, wo alle Prominenz kommt, sicher auch Karajan. Natürlich kommt sie mit und bekommt erzählt, dass es das Schloss von Ludwig II. war. Der hat zwar Nymphenburg, das 200 Jahre älter ist, ausnahmsweise nicht erbaut, aber wird noch eine andere Rolle spielen. Eine Rolle spielt dabei auch der Auslandserfolg von LUDWIG II mit O. W. Fischer in der Hauptrolle, weshalb der Dirigent Tonio Fischer heißen muss. Jedenfalls trifft sie in Schloss Nymphenburg Karajan auf einer Freitreppe, die sich allerdings in Schloss Schleißheim befindet. Der lädt sie gleich mal zu einem Trip nach Salzburg ein, wo er bei den Festspielen dirigiert. Sie ziert sich, dass sie das nicht erwartet hätte. »Do the unexspectad.« Ihr Job scheint eine Nebensache zu sein und los geht es über ein malerisches Örtchen mit Burg nach Salzburg. Das Leben hier sei »so different from home«, dämmert es ihr, eine Art Fairytale. Und tatsächlich geht es mehr und mehr zu wie im Märchen. Im Geburtshaus von Mozart spielt Karajan natürlich am Spinett und kolportiert die Künstlerlegende vom scheuen, einsamen und tragischen Mozart. Das wird gleich durch ein paar Touristen konterkariert. »Na, sehr luxuriös hat er ja jerade nicht jelebt.«

Zurück in der Bibliothek. Mrs. Stubborn ist die böse Hexe. Es gibt Gerede. »This is Munich. (…) Men are different.« Allyson versetzt ihren amerikanischen Freund, um ein Dirigat im Salzburger Mozarteum zu hören. Wie im Märchen ist jetzt der Ortswechsel fliegend. Nach dem Konzert kommen ihr Zweifel, ob eine kleine Bibliothekarin zu einem Maestro passt (»just an ordinary woman«). »You look strange«, meint Karajan und lenkt aufs Wetter ab: »Fall in the air.« Er lädt sie ein zu einem Picknick. Es tristanelt. Sie sitzen im Gras mit Baumgruppe und freiem Seeblick. Eine weltweite Studie hat ergeben, dass unabhängig von jeder kulturellen Tradition genau dieses Bild als Lieblingsbild klassifiziert wird.[169] Die Psychologen sagen, dass das für das gesicherte Überleben steht: Das lebensnotwendige Wasser, freier Blick zur Sicherheit und eine Baumgruppe mit Grün, die Nahrung verspricht. Sie halluziniert jetzt: »If you wait, you always get what you want.«

Gewitter. Sie fliehen in Karajans Landhaus am See. »Can you cook?« Der Kachelofen knistert und der Maestro spielt am Flügel. Wieder kommen die Zweifel. »It cannot last. (…) You pay for your sins. (…) These things never happen twice.« Katholische Skrupel treffen auf puritanische Prüderie. Inzwischen sind die Straßen überschwemmt und die Stromleitung unterbrochen. Unter Blitzen küssen sie sich. Die Kuckucksuhr schlägt höhnisch die Stunde. Sie fühlen sich wie in der Mitte des überschwemmten Sees. Beide tragen weiße Kleidung wie zwei gestrandete Schwäne. Schließlich fällt ihm ein, dass er noch etwas erklären muss: »I have to tell you…« Aber er wird unterbrochen.

Er schaut mit ihr bei seiner Villa vorbei. Wieder erscheint die kranke Frau wie eine Blinde. Aber sie kann doch sehen und sagt zu der Fremden: »I love your dress. It's white.« Dann erzählt sie aus der Vergangenheit. »We used to go dancing. (...) All over the world.« Die Villa ist voll mit Blumen wie eine Friedhofshalle. Ein Strauß roter Rosen neben der Kranken. Dann fängt sie an zu fabulieren von anderen Frauen, die sie beneideten. Und als der Maestro kommt: »Who's she?« Karajan zu Allyson: »I shouldn't have come with you.« Die Gräfin hat Verständnis. Vier Jahre schon sei ihre Nichte krank. Dann folgt eine längere Suada von Karajan: »Let me explain. (...) It wasn't fair. (...) I am married. (...) I am not a Saint.« »You could have told it.«

Allyson bei Näharbeit. Nach Freud die weibliche Tätigkeit schlechthin. Sie zerschlagen keine gordischen Knoten, sie fügen zusammen, verbinden, flicken, seit Penelope. Der amerikanische Arzt nimmt sie mit zum ›Eisenhut‹, wo die Zither das Hofbräu-Lied anstimmt. Er will bald zurück, »settling down«. Sie in Weiß, er in Schwarz. Er ist der schwarze Ritter, der die Idylle zerstört: Alles nur Illusion, Traum und Alptraum. »Wake up! (...) You do not belong here. (...) I always love you.« Dazu Tristan. Sie besucht ihn im Hospital. Auf der Psychiatrie trifft sie Karajan, der dort wegen seiner kranken Frau ist. An dieser Stelle darf man fragen, warum die Frau, die den Jackpot gewonnen hat, plötzlich unter Depression leidet. Offensichtlich kann sie nicht damit leben, dass ihr Mann für andere Frauen so überaus attraktiv ist. Ein manischer Menschenbesitzerwahn, der diesen Wahn mit Liebe verwechselt. Zerfressen von Eifersucht ist die Krankheit ihre Waffe, mit der sie den Geliebten für immer festhält.

Bei weiland Viktor Körper am Maximiliansplatz ist das Schaufenster voll mit Platten des Maestro. Allyson geht zum Kongress-Saal. Probe. Er geht ab, sie folgt. Auch hier lauter Blumengebinde wie im Leichenhaus. »I have to see you. (...) It was wrong, a mistake, a sin. (...) It was impossible.« Sie reden jetzt wiederholt von ihrer Bestrafung. Dann: »I have to be with you.« Kuss. Später, in der Bibliothek, will sie den amerikanischen Freund nicht sehen. Er insistiert: »I'm leaving tomorrow. (...) It's not too late.« Tristan. Unterdessen spielt der Maestro für die Kranke Klavier. Mondscheinsonate. In einem Anfall von Wahnsinn zerfetzt sie die Noten. Selbst auf die Musik ist sie eifersüchtig.

Am Abend das Dirigat. Allyson in Weiß, stehend, nahe am Eingang. Die kranke Frau kommt, ganz in Schwarz. Sie will mit Allyson reden, andernfalls droht sie eine Szene an. Diese Depressive kann ganz schön hysterisch werden, was den Verdacht erhärtet, dass die Depression eine Attitüde ist. Niemals wird sie zulassen, dass ihr eine Andere den Mann wegnimmt. Schon gar nicht ein dahergelaufener Bücherwurm mit Schundheft-Träumen. Sirk macht durch den Mund der Hysterikerin überdeutlich, dass er eine Hausfrauenfantasie bebildert. Wer diesen Film auch nur eine Sekunde im wirklichen Leben verortet, hat nichts verstanden; Sirk bebildert den ideologischen Überbau der bürgerlichen Welt. Und dann: »Nobody understands when everything is dark. (…) Help me!« »I'll take you home.« Endlich liegt sie im Bett. Die verständige Tante, die letzte Stimme der Vernunft in dieser Raserei: »She's selfish. (…) She may have the best sanatoriums, the best doctors. (…) Go with Tonio. He needs you.« Die Tante geht ab: »Another sedative …«

Links im Bild wird der goldene Vogelkäfig mit einem schwarzen Tuch verhangen. In diesem Film sitzen alle Protagonisten wie festgenagelt im goldenen Käfig bürgerlicher Moral, die den Besitz von Menschen für Liebe hält. Nachts der Ausbruch. Allyson findet das Bett der Kranken leer. Im Spiegel sieht sie das offene Fenster und natürlich weht der Wind in der Gardine. Auf der Terrasse ein Schuh, im Park eine Nachtwandlerin im wehenden weißen Gewand. Sie stürzt sich in den Starnberger See wie weiland Ludwig II. Allyson im weißen Gewand hinterher. Der schnell herbeitelefonierte amerikanische Arzt wird an den Starnberger See teleportiert, weil Zeit und Raum schon längst ihre Gültigkeit verloren haben. Er rettet die Selbstmörderin. Auch Karajan kommt jetzt, diesmal mit seinem schwarzen Mercedes, der wie ein Leichenwagen wirkt. Der Arzt diagnostiziert einen Schock.

Allyson trinkt im Nebenzimmer einen Kaffee. Der Arzt: »I'm leaving.« Sie: »I don't know what I was looking for. (…) The impossible?« Zu Karajan: »She cannot live without you. (…) We had no chance.« Karajan: »You're right. (…) It was impossible for everyone. (…) Goodbye.« Mit dem Arzt fährt sie zurück. »Take me home. (…) Really home.« Das Unhappy Happy Ending eines Hausfrauentraums.

The Tarnished Angels (1956/57)

»But at my back I always hear, / Time's winged chariot hurrying near.« (Andrew Marvell)

The Tarnished Angels, schwer zu übersetzen. Vielleicht Engel ohne Glanz. Der Roman von Faulkner heißt schlicht ›Pylons‹, gemeint sind die Wendemarken, um die Kunstflieger bei ihren Wettflügen rasen. Eine große, knallharte Story. Sirk dreht in Cinemascope und Schwarz-Weiß. Eine schäbige Geschichte bigger than life. New Orleans, ein Rummelplatz, daneben ein Flugplatz, wo Kunstflüge auf Werbeflugzeugen gezeigt werden. Ein Reporter (Rock Hudson) soll eine Story über die Flieger schreiben. Schon bei der Ankunft läuft ihm der kleine Jack über den Weg. »Who's your old man today?«, wird er gehänselt. Ein Kind komplizierter Familienverhältnisse.

Die Familie, das sind ein hochdekorierter WWI-Pilot, der sich jetzt als Kunstflieger durchschlägt (Robert Stack), sein Mechaniker (Jack Carson) und Laverne, eine Fallschirmakrobatin (Dorothy Malone). Der Mechaniker hat sich gerade neue Fliegerstiefel gekauft. Wenn er schon kein Flieger ist, will er wenigstens so aussehen. Leider war das das letzte Geld der Patchwork-Familie. Damit sie nicht im Hangar schlafen müssen, bietet Rock Hudson sein Apartment an. In New Orleans ist gerade Mardi Gras mit Umzügen und vielen Totenkopfmasken. Und der Reporter nennt den fliegenden Zirkus treffend »Carnival of death«. Eine ironische Dopplung, wie sie Sirk liebt.

Hudsons Apartment ist mit Vorbedacht gewählt. Ein verlassenes Gebäude, das einmal bessere Tage gesehen hat, mit seltsamen Glasfenstern, einem spionierenden Hausmeister und einem alten hölzernen Treppenaufgang. Das Apartment ist mit fünf Personen stark überbelegt. Dorothy Malone entdeckt dort Willa Cathers ›My Ántonia‹. Dieser Roman über den Kampf um Sesshaftigkeit ist der gerade Gegenentwurf zu ihrem Vagabundenleben. Nachts kommt sie mit Hudson ins Reden. 1918, als sie 16 war, sah sie ein Plakat mit dem Fliegerhelden, der gerade mit seiner Kunstfliegerei begann. Diesem Plakat folgte sie wie eine Hündin, wurde Fallschirmartistin und heiratete nach Jahren ihren Fliegerhelden. Robert Stack wird überall in der frankophonen Community als großer Befreier gefeiert und die Hochzeit fand passend in der Nacht zum 14. Juli statt.

Das klingt alles schön heroisch, aber Sirk kommentiert das mit bitterer Ironie. In einer Rückblende erfahren wir, dass Laverne zu ihrer Familie zurückwollte, als sie schwanger wurde. Die beiden Männer wollen sie mit einer Heirat binden. Robert Stack fertigt aus zwei Stück Würfelzucker ein Würfelpaar. »She gets the winner«, entscheidet er. Robert Stack hat Alpträume. Der Krieg kommt zurück. Aber die Fliegerei kann er nicht lassen. Todesmasken wie bei James Ensor tummeln sich. Karneval in New Orleans. Der Tod und das Mädchen, die alte Renaissance-Allegorie wird beständig zitiert. Eros und Thanatos.

Hudson und Stack haben ein Alkoholproblem, aber reden sich raus. Printer's Ink und Crankcase Oil hätten sie im Blut. Dorothy Malone macht ihre Fallschirmnummer. Sie lässt den Fallschirm los und stürzt beinahe in den Tod, aber natürlich hat sie noch einen zweiten, an dem sie wie an einem Trapez turnt. Aber sie weiß, die Hauptattraktion besteht darin, dass ihr der Wind fast die Kleider vom Leib reißt. Auch sie, in ihrem weißen Flatterkleid, ist ein ›tarnished angel‹, der vom Himmel fällt. Dann rasen die Piloten wie wahnsinnig um die Wette. Mit im Bild das Jahrmarkt-Karussell mit den Kinderflugzeugen. Auch dies eine böse Ironie. Es geht um Preisgeld und die klammen Flieger brauchen es verzweifelt. Einer stürzt zu Tode. Stacks Maschine hat einen Crash.

Nacht, Masken, Zerrspiegel. Die Karussellflieger erheben sich vor dem Trümmerhaufen. Stack braucht verzweifelt eine neue Maschine. Im Hangar steht eine kaputte und ein guter Mechaniker könnte sie reparieren. Aber die Maschine gehört einem Konkurrenzunternehmer, einem schmierigen Typen, der auch an Dorothy Malone interessiert ist. Der Mechaniker rät dringend von einer Reparatur ab. Zu gefährlich. Aber Stack ist wie besessen: »I need the airplane like an alcoholic needs his drink.« Stack schickt Dorothy Malone wie ein Zuhälter zum Konkurrenten, um die Maschine zu bekommen. Und Jack liest Comics über Superhelden. Wieder eine beißende Ironie.

Hudson trifft Dorothy Malone, die frisch gewaschen aus dem Bad kommt. Wenn sie sich schon prostituieren soll, dann wenigstens sauber. Hudson bekommt den Handel mit. Er hat sich in Dorothy Malone verliebt und will stattdessen selbst um die Maschine verhandeln. Sie küssen sich verstohlen im Treppenhaus. Mit einer Wette bekommt Hudson den Mann rum. 100 $, wenn die Reparatur bis zum Wettfliegen am nächsten Morgen gelingt. Hudson, der für die Fliegerstory einen anderen Auftrag platzen lässt, wird unterdessen entlassen.

Seine Beziehung zu Dorothy Malone wird obsessiv: »An unearthy creature from a far away planet.« In der Nachbarschaft seines Apartments findet eine lautstarke Party statt. Dorothy Malone: »The party is next door, like always.« Sie reden sich die Seele vom Leib. Schließlich küssen sie sich, aber prompt öffnet sich die Tür und eine betrunkene Totenmaske platzt rein. Der Mechaniker repariert unterdessen wider besseres Wissen. Aber Stack besteht darauf. »Flying around the pylons you may have the look of an eagle, but down here you are a pitiful blind man.« »The blind man isn't blind. My first love were airplanes, my first flirtation with the death. Then Laverne came along.« Der Mann ist verblendet, aber nicht blind gegenüber den Tatsachen.

Morgen. Möwen fliegen über die Bucht wie bei Hitchcock. Der Konkurrent hat rausbekommen, dass Hudson gefeuert ist und aus der Publicity, die er sich erhofft hat, nichts wird. Er ist stinksauer. Im Hintergrund wird der Sarg des toten Piloten in ein Flugzeug verladen. Das reparierte Flugzeug startet nicht. Stack bittet beim Veranstalter um fünf Minuten Aufschub. Er weiß, dass sein unwilliger Mechaniker das Problem kennt. »Go, kill yourself!«, sagt dieser und lässt das Flugzeug starten. Die sensationsgierigen Zuschauer kommen, Masken, Zerrspiegel. Und wieder das Blindenmotiv: Ein Blinder an der Drehorgel.

Stack verabschiedet sich von Dorothy Malone. »I begged for this plane and now I am begging for your forgiveness.« Er küsst sie und gesteht seine Liebe. Sirk zieht die höchste Karte im Melodram: Zu spät! Stack setzt sich todesmutig an die Spitze des Fliegerfeldes, streift eine Wendemarke, seine Maschine streikt, Rauch und Feuer. Unterdessen sitzt Jack im Kinderflieger, sieht das und schreit: »Let me here out!« Um nicht in die Menge zu stürzen, lässt Stack die Maschine in die Bucht stürzen. Der Tod schaut maskiert zu.

Taucher bergen die Maschine. Nacht und Scheinwerfer. Die Leiche ist unauffindbar. Daneben sitzen zwei Clowns im Auto und küssen sich. Kubrick hat ein Jahr zuvor den Horrorclown erfunden (THE KILLING). Sirks Inszenierung benutzt das Motiv durchgängig. Der Mechaniker und Dorothy Malone machen sich Vorwürfe, wer schuld ist. »Me and my lousy pride«, entschuldigt sich der Mechaniker bei Malone. »I never once tried to kill that dirty talk, that dirty lies.« Hudson kommt mit dem weinenden Jack. Das erste Mal, erklärt sie ihm, dass Stack ihr seine Liebe erklärt hat. Von Hudson will sie nichts mehr wissen. »Laverne for yourself.«

Im französischen Lokal gibt es eine Abschiedsfeier für Stack. An der Wand hängt das Plakat, für das Malone durchgebrannt ist. Der Wirt hält eine pathetische Rede auf den Befreier Frankreichs. Unterdessen werden sich Malone und der alte Konkurrent von Stack handelseinig. Fleisch gegen Sicherheit. Hudson, der Tollpatsch, kommt an und fragt, ob sie das Plakat haben will. »Because it's faded? (…) I'm sick at heart for letting you sweettalking, you with me and kissing.« »Farewell to you, my Antonia.« Im Lokal hängt das Plakat unter dem Spruch »Chacun à son goût«. Der Mechaniker und Hudson treffen sich betrunken vor dem Lokal. Lichter aus.

Eine Maske. Mardi Gras. Hudson. Sturzbesoffen kommt er in seine alte Redaktion und hält einen großen Monolog über die todesmutigen Kunstflieger. In bestem gedrechselten Faulkner-Stil klingt das so: »Pylons, three bony fingers of death. (…) He died the death of a hero and he deserves our tears.« Für diese Story kriegt er seinen Job zurück. »I think you are in love with more than the story«, meint sein Redakteur. Hudson über Laverne: »She covers herself with dirt.«

Der betrunkene Hudson taucht bei dem Konkurrenten und Laverne auf. Er bewegt die Hand vor Dorothy Malones Gesicht wie bei einer Blinden. Und tatsächlich zeigt sie keine Regung. Er macht eine Szene. Will sie und Jack mit dem 100-$-Gewinn nach Iowa zurückschicken. Sie sagt nur: »Throw the clown out.« Aber Hudson zieht jetzt die zweite melodramatische Trumpfkarte: »Jack will hate you for this. What's your dream today?« Sie zieht ihre Schuhe an und geht mit Hudson ab. Flughafen. »Will I ever see you again?« »I don't know, my Antonia.« Zum Abschied schenkt er ihr das Buch ›My Ántonia‹. Der verletzte Mechaniker hält Hudson mit der Krücke vom startenden Flugzeug ab. Auch so ein verletzter an Leib und Seele. Das Flugzeug fliegt an den Pylons vorbei in die Bildtiefe. »Bony fingers of death« hat sie Stack genannt. Natürlich wird sie nicht wiederkommen. Ein Musterbeispiel für ein Unhappy Happy Ending.

A Time to Love and a Time to Die (1957/58)

»Remarque sagt, ohne Krieg wäre hier eine ewige Liebe,
Sirk sagt, ohne Krieg wäre hier keine Liebe.«
(Rainer Werner Fassbinder)

Rosa Blüten im Winter, ein Kirschbaum im Schneegestöber. Ostfront 1944. Deutsche Soldaten auf dem Rückzug, Eis taut, bizarre Soldatenleichen kommen zum Vorschein. Daran sieht man immer, dass es Frühjahr wird, meinen die Landser. Jetzt kommen sie raus. Eine Leiche weint, aber es sind nur die Augen, die auftauen. Vier Russen sollen erschossen werden. Vielleicht Partisanen. Natürlich meldet sich kein Freiwilliger, aber dann wird es befohlen. Nur ein Nazi freut sich. Die Stimmung ist mies, zur Belohnung gibt es Wodka. Ein Neuling hält das nicht mehr aus und erschießt sich. Man merkt gleich, ein guter Kolportage-Stoff von Remarque.

Der Hauptdarsteller heißt passend: Gräber (John Gavin). Der Film ist bis in die Nebenrollen hervorragend besetzt. Gavin bekommt Urlaub. An der Sammelstelle werden erst mal alle aus Hamburg, Bremen und Köln wieder an die Front geschickt. Sie sollen keine Geschichten von der Zerstörung verbreiten. Die anderen bekommen ein Fresspaket, damit die Heimatfront sieht, wie gut die Soldaten versorgt werden. Entlaust und rasiert wird auch. Bis zum Heimatbahnhof kommt er nicht. Es geht erst mal zu Fuß weiter. Er kommt schließlich in eine bekannte Gegend. Viel scheint sich nicht verändert zu haben. Der Fleischladen ist leer. Als er in sein Viertel kommt, ist alles weg. Ein verbitterter Luftschutzwart klärt ihn auf. Ein paar Männer buddeln nach Verschütteten. Er will ein verschüttetes Kind retten, aber es ist nur eine Katze. Ein geborstenes Piano gibt bizarre Töne von sich. Feldjäger halten ihn erst für einen Deserteur. Von seinen Eltern fehlt jede Spur.

Auf seiner Suche tut er sich mit einem Leidensgefährten zusammen. Die Behörden sind überlastet und missmutig. Sie kommen in einem Lazarett unter. Saufen, Kartenspielen, Weibergeschichten. Manche wollen sich scheiden lassen. Die Moral der Ehefrauen ist sehr elastisch geworden. Auf seiner

Suche trifft er auf Lilo Pulver. Deren Vater sitzt im KZ. Ihre Wohnung ist bis auf ihr Zimmer von Ausgebombten belegt. Ein Drache von der NS-Frauenschaft sorgt für Zucht und Ordnung. Bombenalarm. Lilo Pulver will sich nicht rumkommandieren lassen. Erst gießt sie noch ihre Petersilie. Dann schreitet sie mit Gavin in den Bunker. Ein Kind malt Flieger, Bomben und Häuser an die Wand. Eine Frau hat ihre Kinder verloren und ist wahnsinnig geworden. Remarques Ideen sind gut für Bilder, die an Bosch gemahnen. Am Rückweg will er endlich sein Fresspaket loswerden. Lilo Pulver verschmäht es. Dann schenkt er es einer Hure, die in den Ruinen herumlungert.

Ein Nazibonze fährt mit seinem protzigen Mercedes vor. Ein alter Schulkamerad. Er nimmt Gavin mit in seine Villa. Er ist jetzt Kreisleiter und Kunstsammler. Essen, Trinken, Alkohol, ein prunkvolles Bad. Gavin genießt den ungeahnten Luxus. Feste und Frauen gäbe es natürlich auch. Die Lehrer, die ihn gepiesackt haben, kriegen ein paar Monate KZ. Und natürlich kann er bei der Suche nach den Eltern helfen.

Gavin macht mit Lilo Pulver einen Spaziergang. Sie arbeitet in einer Fabrik für Wehrmachtsbedarf. Rundum ist schon alles weggebombt. Nur die Fabrik steht noch. Sie kommen zu einem romantischen Seelokal. Aber alles ist verrammelt. Ein Kirschbaum blüht mitten im Winter. Der abgefackelte Schuppen daneben hat so viel Hitze produziert, dass der Baum blüht. Kuss. Er will mit Lilo Pulver groß ausgehen, aber wo. Ein Lazarettinsasse kennt ein Nobellokal für Bonzen. Er verhilft ihm zu einer schicken Uniform und zum richtigen Auftreten. »It's easier to die than to live.« Kaum ist serviert, gibt es schon Alarm. Wein, Weib und Gesang im Keller. »Let us charish the life ...«, singt eine Sängerin. Bombentreffer. Der Weinkeller ist ruiniert, eine Dame brennt. Am Heimweg faselt Gavin von Heirat. Lilo Pulver ist nicht amüsiert, aber dann küssen sie sich. Im Lazarett packt der Leidensgenosse von Gavin seine Sachen und will vorzeitig an die Front zurück. Er hat seine stattliche Frau endlich gefunden, aber nicht mehr erkannt, so dürr ist sie geworden.

Zum Heiraten braucht man die übliche arische Bürokratie. Beim inhaftierten Vater von Lilo Pulver wird es kritisch. Ein Beamter fixiert Gavin mit einem unerbittlichen Blick, aber es ist nur ein Glasauge. Die Hochzeit wird vom Wehrmachtsbericht und einer Gestapoeinladung überschattet. Ein Traum: Die Zeit steht still. Das Feldpostpäckchen seiner Eltern kommt unzustellbar zurück. Mit einem Brief über deren Evakuierung. Ein Strohhalm mitten in der Apokalypse, der sofort brennt. Ein Leichenzug steht mitten im Bombenhagel. Lilo Pulvers Haus ist weg. Ihre Fabrik brennt lichterloh.

Oben brennt es, unten füllt sich der Keller mit Wasser. Ein Kind spielt Schiffchen.

Gavin und Lilo Pulver können sich in die Ruine eines römischen Museums retten. Dort, zwischen Caesaren und kaputten Säulen, wohnt auch der Drei-Monate-KZ-Lehrer (gespielt von Remarque selbst). Er versteckt einen Juden. Der Mann ist religiös. Ob er nicht zweifle. Gavin glaubt an gar nichts mehr. Ohne Zweifel gäbe es keinen Glauben, meint der Lehrer. Gott ist uns keine Rechenschaft schuldig, sondern umgekehrt. Später rettet er den Juden um den Preis seiner Verhaftung. Dieser ist ein Stoiker mit Zuversicht. Er sieht die verschiedenen Seiten und den Untergang. In einer zerbombten Kirche reden sie über Hoffnung. Nein, er hat keinen Hass. Das ist nahe an Hiob, aber auch an christlichen Häretikern, Katharer, Templer, Waldenser. Gavin bekennt: »I am screaming. You just don't hear me.«

Beim Kreisleiter war in der Nacht Party. Ein besoffener Lagerkommandant, ein General und zwei Huren sind übrig geblieben. Immer wieder merkt man in diesem Film, wo Cavani, Visconti, Mel Brooks und andere sich ihre Inspiration geholt haben. Ein rigider preußischer Ordnungsfanatismus, unter dessen gelackter Oberfläche ein Bodensatz von Spießbürger- Dekadenz lauert. Theweleits Corpus in Auerbachs Keller. Auch eine ironische Kollision. Irgendwie fühlt sich in dieser illustren Gesellschaft niemand verantwortlich. Aber der Kommandant hat eine Scheißlaune. »In the concentration-camp will be hell tonight.« Die Gestapoeinladung führt zu Klaus Kinski, der die Asche des toten Vaters aushändigt. Der Jude meint, die Lage sei nicht hoffnungslos. Ein Kind wird getauft. Eine geistig Umnachtete gibt den frisch Verheirateten das Schlafzimmer ihrer toten Tochter. Ein Antrag auf Urlaubsverlängerung wird mit einem Marschbefehl quittiert.

Zurück bei der Einheit landet Gavin gleich mal im Schlamm. Dauerbeschuss. Einer opfert für ein Bierfass sein Leben. Feldpost. Die Hälfte geht zurück. Vom blühenden Baum kommt die Nachricht von der schwangeren Lilo Pulver. Drei Russen werden in einem Haus entdeckt. Wieder Partisanenverdacht. Gavin will sie laufen lassen, aber der Nazi will sie erschießen. Er erschießt den Nazi und schickt die Russen weg. Einer schnappt sich die Waffe des Toten, schreit »Sei bestraft!« und erschießt Gavin. Der Brief liegt im Schlamm.

Dieser Film ist ein Musterbeispiel ironischer Brechungen. Der Establishing Shot von Blüten im Schnee wirkt wie ein Wunder der Natur, aber entpuppt sich als eine kriegerische Naturzerstörung. Dieser falsche Establishing Shot ist gleich der richtige. Ein Kriegsfilm, der sich beständig grotesk in die Natur frisst. Den Frühling erkennt man daran, dass die toten Soldaten zum Vorschein kommen. Ein Toter scheint zu weinen, aber es sind nur die gefrorenen Augen, die auftauen. Ein Kind soll gerettet werden, das sich als Katze entpuppt. Topfpflanzen sind zu Petersilie mutiert. Bevor es an den Kirschblüten zu einer romantischen Szene kommt, stellt Lilo Pulver fest, dass es stark nach Flieder riecht. Es ist aber nur das Badesalz des Nazibonzen.

Dieser Kreisleiter unterliegt einer trefflichen Selbstironisierung. In Geschichte hatte er zwar immer eine Fünf, aber dafür weiß er, wie Macht funktioniert. Den laschen Gavin ermahnt er leutselig, er hat ja ein weiches Herz. Die alten Pauker schickt er ins KZ, aber nur für drei Monate, für die Hölle des Kommandanten ist er nicht verantwortlich. Er kokettiert mit seiner Unbildung, aber dafür ist er Kunstsammler. Der Mann wird es auch nach dem Krieg weit bringen. »Wir Deutschen wissen zwar nicht zu leben, aber wir können fabelhaft sterben.« Diesen Satz aus MORGENROT (Ucicky, 1933) haben Remarque und Sirk sicher gekannt und sicher paraphrasiert mit »It's easier to die than to live«. Hier wird die preußische Untugend zur Unfähigkeit zum Leben ironisiert.

Es geht auch gleich weiter mit disparaten Ereignissen und Bildern. Der Soldat, der seine geliebte Frau endlich findet und so erschrickt, dass er freiwillig an die Front zurückkehrt. Das Auge des Gesetzes als Glasauge. Eine abgelegte Mütze soll Lilo Pulver Gefahr signalisieren, aber Gavin legt sie nach dem Glausaugenschreck aus Erleichterung ab. Der Leichenwagen mitten im Bombenhagel. Das brennende Haus, dessen Keller unter Wasser steht, so dass Kinder darin Schiffchen spielen. Ein ziemlich ausgebufftes Motiv, das an eines der wenigen sowjetischen Melodramen gemahnt: PO ZAKONU (Kuleshov, 1926), wo gleichzeitig Wasser von unten und Feuer von oben droht.

Es ist eine Häufung ironischer Distanzierungen, die gleichzeitig als dramatische Steigerung dienen. Das ist ein Verfahren, das in der Schlusswendung kulminiert. Gavin tut in seinem Leben das erste Mal das Richtige. Das sieht aus, wie ein Happy Ending. Aber er wird in Folge dieser Tat erschossen. Man darf an dieser Stelle fragen, was diesem Menschen widerfahren sein muss, dass er den Hass über alles stellt. Dieses bittere Ende hat ein Gegenstück im Film. Der Lehrer, der den Juden rettet, wird verhaftet. Wahrscheinlich kommt er zu Tode. Ein Unhappy Ending. Aber der Jude erklärt, er habe keinen Hass. Ein Happy Unhappy Ending.

IMITATION OF LIFE (1958/59)

»What is love without the giving, / Without love you're only living an imitation, / An imitation, of life. / Skies above in flaming color without / Love they're so much duller, / A false creation an imitation of life.«

Dies ist ein Film über Rassismus. Die Nebenfiguren sind die Hauptfiguren, die Nebenhandlung ist die Haupthandlung. Am Strand von Coney Island kümmert sich eine Schwarze (Juanita Moore) um zwei weiße Kinder, eine Nanny, wie es scheint. Das eine hat sie gerade gefunden, Lana Turner sucht es hektisch und ist glücklich, es in sicherer Obhut zu finden. Sie fragt nach dem anderen Kind. »Your child?« Und Juanita Moore entschuldigt sich, der Vater sei fast weiß gewesen. Juanita Moore sucht einen Job, wo sie sich auch um ihr Kind kümmern kann, und bietet sich deshalb als Nanny an. Lana Turner ist aber selbst pleite. Moore will deshalb umsonst arbeiten und drängt sich erfolgreich in die Rolle einer Nanny. USA 1947, zwei alleinstehende Frauen mit Kind. Als Schwarze weiß sie, dass sie nichts Besseres bekommen kann. Schlimmer noch, sie finanziert den gemeinsamen Haushalt mit ihren Ersparnissen auf Kredit.

Moore wohnt mit ihrer Tochter in einer winzigen Kammer. Der Einzug gestaltet sich schon problematisch. Die blonde Tochter von Lana Turner hat zwei Puppen, eine weiße und eine schwarze. Sie schenkt die schwarze Puppe der dunkelhaarigen Tochter von Juanita Moore. Die will aber die weiße Puppe haben. Der Streit endet damit, dass die schwarze Puppe achtlos am Boden liegen bleibt. Juanita Moore übernimmt den Heimarbeitsjob von Lana Turner, damit Geld reinkommt. Lana Turner hat den Fimmel höherer Töchter und will Schauspielerin werden, bekommt aber nur kleine Werbeaufträge. Moore hilft ihr dabei als Telefonservice, meldet sich mit »Here is the residence of Lora Meredith«. Nebenbei erfahren wir, dass die Tochter von Juanita Moore wegen ihrer weißen Hautfarbe Probleme in dem Schwarzenviertel hatte, wo sie vorher wohnten.

Ein Fotograf (John Gavin) hatte in Coney Island ein Foto von der Gruppe gemacht, das er erfolgreich für Werbung vermarktet. Eine weiße Familie mit Nanny. Auch er hat große Pläne, träumt davon, dass seine Arbeiten im Museum of Modern Art landen. Er verliebt sich in Lana Turner, erklärt ihr »my camera will have a love affair with you«. Sie isst mit ihm in einem Künstlerlokal, wo sie von einer tollen Rolle am Broadway hört, die vakant ist. Sie lässt alles liegen und stehen und sucht den Agenten (Robert Alda) auf. Der will sie erst gar nicht sehen, aber sie blufft so geschickt, dass er ihr die Rolle geben will. Der Agent sucht aber gerade eine neue Maitresse und will sie gleich auf eine Party mit allen Theatergrößen mitnehmen. Damit er sich mit ihr nicht blamieren muss, verehrt er ihr noch einen Pelzmantel (»I have a reputation to lose«).

Die Geschichte wird jetzt ehrpusselig. Lana Turner mault, dass ihm die 10% der Gage nicht genug sind. Sie müssen auch noch »eat and sleep together«. »That's disgusting.« Er bietet ihr an, sich auf höchstem Niveau zu prostituieren: »It pays off.« Sie schmeißt ihm den Pelzmantel hin. Die Rolle wird eine andere bekommen. Daheim findet sie die Nanny und ihren Liebhaber bei der Heimarbeit. Erst schwindelt sie ihnen etwas vor, dann bricht sie heulend zusammen. Der Fotograf nimmt sie in die Arme, die Nanny tröstet. Es findet jetzt eine bitterironische Verkehrung statt. Aber auch hier muss man genau hinschauen. Die Nanny muss sich Tag und Nacht mit ihrer ganzen Existenz prostituieren und muss jetzt die verhinderte Gelegenheitsprostituierte trösten. Und dann kommt es. Das blonde Töchterlein sitzt bedröppelt da, mit verbundenem Arm. Die Tochter der Nanny hatte gehört, dass Negerblut und weißes Blut verschieden sei. Das wollte sie überprüfen. Nein, Blut ist Blut. Aber die Konsequenzen sind sehr verschieden.

Die Nanny macht sich auf den Weg zur Schule. Es weihnachtet. Sie bringt der Tochter Winterschuhe. In der Schule erklärt man ihr, es gebe kein farbiges Mädchen in der Schule. Aber sie zeigt auf ihre Tochter. Allseitiges Entsetzen. Die Tochter rennt mit Wuttränen weg. In den Schneesturm. Später beschuldigt sie ihre Mutter: »Why you have to be my mother?« Sie muss sich daraufhin einiges anhören. »Pretending she's white (…) It's a sin to be ashamed of what you are.« Rassismus wird im schwarzen Selbstverständnis religiös untermauert. »Lord must have had his reasons making some of us white and some of us black.« Rassismus wird in schwarzer Erziehung verinnerlicht: »How to explain to a child she was born to be hurt.«

Der Fotograf macht eine bescheidene Karriere. Als Weihnachtsgeschenk macht er Lana Turner einen Heiratsantrag. Aber die lehnt ab: »I still love the theater (…) I want more, everything.« Der Agent meldet sich wieder. Misstrauisch fragt sie: »The same as last time?« Nein, er hat eine maßgeschneiderte Rolle. Sie hebt jetzt ab. »I am going up and up and up and nobody is putting me down.« »Stop acting«, protestiert ihr Verehrer. »It's something I want since I was a child.« Sie soll erwachsen werden, meint der Fotograf. »I like it that way. Forever!« Das war's dann mit der gutbürgerlichen Familie. Die Nanny liest die Weihnachtsgeschichte. Ihre Tochter fragt: »Was Jesus white or black? (…) He was one like me, white!«

Lana Turners Vorsprechen beim Autor und Regisseur gefeierter Boulevardkomödien wird zum Debakel. Er will sie rausschmeißen, aber sie fängt mit ihm einen Streit über das Stück an. Das beeindruckt ihn. Die Premiere ist ein Riesenerfolg. Der Mann will nur noch mit ihr arbeiten. Eine Theaterliebe. Das geht bis 1958. Lana Turner ist ausgelaugt. Kleider und Villa von Lana Turner taucht Sirk in eisiges Blau, eine Schneekönigin. »Something is missing.« Vieles wächst ihr über den Kopf und dann fängt die Nanny auch noch an zu kränkeln. Juanita Moore und Lana Turner sind ein hochinteressantes Beispiel für die Dialektik von Herr und Knecht. Moores Krankheit steht am Wendepunkt des Films. Sie, die sich selbst zur Dienerin macht, um zu überleben, hat es erst ermöglicht, dass Lana Turner in die Rolle der Herrin kommt und aufsteigt. Sie ist immer geblieben, wozu sie sich selbst gemacht hat, unerlässliche Dienerin, immer im Hintergrund, unmerklich und unentbehrlich. Selbst ihr Name Johnson trägt noch den Stempel des alten Sklavenhalters. Der Beginn ihrer Krankheit lässt die Komödie enden. Lana Turner will in Dramen spielen. Der Boulevardkönig verabschiedet sich beleidigt. Aber sie hat tatsächlich Erfolg im neuen Rollenfach. »Tell her I was wrong«, sind die Abschiedsworte des Boulevardkönigs.

Auf einer Party trifft Turner den Fotografen, der zwar kein großer Künstler geworden ist, aber erfolgreicher Unternehmer. Er hat eine graue Maus dabei, die er schnell stehen lässt für Lana Turner. Es kommt zu einer Picknickeinladung mit Kuss im outrierten Hochglanz der Natur, wie es für Sirks Umgang mit Natur typisch ist; artifiziell und übertrieben wie das Melodram selbst. Aber die Nanny kränkelt. Ihre Tochter sondert sich ab. Und die neu aufkeimende Liebe wird schnell von einem Angebot aus Europa erstickt. Amerigo Fellucci, italienischer Starregisseur ruft. Nach dem umwerfenden Erfolg von LA STRADA (1954) in den USA kannte den Namen Fellini jedes Kind. »You have a film, you don't need me.«

Die Tochter der Nanny ist jetzt eine 18-jährige dunkle Schönheit. Gespielt wird sie von Susan Kohner, der Tochter des jüdischen Produzenten Kohner. Paul Kohner war Initiator des European Film Fund gewesen, der zahllose jüdische und politische Flüchtlinge während des Dritten Reichs gerettet hat. Schwarze Stigmatisierung dargestellt durch die Erfahrung jüdischer Traumata, eine Weiße, die eine Schwarze spielt, die eine Weiße sein will.

Susan Kohner schleicht sich heimlich aus dem Haus, gibt sich als Tochter reicher weißer Eltern aus, hat einen weißen Freund. Die Nanny fragt argwöhnisch, als sie von einem Freund erfährt: »Is he a coloured boy?« Der lange schwelende Konflikt spitzt sich zu. »I don't want to go through backdoors (…) apologize for the colour of my Mama.« Niemand darf es erfahren, dass

Wahnsinnspassagen

In Sirks Filmen kommen immer wieder Passagen vor, die den halbwegs empathischen Zuschauer fast vom Sitz hauen. Kollegen haben schon Sätze geschrieben wie: Ich verließ heimlich das Kino, weil unter meinem Sitz ein großer Blutfleck war.

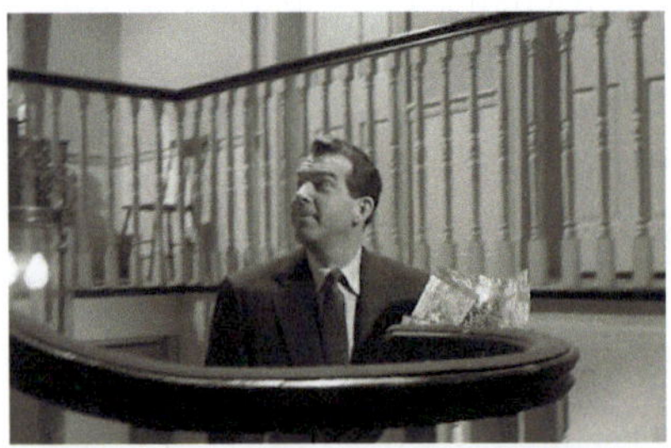

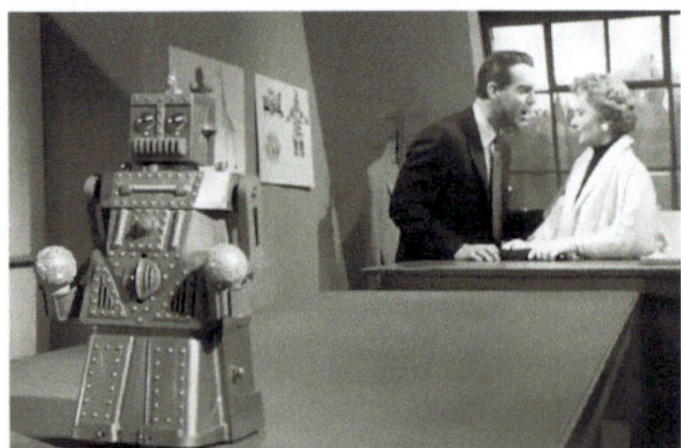

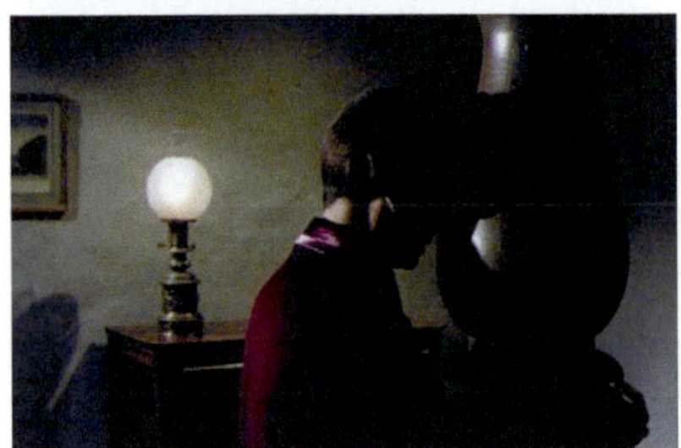

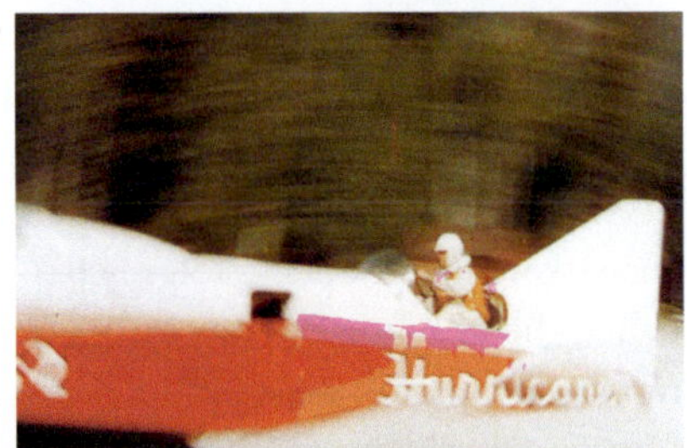

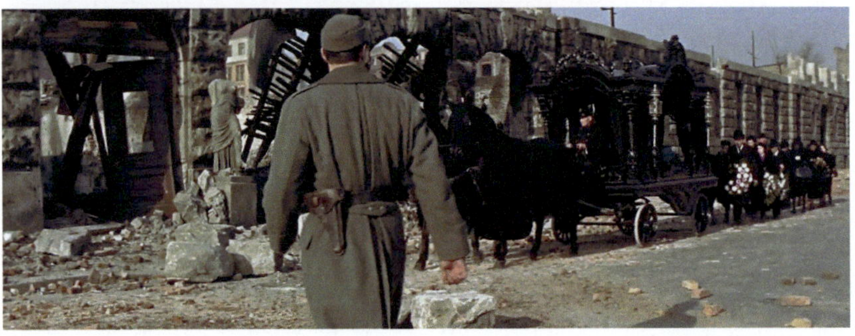

Beispiele aus: THERE'S ALWAYS TOMORROW (2x): Der Held ist ein Gefangener im eigenen Haus und mutiert zum Roboter. MAGNIFICENT OBSESSION (2x): Eine Blinde irrt nächtens umher, umarmt einen phallischen Pfosten. Ein rotes Teil rast über einen See, das kann nicht gut enden. A TIME TO LOVE AND A TIME TO DIE: Zweiter Weltkrieg, Berlin, ein Leichenzug. Gleich gibt es Alarm und die Leiche bleibt allein zurück. A SCANDAL IN PARIS: Papageno ermordet Papagena. ZU NEUEN UFERN: Eine Gefangene im Patriarchat mit dem § 218 auf der Brust. A TIME TO LOVE AND A TIME TO DIE: Ein Candlelight-Dinner endet im Luftschutzkeller. Die Sängerin singt »Let us charish the life«, denn der Friede wird schrecklich. Dann stürzt die Decke ein.

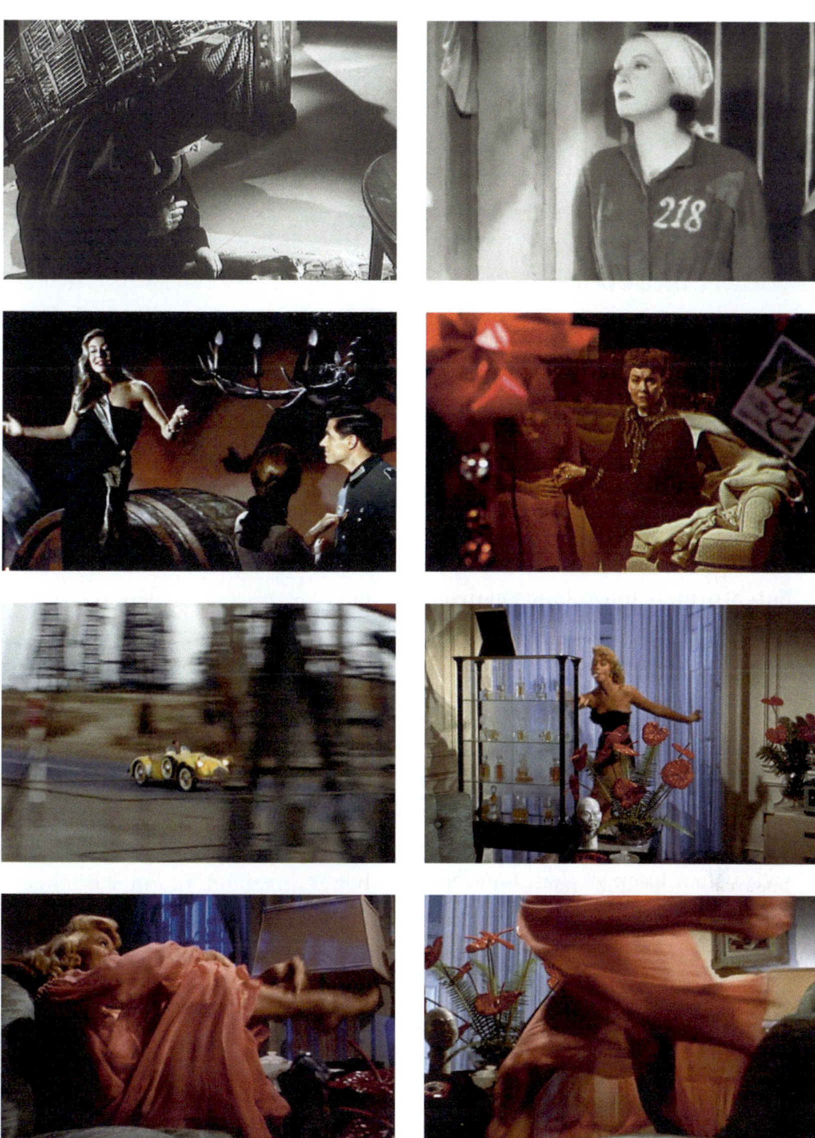

All that Heaven Allows: Eine Witwe bekommt von ihren Kindern, die ihren Geliebten verjagt haben, ein Weihnachtsgeschenk als Ersatz. Es ist ein Fernseher, in dessen Mattscheibe sich ihr verzweifeltes Gesicht spiegelt. Written on the Wind (4x): Ein gelbes Teil rast durch die Ölfelder, die Erde blutet. Es wird mit Mord und Totschlag enden. Dorothy Malone liebt verzweifelt Rock Hudson. Auf der Vitrine mit den Flakons, die Verführung verheißen, steht sein Bild. Der Raum ist voll mit Friedhofsblumen (Anthurien). Dann beginnt sie einen orgiastischen Tanz mit einem roten Schleier und verwandelt sich selbst in eine Anthurie. Gleichzeitig ist dieser Schleiertanz ein Totentanz, der ihren Vater tötet.

der Familie des Boyfriend eine schwarze Schwiegermutter droht. Sie will keinen Busboy, Koch oder Chauffeur heiraten. Als ihre Mutter krank ist, bringt sie ein Tablett für die Gäste und macht mit hoher Stimme und Ghettoslang auf das Klischee des schwarzen Hausmädchens. Sie entschuldigt sich danach mit: »You don't know what it means to be different.« Sie ist nicht schwarz, sie ist nicht weiß, sie ist verschieden. Es gibt eine vorübergehende Versöhnung.

Wieder trifft sie sich mit ihrem Freund. »Couldn't we run away?« Aber der hat schon das Gerede gehört. »Is it true? Is your mother a nigger?« Es ist Abend, regennasse Straße, sie stehen an einem Schaufenstereck. Im Fenster ein großes Schild ›For Rent‹. Gemietet, geliehen ist die weiße Identität. Der Freund schlägt sie brutal nieder. Vor einer ›Liberty Bar‹. Sie liegt im Schlamm. Jetzt ist sie coloured. Ihre kranke Mutter redet unterdessen von ihrer Beerdigung; eine Armenbeerdigung mit allem Pomp. Als die beschmutzte Tochter auftaucht, kommt es zum Eklat. »Leave me alone! (...) you everywhere tell that I'm your daughter. You spoil anything you can spoil.«

Der Fotograf wird zum Hausfreund, der sich um Lana Turners Tochter kümmern muss, wenn sie unterwegs ist und Filme dreht. Die Tochter der Schwarzen ist mit dem Reichtum und den Privilegien der verzogenen Tochter von Lana Turner konfrontiert. Diese verknallt sich tatsächlich in den Fotografen, der das zu ignorieren versucht. Er warnt sie vor »falling in love with love«. Ihr Zimmer, ihre Kleidung, ihr Telefon, alles ist in Pink. Sie hat keine rosa Brille, sondern die Wirklichkeit, die sie sich fabriziert, schaut rosa zurück. Und das Auto des Fotografen ist auch noch modisch rosa.

Susan Kohner geht nach New York, arbeitet angeblich in einer Bücherei. Die Nanny erfährt aber etwas von ›Harry's Club‹ und fährt nach New York. Dort singt ihre Tochter schlüpfrige Texte mit doppeltem Boden. »The loveliest word I've heard is empty. Anything empty is sad.« Es geht um ihre leeren Taschen, die Männer füllen sollen, aber auch um innere Leere. In der Garderobe trifft sie einen weißen Galan. Als ihre Mutter auftaucht, verleugnet sie sie. »Who is this character?« »Never seen her in my life.« Aber der Schwindel fliegt auf und sie verliert ihren Job. »Go on beat it, she's through anyway!« Sie hätte doch Lehrerin werden können, meint die Mutter. Ja, Lehrerin für Schwarze, niemals! Sie wird woanders einen Neuanfang versuchen, droht ihrer Mutter: »Don't try to find me!« Die resigniert. »It's her life.«

Lana Turner ist zurück aus Europa und hört von dem Drama der Nanny, der es gesundheitlich immer schlechter geht. Auch hier ist die melodramatische Krankheit psychosomatisch. Sie beauftragt einen Detektiv, um ihre Tochter zu finden. Die arbeitet als Showgirl in Las Vegas. Die Nanny taucht im ›Moulin Rouge Hollywood‹ auf. Ein Kellner verjagt sie. Susan Kohner wird nervös, glaubt ihre Mutter gesehen zu haben. Wieder hat sie einen weißen Galan. Die Mutter entschuldigt sich. »Nobody saw me. (...) I'm tired.« »I'm somebody else.« Vor dem Spiegel: »I'm white, white, white!«. Die Mutter bittet, sie ein letztes Mal im Arm zu halten. Die Tochter gibt nach. »I used to take care of her.« Daheim ist die Nanny bettlägrig, es geht zu Ende.

Lana Turners Tochter führt unterdessen ein kleines Elektradrama auf. Sie liebt den Fotografen, den ihre Mutter küsst. »Steve and I have always been in love.« Der rosa Spiegel blickt zurück. »She was like ice.« Es gibt Vorwürfe, dass die Mutter nie da war. Die Nanny »has always been like a real mother«. Lana Turner fordert das Recht auf eigene Ambitionen ein. Außerdem: »You have the best of everything.« »Love – by telephone, postcard. (...) You've given me everything but yourself. (...) Stop acting! Don't play the mother!« Mutterschaft als eine Rolle unter anderen.

Am Krankenbett der Nanny versammelt sich die schwarze Community. Den Weißen wird langsam klar, dass diese Schwarze mehr ist als eine Nanny, dass sie in der schwarzen Community eine wichtige Person ist. Sie bedauert den Konflikt mit ihrer Tochter. »I loved her too much.« Eine weiße Perlenkette mogelt Sirk als ironischen Trost ein. Am Sterbebett redet sie von den großen Ereignissen im Leben, Hochzeit und Tod. Nochmals redet sie von ihrer Beerdigung. Vier weiße (sic!) Pferde, eine Band, keine Trauer, nur »pride and glory«. Schließlich: »I'm tired.«

Eingerahmt von den unscharfen Köpfen der toten Nanny und von Lana Turner das Foto der Tochter. Eine Allegorie von Tod, Schuld und Trauer. Trauerfeier. Viel Schwarz und viel Weiß, viele weiße Blumen. Und Mahalia Jackson singt. »Soon I will be done / Troubles of the world / Troubles of the world / Troubles of the world / Soon I will be done / Troubles of the world / Going home to live with God / No more weepin' and wailin' / No more weepin' and wailin' / No more weepin' and wailin' / Going home to live with my Lord.«

Der Song geht eigentlich weiter mit »I want to see my mother«. Aber stattdessen geht es hinaus auf die Straße. Susan Kohner stürzt herbei: »It's my mother. I didn't mean it. I killed my mother.« Sie bricht am Sarg zusammen. Das melodramatische ›zu spät‹. Alles ist wie beschrieben. Die weißen Rosen, der weiße Sarg im schwarzen Glaskastenaufbau des Leichenwagens mit silbergrauen Beschlägen, gezogen von vier weißen Pferden. Die Trauergemeinde in Schwarz und Weiß. Die weiße Schwarze sitzt jetzt unter den Weißen in der schwarzen Limousine, alle in Trauerschwarz. Das erste Mal in ihrem Leben als Schwarze. Farben kommen nicht vor oder sind weitgehend rausgezogen. Schwarz-Weiß in Totalen. Teilweise aus Schaufenstern gefilmt, mit Schneerändern und Raureif an den Scheiben. Frühwinter. Im Glas eines Antiquitätenladens spiegelt sich der Zug. ›Costume Rental‹ und alle sind schwarz mit weiß kostümiert, als gäbe es plötzlich kein Rassenproblem. Eine verfremdete Spiegelung wie man sie sonst im Barock kennt. Unwiderruflich Vergangenes wird zu Pretiosen. Eine letzte Spiegelung des imitierten Lebens. Sirk erhebt sich hier weit über den Bestseller von Fannie Hurst.

Die Sirk'sche Ironie ist hier auf ihrem subtilsten Höhepunkt: »The funeral itself is an irony.«[170] Eine barocke Idee in Schwarz-Weiß. Hier wird »der zeitliche Bewegungsvorgang in einem Raumbild eingefangen und analysiert« (Walter Benjamin).[171] Das Bild wandert durch Rahmungen und Spiegelungen. »Schicksal rollt dem Tode zu. Er ist nicht Strafe, sondern Sühne« (Benjamin).[172] Troubles of the world. Musik steht hier als »Widerpart der sinnbeschwerten Rede« (Benjamin).[173] Alles fällt ab, sogar die Farbe, bis es nur noch emblematisch ist, Schwarz und Weiß. Transzendenz kommt nicht vor, das Zeremoniell gilt der sterblichen Hülle, ein Ritual für die Lebenden. »The Lord shall preserve thy going out and thy coming in«, sagt der Priester. »Denn über das Menschenleben, ist es einmal in den Verband des bloßen kreatürlichen gesunken, gewinnt auch das der scheinbar toten Dinge Macht. Seine Wirksamkeit im Umkreis der Verschuldung ist Vorbote des Todes« (Benjamin).[174] Die toten Dinge aus dem Schaufenster sehen zurück. Die allegorische Konstruktion am Totenbett wird hier aufgelöst. »Das ist der Kern der allegorischen Betrachtung, der barocken, weltlichen Exposition der Geschichte als Leidensgeschichte der Welt; bedeutend ist sie nur in den Stationen ihres Verfalls« (Benjamin).[175] Die melodramatische Leiche ist hier auch die allegorische: »die Allegorisierung der Physis kann nur an der Leiche sich energisch durchsetzen. Und die Personen des Trauerspiels sterben, weil sie nur so, als Leichen, in die allegorische Heimat eingehen« (Benjamin).[176]

Auf schreckliche Weise imitiert hier jeder das Leben. Schauspielerei als professionelle Imitation frisst das wirkliche Leben auf; erst noch auf der Bühne als wirkliche Präsentation, dann entfernt sich Lana Turner noch weiter von ihrem Leben und geht, passend zum Film, ins Reich der Virtualität. Ihre Tochter imitiert ihr Leben und verliebt sich in den Mann ihrer Mutter, liebt nicht, sondern ist verliebt in eine fixe, rosafarbene Idee von Liebe. Die Nanny lebt ein Schattendasein als Dienerin der weißen Herrin, aber findet immerhin ein zweites Leben in der schwarzen Community. Und ihre Tochter ahmt das Leben einer weißen Tochter nach, lebt auf der Flucht vor ihrer

Identität, aber auch auf der Flucht vor dem Schattendasein ihrer Mutter. Alle Vier finden sich am Schluss zusammen in diesem Farbfilm, der zum Schwarz-Weiß-Film wird, zum Schattentheater und zur Spiegelung. Im Schlussbild füllen Glasdiamanten das ganze Bild. Der Spiegel ist zerbrochen in hundert Splitter. Die Imitation des Lebens hat ein Ende. Aber selbst der zerbrochene Spiegel verbreitet noch falschen Glanz.

Sprich zu mir wie der Regen (1976)

»Ein Windhauch und die Blumen sind entblumt.«
(Douglas Sirk)

Douglas Sirk hat an der Hochschule für Fernsehen und Film in München von 1976 bis 1979 drei Übungsfilme mit Studenten gemacht. Diesen sowie Silvesternacht und Bourbon Street Blues. Zusammen mit Georg Borgel und Johann Schmid hat Sirk diesen Film nach Motiven von Tennessee Williams gedreht. Die Kamera von Dietrich Lohmann stilisiert den amerikanischen Neo-Noir, der gerade en vogue ist. Fensterglas, Regen, draußen eine Werbung.

Sie (Renate Reger) sitzt am Fenster und trinkt. Er (Christian Quadflieg) liegt im Bett, mit Unterhemd und Hose. Kärgliche Möblierung. »Wie spät ist es?« Sie wedelt sich Luft zu. Ist das Arbeitslosengeld da? Sie gießt sich nach. Er war auf einer grauenvollen Sauftour, lag in einer Badewanne mit Eiswürfeln. Er beginnt sich zu erinnern, ein Hotelgang, ein verwüstetes Zimmer. Eine Platte scheppert dazu. Der Ventilator dreht sich. Südstaatenkammerspiel. Aufgelöst in wenige Einstellungen. Nah, halbnah, amerikanisch, halbtotal.

Coca Cola leuchtet es, etwas blinkt vor sich hin. Es ist schon Abend. Er, rumhängend: »Willst du nicht mit mir reden?« Das Bett, die Lampe, der Propeller. »Ich möchte weggehen – allein.« In eine fremde Stadt, ein fremdes Hotel. »Es wird regnen.« Die Deckenlampe. Monolog. »Am Strand gehen. Ich werde nicht merken, wie die Zeit vergeht. Eines Tages graue Haare. Schon 25 Jahre. Manchmal ins Kino gehen. Unwirkliche Menschen in Geschichten. Dann weißes Haar. Der Körper, leicht, dünn, durchsichtig. 50 Jahre ohne Angst.« Sie träumt sich ans Ende aller Melodramen. Dann wird es doch noch ironisch. Er: »Komm ins Bett, Baby.« Sie: »Der Wind trägt mich fort. Ich bin weg.« Weint. Er trollt sich. Sie: »Komm zurück ins Bett.«

Silvesternacht – Ein Dialog (1978)

Mit Hajo Gies dreht Sirk diese Schnitzler-Verfilmung. Jörg Schmidt-Reitwein, der Kameramann, erinnert sich: »Ja, das ist Hollywood-Schule, dieses unauffällige Regieführen aus dem Hintergrund. Das ist ein sehr angenehmes, ruhiges und konzentriertes Arbeiten. Wenn ein Regisseur andauernd herumwuselt zwischen Leuten, die ohnehin arbeiten, ist das nicht sehr angenehm. Aber es setzt natürlich voraus, dass der Regisseur ein wirklicher Meister ist.«[177]

Ironie, das ist Schnitzler pur. Leere Teller, Essensreste, Bedienstete räumen auf. Silvesterglocken, offenes Fenster, Neujahrsrufe. Sie (Hanna Schygulla) am Fenster. Er (Christian Berkel): »Haben Sie nicht Angst, sich zu erkälten?« Die Gesellschaft hat sich schon nach nebenan verzogen. Kartenspielen. Es wird getanzt werden zum Klavier. Am Fensterglas ist Eis. Ein ungleiches Paar ist zurückgeblieben. Eine erfahrene Frau und ein junger Mann. Schmidt-Reitwein ist mit seiner Kamera noch minimalistischer als Lohmann in Sprich zu mir wie der Regen.

Der junge Mann setzt neu an. »Fritz hat sich schon an den Flügel gesetzt.« Mit Tristan wird er anfangen und beim Walzer aufhören. Alles vorhersehbar. Nur nicht die Fantasie. Er erinnert sich an ein Rendezvous mit einer Unsichtbaren in seinem Zimmer. Gemeinsam haben sie den Großen Bären angeschaut. Schygulla geht ab und ironisiert mit Schnitzler und Gedankenpausen: »Träumen sie!« – »Schon ausgeträumt?« Offenes Feuer, Flackern. »Erlauben Sie mir zu sagen, dass Sie mir nicht im Geringsten imponieren.« »Sie lieben sie nicht.« »Gehen Sie einfach hin!«

Dann berichtet sie von ihrer Freundin, die alles riskiert hat. In der Vergangenheit, sie lebte noch, war verheiratet. Eine Gesellschaft. Ihr Geliebter war nicht geladen und wartete unten im Wagen. »Meine Freundin verließ ihre Wohnung, ihren Mann, alles. Eine Nacht wie heute.« Schnee im Park. Nach einer Stunde war sie wieder da. Er: »Auch Sie sind nicht da, wo Sie sein sollten.« Sie: »Mein Mann ist es, er sitzt nebenan und spielt Karten. Man verzeiht viel.« Jetzt ironisiert er zurück: »Sie waren es, die mit ihrem Geliebten in der Nacht war.« Sie: »Es ist ganz gleichgültig. Nichts kommt wieder.«

Das große Liebesdrama ist jetzt herunterdekliniert auf eine Stunde im Park, von einer Schygulla, die damals noch lebendig war – und der Ehemann hat es eh vergessen. Es gab schon einmal eine Silvesternacht bei Sirk, da war der Ehemann tot im Park (Schlussakkord). Der junge Mann schraubt es jetzt wieder hoch: »Wenn man von einem Wesen Ihrer Art geliebt wird, wäre es wert, alles dafür aufs Spiel zu setzen.« Er küsst sie zaghaft. Wie auf Kommando Gelächter von nebenan. Sie: »Oder bilden Sie sich ein, dass Sie es waren, den ich geküsst habe?« Nach dieser verbalen Sottise erklingt Walzer von nebenan. Wie heißt es im Kommunistischen Manifest so schön: »Unsere Bourgeois (...) finden ein Hauptvergnügen darin, ihre Ehefrauen wechselseitig zu verführen. Die bürgerliche Ehe ist in Wirklichkeit die Gemeinschaft der Ehefrauen.«[178]

Bourbon Street Blues (1979)

»He's just a slave to his heart, a broken down car /
He's got the Bourbon Street Blues / He's just a slave to his heart,
a broken down car / He's got the poor boy blues«
(Gilby Clarke)

Mit Georg Borgel und Johann Schmid drehte Sirk diese Tennessee-Williams-Verfilmung. Die Kamera von Michael Ballhaus gibt diesem Film mehr Bewegung als den beiden vorhergehenden Studentenfilmen. Ein halbwüchsiger Straßenmusiker sitzt am Treppenaufgang eines Boarding House. Mit der Mundharmonika spielt er den Bourbon Street Blues. Der Text kommt nicht vor, aber die Musik reicht. Eine Hure kommt mit einem Schwarzen die Treppe runter, eine Alte kommt die Treppe rauf. Die Alte (Doris Schade) ist offenbar die Hauswirtin und wirft den Burschen raus.

Erster Stock. Draußen kann man das Schild sehen. Ein Kopf, Jalousien, eine Flasche. Eine Alkoholikerin (Annemarie Düringer), im Spiegel malt sie mit Lippenstift. Die Harmonika tönt von unten. Ein Rotor, leere Flaschen, ein Fliegenfänger. Von Zeit zu Zeit schlägt sie mit der Klatsche zu. Eine Platte krächzt: »You love me, you laugh me ...« Ballhaus arbeitet sich vom Kleinen zum Großen vor. Endlich ein Raum mit französischem Balkon, davor Leuchtreklame.

Im Treppenhaus die Hauswirtin. Ein Rotor, eine Katze. Sie blickt durch das Schlüsselloch, bevor sie eintritt. Die Alkoholikerin erwartet sie schon, sie hat etwas zu besprechen, und zwar wegen Kakerlaken, die fliegende Sorte. Die Hauswirtin: »Die gibt es hier überall, in den feinsten Gegenden, selbst auf der Heiligen Jungfrau.« Die Alkoholikerin: »Ich sterbe am Ekel.« »Sie sterben eher am Suff.« Dann kommt die Hauswirtin zur Hauptsache, der Miete. Die Alkoholikerin wartet noch auf Zahlungen von ihrer Plantage. Es wird laut. Die Hauswirtin redet sich in Rage über das falsche Habsburger-Wappen an der Wand.

Ein aufgescheuchter Mieter kommt im Morgenmantel hereingeschlurft. Rainer Werner Fassbinder als mittelloser Schriftsteller. »Sie hören jetzt auf, diese Dame zu beleidigen!« Die Hauswirtin ist eh schon in Rage: »Ah, Mr. Shakespeare, mit seinem 780-Seiten-Roman. Der Meister der Einbildungskraft...« Ironischer Monolog von Fassbinder, adressiert an Mrs. Monster: »Es gibt keine Lügen außer denen, die einer zum Leben braucht. Gehen Sie endlich. Lassen Sie diese arme Frau in Ruhe!« Sie geht ab. »Miez, Miez, Miez.« Leise Musik.

Nacht, die Leuchtreklame blinkt und brummt. »Kakerlaken überall!« Fassbinder und Düringer führen einen absurden Dialog über nicht vorhandene Gummiplantagen, hell und sauber, an malerischen Orten, nahe dem Mittelmeer, und bei klarem Wetter kann man die Kreidefelsen von Dover sehen, ganz weiß. Annemarie Düringer hat eine schöne Definition von Reichtum: »Man kann sich am Boden spiegeln.« Das Sirk'sche Glück als spiegelnde Oberfläche. Tschechov, so nennt sich Fassbinder, gibt ihr seinen Flachmann und geht ab. »Komischer Name.« Der Mundharmonikaspieler auf der Treppe vor dem Haus. Was wäre das Melodram ohne Alkohol! Erst durch diese wunderbare Substanz verwandelt sich alles, was in uns schlummert, in sichtbare Metaphysik. Und draußen gibt es ein Schild von LA HABANERA. Mit dieser ironischen Reise durch Zeit und Raum schließt sich der Kreis seines Werks.

Anmerkungen

1 Ein Nazikritiker schrieb: »Eine Herausforderung (...), dass heute noch die Möglichkeit besteht, eine von deutschen Händen geleitete städtische Bühne zum Tummelplatz der jüdischen Literaten und ihrer salonbolschewistischen Snobs aus Berlin W herabzuwürdigen.« (F.Z.: ›Der Silbersee‹ – eine Herausforderung. In: Leipziger Tageszeitung, 20.02.1933.) ›Der Silbersee‹ gilt gemeinhin als ein schwaches Werk von Georg Kaiser, aber in Kritiken dieser Art geht es überhaupt nicht um das Werk, sondern um jüdische Herkunft und politische Gesinnung der Beteiligten.

2 Vgl. Gertrud Koch: Von Detlef Sierck zu Douglas Sirk. In: Frauen und Film, Nr. 44/45, 1988.

3 Andrew Sarris: Douglas Sirk. In: Film Culture, Spring 1963.

4 Andrew Sarris: The American Cinema. New York 1968. S. 109f.

5 Raymond Bellour, Jacques Brochier (Hg.): Dictionaire du Cinéma. Paris 1966, S. 627.

6 Thomas Elsaesser: Tales of Sound and Fury. In: Monogram, Nr. 4, 1972.

7 Rainer Werner Fassbinder: IMITATION OF LIFE. In: Film (Velber), Nr. 2, 1971.

8 Jean-Luc Godard: Des larmes et de la vitesse. In: Cahiers du Cinéma, Nr. 94, April 1959.

9 François Truffaut: Écrit sur du Vent. In: Arts, Nr. 607, 1957.

10 Etwa Knut Hickethier, Andreas Stuhlmann: Douglas Sirk. Hamburg 2017.

11 Johannes Jacobi: Theater der alten Herren. In: Die Zeit, 21.03.1969.

12 Joachim Kaiser: Der Tod und Ionesco. In: Süddeutsche Zeitung, Nr. 44, 1964.

13 Frieda Grafe: Das Allerunwahrscheinlichste. In: Süddeutsche Zeitung, Nr. 98, 1980.

14 Frieda Grafe: Melodramen in Toulouse. In: Filmkritik, Nr. 10, 1971.

15 John G. Cawelti: Adventure, Mystery, and Romance. Chicago, London 1975, S. 45.

16 Eric Bentley: The Life of Drama. New York 1967, S. 216 und S. 45.

17 Vgl. Steve Neale: Genre and Hollywood. London, New York 2000.

18 Serge Daney, Jean-Louis Noames: Entretien avec Douglas Sirk. In: Cahiers du Cinéma, Nr. 189, 1967.

19 Rousseau sprach ursprünglich von einer ›scène lyrique‹; erst später sprach er von ›mélodrame‹.

20 Jean-Jacques Rousseau: Oeuvres complètes. Band II. Paris 1908, S. 262.

21 Charles Nodier zitiert nach Peter Brooks: The Melodramatic Imagination. New Haven, London 1976, S. 43.

22 Louis de Saint Just: Oeuvres choisis. Paris 1968, S. 327.
23 Brooks: The Melodramatic Imagination, S. 20.
24 Vgl. dazu Thomas Brandlmeier: Film noir. Die Generalprobe der Postmoderne. München 2017.
25 Ben Singer: Melodrama and Modernity. New York 2001, S. 144ff.
26 Hermann Kappelhoff: Matrix der Gefühle. Berlin 2004, S. 61.
27 Arnold Hauser: Sozialgeschichte der Kunst. München 1953, S. 212f.
28 Die Erfindung des Deus ex Machina markiert einen Wendepunkt der klassischen griechischen Tragödie: Die klassischen Konflikte werden weiter verhandelt, aber nicht mehr so radikal ernst genommen. In der späteren Theatergeschichte ist dieser Kunstgriff so wirkmächtig, dass er irrtümlich mit der griechischen Tragödie überhaupt gleichgesetzt wird. Die unlösbaren Konflikte der alten mythologischen Ordnung mit ihrer rationalen Auflösung sind schon im Reich der antiken Folklore angekommen: »Viele Erscheinungen kennt das Göttliche, / Vieles bringen die Götter unverhofft zu Wege. / Und das Erwartete verwirklicht sich nicht, / Aber das Unerwartete bringt der Gott zu einem glücklichen Ende. / So ging diese Handlung aus.« (Euripides: Alkestis. Stuttgart 1981. S. 100.)
29 Wolfgang Limmer: Das Happy-End – ein Notausgang. Gespräch mit dem Regisseur Douglas Sirk. In: Süddeutsche Zeitung, Nr. 266, 1973.
30 Ebd.
31 Michael Palm: Was das Melos mit dem Drama macht. In: Christian Cargnelli, Michael Palm (Hg.): Und immer wieder geht die Sonne auf. Wien 1994, S. 230.
32 Limmer: Das Happy-End – ein Notausgang.
33 Ebd.
34 Immanuel Kant: Kritik der reinen Vernunft. Leipzig 1922, S. 237.
35 Ebd., S. 604ff.
36 Immanuel Kant: Moralische Schriften. Leipzig 1922, S. 545.
37 Sirk, im persönlichen Gespräch, erklärt, dass er bei seinen Filmen nicht konkret an Hegel gedacht hat. Eine Hegelianische Deutung seines Werks fand er aber sehr plausibel; er begann sogar, Hegel neu zu lesen.
38 Diese Formulierung ist natürlich auch eine Polemik gegen den rüden Vorschlag des Junggesellen Kant, dass die Ehe ein Vertrag über den gegenseitigen Gebrauch der Geschlechtsorgane sei. Diese berühmte Sentenz von Kant taugt eher für Theorien der Dekomposition als für eine Theorie des Melodrams: den Zusammenhang von Ehe und Prostitution.
39 G.W.F. Hegel: System der Sittlichkeit. Hamburg 1967, S. 36.
40 Ebd., S. 37.
41 Dion Chrysostomos: Euböischer Diskurs. In: Dio Chrysostom. Volume I. London, Cambridge/Mass. 1971, S. 322.
42 Hegel: System der Sittlichkeit, S. 35.
43 Ebd., S. 37.

44 Karl Marx, Friedrich Engels: Das kommunistische Manifest. Berlin 1929, S. 41.

45 Daniel Dohter (= Ulrich Kurowski): Was ist ein deutscher Film? Mutmaßungen über eine wenig bekannte Sache. In: FILM-Korrespondenz, Nr. 11, 1973.

46 Hegel: System der Sittlichkeit, S. 17.

47 Heinz-Gerd Rasner, Reinhard Wulf: Begegnung mit Douglas Sirk. In: Filmkritik, Nr. 11, 1973.

48 Ebd.

49 Ebd.

50 Ebd.

51 Ebd.

52 Jon Halliday: Sirk on Sirk. London 1971, S. 11.

53 Rasner, Wulf: Begegnung mit Douglas Sirk.

54 Limmer: Das Happy-End – ein Notausgang.

55 Rasner, Wulf: Begegnung mit Douglas Sirk.

56 Godard: Des larmes et de la vitesse.

57 Rasner, Wulf: Begegnung mit Douglas Sirk.

58 Stahl zeigt die Wirkung der Segregation noch über den ökonomischen Erfolg hinaus. »Once a pancake, always a pancake«, kommentiert der Manager das Verhalten der Schwarzen, die lieber im Souterrain als Hausangestellte wohnt statt am Reichtum zu partizipieren. »Where John Stahl transcended the lachrymose dramas of IMITATION OF LIFE and MAGNIFICENT OBSESSION through the force of his naive sincerity, Sirk transformed the same plots into hilarious comedies through the incisiveness of his dark humor«, schreibt Andrew Sarris (Sarris: Douglas Sirk.). Auch die Stahl-Version von IMITATION OF LIFE stellt die Versöhnung nach dem emotionalen Höhepunkt der Beerdigung in Frage. Claudette Colbert gibt ihren Geliebten auf. Anfang und Schluss sind mit einem Gag gerahmt, der sich durchaus als Distanz der Regie lesen lässt. Es geht um eine Spielzeugente: »I want my Quack-Quack.«

59 Vgl. Marianne Conroy: »No Sin in Lookin' Prosperous«. In: David E. James, Rick Berg (Hg.): The Hidden Fountain. Minneapolis, London 1996.

60 Leslie A. Fiedler: The Return of the Vanishing American. London 1972, S. 52.

61 Rasner, Wulf: Begegnung mit Douglas Sirk.

62 Halliday: Sirk on Sirk, S. 133.

63 Michael Palm, Drehli Robnik: Das Verblödungsbild. In: Meteor, Nr. 3, 1996.

64 August Kingemann: Nachtwachen des Bonaventura. Frankfurt/Main 1974, S. 173.

65 Robert B. Heilman: Tragedy and Melodrama. Seattle, London 1968, S. 85.

66 Halliday: Sirk on Sirk, S. 132.
67 Ebd., S. 95.
68 Grafe: Das Allerunwahrscheinlichste.
69 Ebd.
70 Vgl. Victoria L. Evans: Douglas Sirk, Aesthetic Modernism and the Culture of Modernity. Edinburgh 2019,
71 Ebd., S. 157.
72 Etwa in Screen, Nr. 2, 1971, Screen, Nr. 4, 1972/73, Framework, Winter 1976/77, Bright Lights, Winter 1977/78.
73 Halliday: Sirk on Sirk, S. 73.
74 Ebd.
75 Thomas Brandlmeier, Ulrich Kurowski: Gespräche mit Douglas Sirk. München, 1975-1978 (unveröffentlicht).
76 Grafe: Das Allerunwahrscheinlichste.
77 Johann N. Schmitz: Ästhetik des Melodrams. Heidelberg 1986, S. 260.
78 Halliday: Sirk on Sirk, S. 52.
79 Ebd., S. 46.
80 Douglas Sirk nach: Wim Verstappen: Douglas Sirk. In: Skoop, Nr. 10, 1978/79.
81 Theodor W. Adorno: Gesammelte Schriften. Band 7. Frankfurt/Main 1970, S. 355.
82 Bosley Crowther: IMITATION OF LIFE. In: New York Times, 18.04.1959.
83 G.W.F. Hegel: Werke 7. Grundlinien der Philosophie des Rechts. Frankfurt/Main 1970, S. 349.
84 Halliday: Sirk on Sirk, S. 79.
85 Brandlmeier, Kurowski: Gespräche mit Douglas Sirk.
86 Halliday: Sirk on Sirk, S. 95f.
87 Michael Stern: Interview with Douglas Sirk. In: Bright Lights, Winter 1977/78.
88 Halliday: Sirk on Sirk, S. 97.
89 Stern: Interview with Douglas Sirk.
90 Brandlmeier, Kurowski: Gespräche mit Douglas Sirk.
91 Stern: Interview with Douglas Sirk.
92 Daney, Noames: Entretien avec Douglas Sirk.
93 Jean-Claude Biette, Dominique Rabourdin: Entretien avec Douglas Sirk. In: Cahiers du Cinéma, Nr. 293, 1978.
94 Stern: Interview with Douglas Sirk.
95 Brandlmeier, Kurowski: Gespräche mit Douglas Sirk.
96 Halliday: Sirk on Sirk, S. 48.
97 Stern: Interview with Douglas Sirk.
98 Halliday: Sirk on Sirk, S. 48.
99 Ebd., S. 70.
100 Ebd., S. 98.

101 James Harvey: Sirkumstantial. In: Film Comment, Juli/August 1978.
102 Laura Mulvey: Notes on Sirk and Melodrama. In: Movie, Nr. 25, 1977/78, S. 56.
103 Fassbinder: IMITATION OF LIFE.
104 Brandlmeier, Kurowski: Gespräche mit Douglas Sirk.
105 Halliday: Sirk on Sirk, S. 40.
106 Ebd., S. 97.
107 Ebd., S. 112.
108 Ebd., S. 93 und S. 43.
109 Michael Henry, Yann Tobin: Entretien avec Douglas Sirk. In: Positif, Nr. 259, 1982.
110 Halliday: Sirk on Sirk, S. 129.
111 Ebd., S. 40.
112 Brandlmeier, Kurowski: Gespräche mit Douglas Sirk.
113 Jacques Lourcelles: Douglas Sirk. In: Matulu, Nr. 4, 1972.
114 Douglas Sirk zitiert nach: Peter Rüedi: IMITATION OF LIFE. In: Theater Heute, Nr. 6, 1983.
115 Ebd.
116 Halliday: Sirk on Sirk, S. 132.
117 Ebd., S. 120.
118 Limmer: Das Happy-End – ein Notausgang.
119 Rasner, Wulf: Begegnung mit Douglas Sirk.
120 Halliday: Sirk on Sirk, S. 51.
121 Eckhart Schmidt: Douglas Sirk über Stars. In: S.A.U., Nr. 6/7, 1979.
122 Karsten Witte: Lachende Erben. Toller Tag. Berlin 1995, S. 96f.
123 Jérôme Larcher: La rareté du mois. In: Cahiers du Cinéma, Nr. 570, 2002.
124 Witte: Lachende Erben, S. 97f.
125 Ebd., S. 96f.
126 G.W.F. Hegel: Werke 3. Phänomenologie des Geistes. Frankfurt/Main 1970, S. 335f.
127 Francis Courtade, Pierre Cadars: Geschichte des Films im Dritten Reich. München, Wien 1975, S. 153.
128 Brandlmeier, Kurowski: Gespräche mit Douglas Sirk.
129 Hans Schuhmacher: DAS MÄDCHEN VOM MOORHOF. In: Film-Kurier, Nr. 255, 1935.
130 Halliday: Sirk on Sirk, S. 39.
131 Schuhmacher: DAS MÄDCHEN VOM MOORHOF.
132 Biette, Rabourdin: Entretien avec Douglas Sirk.
133 Ulrich Kurowski: Douglas Sirk. In: epd-FILM, Nr. 3, 1987.
134 Jean-Claude Biette: Les Noms de l'auteur. In: Cahiers du Cinéma, Nr. 293, 1978.
135 Hegel: System der Sittlichkeit, S. 17.
136 Ebd., S. 37.

137 Vgl. Koch: Von Detlef Sierck zu Douglas Sirk.
138 Siegfried Kracauer: Jacques Offenbach und das Paris seiner Zeit. Zürich 1962, S. 184.
139 Daney, Noames: Entretien avec Douglas Sirk.
140 In den kursierenden Fassungen kommt die Passage leider nicht vor. Es scheint in den Filmarchiven manische Sammler von brillanten Passagen zu geben. Ein paar Beispiele: In HAFENMELODIE (Hans Müller, 1950) fehlt der Schluss-Song von Kirsten Heiberg. Und in RIVER OF NO RETURN (Otto Preminger, 1954) fehlt der Song am Floß.
141 Vgl.dazu Thomas Brandlmeier: Nero Noir?. In: Erika Wottrich (Hg.): M wie Nebenzahl. München 2002.
142 Sammlung Paul Kohner im Archiv der Stiftung Deutsche Kinemathek. Notiz von Keller, 03.09.1943.
143 Biette, Rabourdin: Entretien avec Douglas Sirk.
144 Vgl. dazu die ausführliche Analyse des Personals in: Jan-Christopher Horak: Anti-Nazi-Filme. Münster 1985, S. 311 ff.
145 Halliday: Sirk on Sirk, S. 67.
146 William Shakespeare: King Richard II. IV. Akt, 1. Szene.
147 Limmer: Das Happy-End – ein Notausgang.
148 Halliday: Sirk on Sirk, S. 88.
149 Ebd., S. 105.
150 Ebd., S. 88.
151 Schmidt: Douglas Sirk über Stars.
152 Frieda Grafe, Fritz Göttler: Imitation is Life. In: 24 Kinozeitschrift, Nr. 12, 1997.
153 François Truffaut: Mr. Hitchcock, wie haben Sie das gemacht?. München 1973, S. 125.
154 Vgl. dazu Amadeus Haux: Melodramatischer Eskapismus. Marburg 2016, S. 40.
155 Ovid: Werke. Berlin, Weimar 1982, S. 68 ff.
156 Brandlmeier, Kurowski: Gespräche mit Douglas Sirk.
157 Anton Tschechov: Dama s sobotshkoj. Moskau 2020, S. 414.
158 Georg Seeßlen: Kino der Gefühle. Reinbek 1980, S. 44 f.
159 Vgl. dazu Thomas Brandlmeier: Manoel de Oliveira und das groteske Melodram. Berlin 2010.
160 Stern: Interview with Douglas Sirk.
161 Brandlmeier, Kurowski: Gespräche mit Douglas Sirk.
162 Stern: Interview with Douglas Sirk.
163 Grafe, Göttler: Imitation is Life.
164 Sirk zitiert nach Harvey: Sirkumstantial.
165 Fassbinder: IMITATION OF LIFE.
166 Catull: Sämtliche Gedichte. München 1974, S. 36.
167 Truffaut: Écrit sur du Vent.

168 Stern: Interview with Douglas Sirk.
169 JoAnn Wypijewski (Hg.): Painting by Numbers. Komar and Melamid's Scientific Guide to Art. Los Angeles 1999.
170 Sirk zitiert nach Harvey: Sirkumstantial.
171 Walter Benjamin: Ursprung des deutschen Trauerspiels. In: Gesammelte Schriften. Band I.1. Frankfurt/Main 1974, S. 270.
172 Ebd., S. 310.
173 Ebd., S. 385.
174 Ebd., S. 311.
175 Ebd., S. 343.
176 Ebd., S. 391 f.
177 Thomas Brandlmeier: Interview mit Jörg Schmidt-Reitwein. In: epd-FILM, Nr. 7, 1990.
178 Marx, Engels: Das kommunistische Manifest, S. 41.

Filmografie

1934. Zwei Windhunde (Kurz-Spielfilm)

Regie: Detlef Sierck (= Douglas Sirk). Buch: Leopold (= L. A. C.) Müller, Rudo Ritter. Kamera: Konstantin Irmen-Tschet. Bauten: Carl Ludwig Kirmse. Musik: Max Jarcyk-Jansen (= Michael Jary). Produktion: Universum-Film AG (Ufa). Produzent: Peter Paul Brauer. Länge: 34 Minuten, Schwarz-Weiß.

Darsteller: Fritz Odemar (Emil Pinne), Hans Herrmann Schaufuß (Jakob Senf), Mady Raschke (= Mady Rahl) (Frl. Spatz, Sekretärin), Carl Walther Müller, S. O. Schoening (Wirt), Dorothea Thies (Hauswartsfrau), Kurt Getke (Gast in der Kneipe), Will Kaufmann, Georg Erich Schmidt, Arthur Schröder, Bruno Fritz, Erwin Biegel.

1934/1935. Der eingebildete Kranke (Kurz-Spielfilm)

Regie: Detlef Sierck (= Douglas Sirk). Buch: L. A. C. Müller, Rudo Ritter. Vorlage: Bühnenstück ›Le Malade imaginaire‹ (1673) von Jean Baptiste Molière. Kamera: Willy Winterstein. Bauten: Carl Ludwig Kirmse. Musik: Hans-Otto Borgmann. Produktion: Universum-Film AG (Ufa). Produzent: Peter Paul Brauer. Länge: 38 Minuten, Schwarz-Weiß.

Darsteller: Erhard Siedel, Marina von Ditmar, Claire Reigbert, Heinz Förster-Ludwig, Gaby Gray, Fritz Odemar, Hugo Schrader, Arthur Schröder, Otto Stoeckel, Paul Schaefer.

1935. 3 x Ehe (Kurz-Spielfilm)

Regie: Detlef Sierck (= Douglas Sirk). Buch: Hans Fritz Köllner. Kamera: Willy Winterstein. Bauten: Carl Ludwig Kirmse. Musik: Edmund Nick. Produktion: Universum-Film AG (Ufa). Produzent: Peter Paul Brauer. Aufnahmeleitung: Karl Schulz. Länge: 15 Minuten, Schwarz-Weiß.

Darsteller: Harald Paulsen (Fritz), Elisabeth Lennartz (Käthe), Lore Schützendorf, Hella Graf, Hans Leibelt, Rudolf Schündler, Gaby Gardner.

1935. April, April!

Regie: Detlef Sierck (= Douglas Sirk). Buch: H. W. Litschke, Rudo Ritter. Kamera: Willy Winterstein. Bauten: Carl Ludwig Kirmse. Regie-Assistenz: Otto Galinowski. Schnitt: Fritz Stapenhorst. Musik: Werner Bochmann. Gesamtleitung: Erwin Hartung. Produktion: Universum-Film AG (Ufa). Produzent: Peter Paul Brauer. Länge: 82 Minuten, Schwarz-Weiß.

Darsteller: Erhard Siedel (Lampe), Lina Carstens (Mathilde), Charlott Daudert (Mirna), Werner Finck (Leisegang), Paul Westermeier (Finke), Carola Höhn (Friedel), Albrecht Schoenhals (Prinz), Annemarie Korff (Sekretärin), Hilde Schneider (Emmi), Hubert von Meyerinck (Müller), Herbert Weißbach (Finkes Freund).

1935. Das Mädchen vom Moorhof

Regie: Detlef Sierck (= Douglas Sirk). Buch: Philipp Lothar Mayring. Vorlage: Novelle ›Tösen från Stormyrtorpet‹ (1908) von Selma Lagerlöf. Kamera: Willy Winterstein. Bauten: Carl Ludwig Kirmse. Regie-Assistenz: Otto Galinowski. Schnitt: Fritz Stapenhorst. Musik: Hans-Otto Borgmann. Produktion: Universum-Film AG (Ufa). Produzent: Peter Paul Brauer. Länge: 82 Minuten, Schwarz-Weiß.

Darsteller: Hansi Knoteck (Helga Christmann), Ellen Frank (Gertrud Gerhart), Eduard von Winterstein (Amtmann Gerhart), Kurt Fischer-Fehling (Karsten Dittmar), Friedrich Kayßler (Vater Dittmar), Jeanette Bethge (Mutter Dittmar), Theodor Loos (Richter), Lina Carstens (Mutter Christmann), Franz Stein (Vater Christmann), Fritz Hoopts (Torfschiffer), Erich Dunskus (Jens Willgraff), Erwin Klietsch (Peter Nolde), Hans Meyer-Hanno (Großknecht), Carl Jönsson (Marten), Klaus Pohl (2. Schöffe), Ellen Becker, Anita Düvel, Thea Fischer, Hildegard Hecker, Meta Jäger, Ilse Petri, Betty Sedlmayr, Maria Seidler, Hilde Sessak, Fanny Schreck-Normann, Dorothea Thiess, Ilse Trautschold.

1935. Stützen der Gesellschaft

Regie: Detlef Sierck (= Douglas Sirk). Buch: Georg C. Klaren, Karl Peter Gillmann. Vorlage: Bühnenstück ›Samfundets stötter‹ (1877) von Henrik Ibsen. Kamera: Carl Drews. Bauten: Otto Gülstorff, Hans Minzloff. Schnitt: Friedel Buckow. Musik: Franz R. Friedl. Produktion: R. N.- Filmproduktion GmbH, Robert Neppach, Berlin, für: Universum-Film AG (Ufa). Produzent: Robert Neppach. Länge: 84 Minuten, Schwarz-Weiß.

Darsteller: Heinrich George (Konsul Bernick), Maria Krahn (Betty, seine Frau), Horst Teetzmann (Olaf, beider Sohn), Albrecht Schoenhals (Johann Tönnessen), Suse Graf (Dina Dorf), Oskar Sima (Krapp, Prokurist bei Bernick), Karl Dannemann (Aune, Werkmeister bei Bernick), Hansjoachim Büttner (Hammer, Redakteur), Walter Süssenguth (Urbini, Zirkusdirektor), Paul Beckers (Hansen, Zirkusclown), Franz Weber (Vigeland, Bürger), S. O. Schoening (Sandstadt, Bürger), Maria Hofen (Frau Sandstadt), Gerti Ober (Thora Sandstadt), Toni Tetzlaff (Frau Vigeland), Alfred Karen (Gast), Fritz Draeger (Gast), Gustav Püttjer (Matrose), Walter Steinweg (Matrose), Franz Stein (Fischer), Eleonore Tappert (Kassierin), Rudolf Biebrach, Louis Brody, Else Ehser, Elisabeth von Rüts, Friedel Trowae.

1936. Schlussakkord

Regie: Detlef Sierck (= Douglas Sirk). Buch: Kurt Heuser, Detlef Sierck (= Douglas Sirk). Kamera: Robert Baberske. Bauten: Erich Kettelhut. Regie-Assistenz: Erich Kobler. Schnitt: Milo Harbich. Musik: Kurt Schröder; Ludwig van Beethoven (9. Symphonie), Johann Sebastian Bach, Georg Friedrich Händel (Judas Makkabäus), Peter Tschaikovskij (Nussknacker-Suite). Produktion: Universum-Film AG (Ufa). Produzent: Bruno Duday. Länge: 102 Minuten, Schwarz-Weiß.

Darsteller: Willy Birgel (Erich Garvenberg, Generalmusikdirektor), Lil Dagover (Charlotte, seine Frau), Maria von Tasnady (Hanna Müller), Maria Koppenhöfer (Frau Freese, Wirtschafterin bei Garvenberg), Theodor Loos (Professor Obereit, Kinderarzt), Peter Bosse (kleiner Peter Müller), Christa Mattner (seine Pflegemutter), Albert Lippert (Gregor Carl-Otto, Astrologe), Kurt Meisel (Baron Salviany, sein Freund), Hella Graf (Frau Czerwonska), Erich Ponto (Vorsitzender des Schwurgerichts), Paul Otto (Staatsanwalt), Ernst Sattler (Verteidiger), Werner Bernhardy (Kriminalkommissar), Curt Breitkopf (Kriminalkommissar), Alexander Engel (Mr. Smith, Zimmervermieter in New York), Eva Tinschmann (Oberschwester bei Obereit), Else Boy-Wölffer (Kinderschwester bei Oberei), Hildegard Friebel (Krankenschwester), Walter Werner (Dr. Smedley, Arzt in New York), Carl Auen (Kriminalbeamter in New York), Hermann Pfeiffer (Silvesterfeiernder im Central Park), Walter Steinweg (Silvesterfeiernder bei Hanna), Peter Elsholtz, Heinz Könecke, Bruno Ziener (3 Türschliesser im Konzertsaal), Friedrich Teitge (Logenschliesser), Max Harry Ernst, Alfred Karen, Inge Vesten (Konzertbesucher), Johannes Bergfeldt (Notar bei Adoption), Alexander Fernoff (Kunstmäzen), Borwin Walth (2. Kunstmäzen), Tilly Wedekind (seine Begleiterin).

1936. Das Hofkonzert

Regie: Detlef Sierck (= Douglas Sirk). Buch: Franz Wallner-Basté, Detlef Sierck (= Douglas Sirk). Vorlage: Bühnenstück ›Das kleine Hofkonzert‹ (1935) von Paul Verhoeven, Toni Impekoven. Kamera: Franz Weihmayr. Bauten: Fritz Maurischat. Regie-Assistenz: Erich Kobler, Anton Weissenbach, Fritz Kirchhoff. Schnitt: Erich Kobler. Musik: Edmund Nick, Ferenc Vecsey, Robert Schumann. Produktion: Universum-Film AG (Ufa). Produzent: Bruno Duday. Länge: 85 Minuten, Schwarz-Weiß.

Darsteller: Marta Eggerth (Christine), Johannes Heesters (Walter), Otto Tressler (Serenissimus), Herbert Hübner (Staatsminister), Rudolf Klein-Rogge (Oberst Flumms), Flockina von Platen (Gräfin Hadersdorff), Ernst Waldow (Zunder), Hans Richter (Veit), Ingeborg von Kusserow (Zofe Babette), Kurt Meisel (Florian), Alfred Abel (Knips), Hans Herrmann Schaufuß (Bibliothekar), Edwin Jürgensen (Theaterintendant), Rudolf Platte (Hofkapellmeister), Iwa Wanja (Tamara), Günther Ballier, Walther Blanke, Johannes Bergfeldt, Fritz Berghof, Jac Diehl, Fritz Eckert, Rudolf Essek, Hildegard Friebel, Hans Halden, Carl Merznicht, Oscar Sabo, Willi Schur,

Werner Stock, Armin Süssengut, Toni Tetzlaff, Theo Thony, Inge Vesten, Max Vierlinger, Ruth von Zerboni.

1937. Zu neuen Ufern

Regie: Detlef Sierck (= Douglas Sirk). Buch: Detlef Sierck (= Douglas Sirk), Kurt Heuser. Vorlage: Roman ›Zu neuen Ufern‹ (1936) von Lovis H. Lorenz. Kamera: Franz Weihmayr. Bauten: Fritz Maurischat. Regie-Assistenz: Fritz Andelfinger. Schnitt: Milo Harbich. Musik und Lieder: Ralph Benatzky. Produktion: Universum-Film AG (Ufa). Produzent: Bruno Duday. Länge: 105 Minuten, Schwarz-Weiß.

Darsteller: Zarah Leander (Gloria Vane), Willy Birgel (Sir Albert Finsbury), Hilde von Stolz (Fanny Hoyer), Carola Höhn (Mary, Tochter des Gouverneurs), Viktor Staal (Henry), Erich Ziegel (Dr. Hoyer, Arzt), Edwin Jürgensen (Gouverneur), Jakob Tiedtke (Wells sen.), Robert Dorsay (Bobby Wells), Iwa Wanja (Violet), Ernst Legal (Stout), Siegfried Schürenberg (Gilbert), Lina Lossen (Vorsteherin im Zuchthaus Paramatta), Lissy Arna (Nelly), Herbert Hübner (Kasinodirektor), Mady Rahl (Soubrette), Lina Carstens (Bänkelsängerin), Horst Teetzmann, Horst Birr, Hans Kettler, Walter Schramm-Duncker, Fritz Hoopts, Franz Stein, Claus Pohl, Ekkehard Arendt, Hanns-Maria Böhmer, Curd Jürgens, Ilse von Collani, Paul Bildt, Walter Werner, Werner Pledath, Karl Hannemann, Hella Graf, Carl Auen, Hans Waschatko, Else Boy, Boris Alekin, William Huch, Max Wilhelm Hiller, Oskar Höcker, Paul Schwed, Hermann Pfeiffer.

1937. La Habanera

Regie: Detlef Sierck (= Douglas Sirk). Buch: Gerhard Menzel. Kamera: Franz Weihmayr. Bauten: Anton Weber, Ernst H. Albrecht. Regie-Assistenz: Fritz Andelfinger. Schnitt: Axel von Werner. Musik: Lothar Brühne, Georges Bizet. Lieder: Bruno Balz, Detlef Sierck (= Douglas Sirk). Produktion: Universum-Film AG (Ufa). Produzent: Bruno Duday. Länge: 98 Minuten, Schwarz-Weiß.

Darsteller: Zarah Leander (Astrée Sternhjelm), Karl Martell (Dr. Sven Nagel), Ferdinand Marian (Don Pedro de Avila), Julia Serda (Ana Sternhjelm, Astrées Tante), Paul Bildt (Dr. Pardway), Edwin Jürgensen (Reeder Shumann), Boris Alekin (Dr. Luis Gomez), Carl Kuhlmann (Präfekt), Michael Schulz-Dornburg (kleiner Juan), Rosita Alcaraz (spanische Tänzerin), Lisa Helwig (alte Amme), Geza von Földessy (Chauffeur), Franz Arzdorf, Roma Bahn, Günther Ballier, Bob E. Bauer, Werner Finck, Karl Hannemann, Harry Hardt, Max Wilhelm, Hans Kettler, Carl Merznicht, Ernst Rotmund, Werner Scharf, Franz Stein.

1939. Boefje

Regie: Detlef Sierck (= Douglas Sirk). Buch: Curt Alexander. Vorlage: Szenarium von Carl Zuckmayer. Kamera: Akos Farkas. Bauten: A. H. Wegerif. Regie-Assistenz: Nol van Es. Schnitt: Rita Roland. Musik: Cor Steyn. Produktion: N.V. City-Film, Den Haag. Produzent: J. ter Linden. Länge: 108 Minuten, Schwarz-Weiß.

Darsteller: Annie van Ees (Jan Grovers, alias Boefje), Guus Brox (Pietje Puk), Albert van Dalsum (pastoor), Enny Heymans-Snijders (Vrouw Grovers), Piet Bron (Vader Grovers), Piet Köhler (Grootvader), Mien Duymaer van Twist (Floddermadam), Nel Oosthout, Myra Ward, Gijsbert Tersteeg, Anton Roemer, Matthieu van Eijsden, Cor Dommelshuizen, Tine Opscholtens, Hélène Berthé, Henry de Vries, Jan C. de Vos, Frits van Dijk, Jules Verstraete, Ludzer Eringa, Hans van der Werff, W. van Duin, Henk van Buuren, Johan Boezer, Jos Liesting, Pierre Balledux, K.H.E. Ladenstein, Charles Braakensiek, Jean Stapelveld, Sam de Vries, Jan van Dommelen, Herman Bouber, W. Versteeg, N. Soester, Johan Köhler, Emmy Arbous, Philippe La Chapelle, Tony Verwey, Guus Oster, Erna Balledux-Haffert.

1941. The Christian Brothers at Mont La Salle (Kurz-Dokumentation)

Regie: Douglas Sirk. Produktion: The Institute of the Brothers of the Christian Schools, Mont La Salle, Kalifornien. Länge: 12 Minuten, Farbe.

1942/1943. Hitler's Madman

Regie: Douglas Sirk. Buch: Peretz Hirshbein, Melvin Levy, Doris Malloy. Vorlage: Story ›Victims Victorious‹ von Emil Ludwig, Albrecht Joseph; angeregt durch ›Hangman's Village‹ von Bart Lytton und das Gedicht ›The Murder of Lidice‹ (1942) von Edna St. Vincent Millay. Kamera: Jack Greenhalgh. Technical Director: Eugen Schüfftan. Bauten: Fred Preble, Edward Willens, Edgar G. Ulmer. Regie-Assistenz: Mel De Lay. Schnitt: Dan Milner. Musik: Karl Hajos. Produktion: Angelus Pictures Inc., Hollywood / Metro-Goldwyn-Mayer (M-G-M) / Loew's Inc. Produzent: Seymour Nebenzahl. Länge: 84 Minuten, Schwarz-Weiß.

Darsteller: John Carradine (Heydrich), Patricia Morison (Jarmila Hanka), Alan Curtis (Karel Vavra), Howard Freeman (Himmler), Ralph Morgan (Jan Hanka), Edgar Kennedy (Nepomuk), Ludwig Stoessel (Mayor Herman Bauer), Al Shean (Father Semlanik), Elizabeth Russell (Maria Bartonek), Jimmy Conlin (Dvorak), Blanche Yurka (Anna Hanka), Jorja Rollins (Clara Janek), Victor Kilian (Janek), Johanna Hofer (Mrs. Marta Bauer), Wolfgang Zilzer (Colonel), Tully Marshall (Professor), Richard Bailey (Anton Bartonek), Richard Nichols (Stephen Bartonek), Betty Jean Nichols (Bartonek's daughter), Laura Lane (Minna), John Good (Rupert Hanka), Emmett Lynn (German), Peter Van Eyck (Gestapo), Richard Ryen (Gestapo), Otto Reichow (Gestapo), Sigurd Tor (Gestapo), Ben Webster (Old Man Masaryk).

1943/1944. Summer Storm

Regie: Douglas Sirk. Buch: Rowland Leigh, Douglas Sirk. Vorlage: Erzählung ›Drama na ochote‹ (›Eine Jagdpartie‹) (1884) von Anton Tschechov. Kamera: Archie J. Stout. Technical Consultant: Eugen Schüfftan. Bauten: Rudi Feld. Regie-Assistenz: William McGarry. Schnitt: Gregg Tallas. Musik: Karl Hajos, Paul Dessau. Produktion: Angelus Pictures Inc., Hollywood, für: United Artists Corp. (UA). Produzent: Seymour Nebenzahl. Länge: 106 Minuten, Schwarz-Weiß.

Darsteller: George Sanders (Fedja Michailovitch Petroff), Linda Darnell (Olga), Anna Lee (Nadina), Edward Everett Horton (Count Alexander Volsky), Hugo Haas (Urbenin), Lori Lahner (Clara), Sig Rumann (Kuzma), John Philliber (Polycarp), John Abbott (Lunin), Mary Servoss (Mrs. Kalenin), André Charlot (Anton Kalenin), Robert Greig (Gregory), Paul Hurst (Orloff), Charles Trowbridge (Doctor), Byron Foulger (Clerk in newspaper office), Charles Wagenheim (Mailman), Frank Orth (Café proprietor), Elizabeth Russell (Dinner guest), Ann Staunton (Dinner guest), Jimmy Conlin (Passerby), Kate MacKenna (Woman in courtroom), Fred Nurney (Judge), Sarah Padden (Beggar woman), Gabriel Lionoff (Priest), Mike Mazurki (Policeman), John Kelly (Policeman).

1945. A Scandal in Paris

Regie: Douglas Sirk. Buch: Ellis St. Joseph. Vorlage: ›Mémoires de Vidocq, chef de la police de Sûreté‹ (1828/29) von François Eugene Vidocq. Kamera: Guy Roe. Production Supervision: Eugene Shuftan (= Eugen Schüfftan). Bauten: Gordon Wiles. Regie-Assistenz: Joe Depew. Schnitt: Albrecht Joseph. Musik: Hanns Eisler. Produktion: Arnold Productions Inc., Hollywood, für: United Artists Corp. (UA). Produzent: Arnold Pressburger. Länge: 100 Minuten, Schwarz-Weiß.

Darsteller: George Sanders (Eugene-François Vidocq), Signe Hasso (Therese), Carole Landis (Loretta), Akim Tamiroff (Emile Vernet), Gene Lockhart (Richet, Chief of Police), Alma Kruger (Marquise de Pierremont), Alan Napier (Houdon), Jo Ann Marlowe (Mimi), Vladimir Sokoloff (Uncle Hugo), Pedro de Cordoba (Priest), Gisella Werbiseck (= Gisela Werbezirk) (Aunt Ernestine), Leona Maricle (Modiste), Fritz Leiber (Painter), Skelton Knaggs (Cousin Pierre), Fred Nurney (Cousin Gabriel), Marvin Davis (Little Louis).

1946/1947. Lured

Regie: Douglas Sirk. Buch: Leo Rosten, Douglas Sirk. Vorlage: Drehbuch ›Pièges‹ (1939) von Jacques Companéez, Ernest Neuville (= Ernst Neubach), Simon Gantillon. Kamera: William Daniels. Bauten: Nicolai Remisoff. Regie-Assistenz: Clarence Eurist. Musik: Michel Michelet, Franz Schubert (8. Sinfonie in b moll). Produktion: Oakmont Pictures, Hollywood, für: United Artists Corp. (UA). Produzent: James Nasser, Gregor Rabinovitch. Länge: 103 Minuten, Schwarz-Weiß.

Darsteller: George Sanders (Robert Fleming), Lucille Ball (Sandra Carpenter), Charles Coburn (Inspector Harley Temple), Boris Karloff (Charles van Druten, the Artist), Cedric Hardwicke (Julian Wilde), Joseph Calleia (Dr. Nicholas Moryani), Alan Mowbray (Lyle Maxwell alias Maxim Duval), George Zucco (Officer H.R. Barrett), Robert Coote (Detective, Temple's 2d asst.), Alan Napier (Detective

Gordon, Temple's 1st asst.), Tanis Chandler (Lucy Barnard), Jimmy Aubrey (Nelson, Mgr. of Dance Hall), Lynn Baggett (Robert's rejected girlfriend), Brooks Benedict (Concertgoer), Colin Campbell (Wilberforce, reads Art. 9 to Sir Charles), Jack Chefe (Pierre, the Headwaiter), Ann Codee (Matilda, van Druten's French maid), Charles Coleman (Sir Charles, the Banker), James Conaty (Concertgoer), Sayre Dearing (Concertgoer in Lobby), Cyril Delevanti (Medical Examiner), Herbert Evans (Fleming's Butler), Alex Frazer (Prof Harkness, Baudelaire Expert), Gerald Hamer (Harry Milton, Theatrical Agent), Sam Harris (Old Man at Concert Asking For Whiskey), Mike Lally (Mike, Nightclub Bartender), Isabel La Mal (Dowager shushing Fleming at Concert), Ethelreda Leopold (Blonde nightclub singer), Harold Miller (Concertgoer in Lobby), Eddie Parks (Oswald Pickering, Dance Hall Customer), Jeffrey Sayre (Concertgoer).

1947. Sleep, My Love

Regie: Douglas Sirk. Buch: St. Clair McKelway, Leo Rosten. Kamera: Joseph A. Valentine. Bauten: William Ferrari. Regie-Assistenz: Clarence Eurist. Schnitt: Lynn Harrison. Musik: Rudy Schrager. Produktion: Triangle Productions Inc., Hollywood, für: United Artists Corp. (UA). Produzent: Charles ›Buddy‹ Rogers, Ralph Cohn. Länge: 97 Minuten, Schwarz-Weiß.

Darsteller: Claudette Colbert (Alison Courtland), Robert Cummings (Bruce Elcott), Don Ameche (Richard W. Courtland), Rita Johnson (Barby), George Coulouris (Charles Vernay), Queenie Smith (Mrs. Grace Vernay), Ralph Morgan (Dr. Rhinehart), Keye Luke (Jimmie Lin), Fred Nurney (Haskins), Raymond Burr (Detective Sgt. Strake), Maria San Marco (= Marya Marco) (Jeannie Lin), Lillian Bronson (Helen, the Maid), Hazel Brooks (Daphne), Murray Alper (Drunk), Edgar Dearing (Hannigan), Jimmie Dodd (Elevator Boy), Robert Dudley (Peeping Tom at The Maples), Eddie Dunn (Bartender), James Flavin (Police Lt. Mitchell), Bess Flowers (Ms. Miller), Ralph Montgomery (Airport Extra), Ralph Peters (Mac), Lillian Randolph (Parkhurst's Maid), Syd Saylor (Milkman), Charles Sherlock (Passerby), Anne Triola (Waitress), Lee Tung-Foo (Wedding Official), Beal Wong (Wedding Guest).

1948. Slightly French

Regie: Douglas Sirk. Buch: Karen DeWolf. Vorlage: Story von Herbert Fields. Kamera: Charles Lawton Jr. Bauten: Carl Anderson. Regie-Assistenz: Paul Donnelly. Schnitt: Al Clark. Musik: George Duning. Produktion: Columbia Pictures Corp. Produzent: Irving Starr. Länge: 81 Minuten, Schwarz-Weiß.

Darsteller: Dorothy Lamour (Mary O'Leary aka Rochelle Olivia), Don Ameche (John Gayle), Janis Carter (Louisa Gayle), Willard Parker (Douglas Hyde), Adele Jergens (Yvonne La Tour), Jeanne Manet (Nicolette), Patricia White (Hilda), Symona Boniface (Party Guest), Paul Bradley (Reporter), Earl Brown, Jack Bruce (Carnival Barker), Leonard Carey (Wilson), Kernan Cripps (Carnival Barker), Roy Darmour, Hal K. Dawson (Whitaker), Jack Deery (Nightclub Charity Guest), Jack Del Rio, Franklyn Farnum (Party Guest), Frank Ferguson (Marty Freeman), Bess Flowers (Party Guest), George Ford (Party Guest), Kenneth Gibson (Nightclub Charity Guest), Dick Gordon (Photographer), Herschel Graham (Nightclub Charity Guest).

1948. Shockproof

Regie: Douglas Sirk. Buch: Helen Deutsch, Samuel Fuller. Kamera: Charles Lawton Jr. Bauten: Carl Anderson. Regie-Assistenz: Earl Bellamy. Schnitt: Gene Havlick. Musik: George Duning. Produktion: Columbia Pictures Corp. Produzent: S. Sylvan Simon, Helen Deutsch. Länge: 79 Minuten, Schwarz-Weiß.

Darsteller: Cornel Wilde (Griff Marat), Patricia Knight (Jenny Marsh), John Baragrey (Harry Wesson), Esther Minciotti (Mrs. Marat), Howard St. John (Sam Brooks), Russell Collins (Frederick Bauer), Charles Bates (Tommy Marat), Gilbert Barnett (Barry), Frank Jaquet (Monte), Frank Ferguson (Logan), Ann Shoemaker (Dr. Daniels), King Donovan (Joe Wilson), Claire Carleton (Florrie Kobiski), Al Eben (Joe Kobiski), Fred F. Sears (Clerk), Jimmy Lloyd (Clerk), Isabel Withers (Switchboard operator), Chuck Hamilton (Policeman), Brian O'Hara (Policeman), James Flavin (Policeman in Park), Virginia Farmer (Mrs. Terrence, Landlady), Earle Hodgins (Race Caller), Lester Sharpe (Proprietor), Charles Marsh (Manager), George J. Lewis (Border Patrolman), Paul Bryar (Man in Car), Shirley Adams (Emmy), Yolanda Lacca (Girl), Argentina Brunetti (Stella), Charles Jordan (Hamburger man), Buddy Swan (Teenage boy), Robert Scott (Boy), Norman Ollestad (Boy), John A. Butler (Sam Green, Pawnbroker), Crane Whitley (Foreman), Robert R. Stephenson (Drunk), Richard Benedict (›Kid‹), Arthur Space (Police inspector), Cliff Clark (Mac, Police lieutenant), Nita Mathews (Nurse).

1950/1951. The First Legion

Regie: Douglas Sirk. Buch: Emmet Lavery. Vorlage: Bühnenstück ›The First Legion‹ (1934) von Emmet Lavery. Kamera: Robert de Grasse. Bauten: Clem Widrig, Winston Jones. Regie-Assistenz: Ralph Slosser. Schnitt: Francis D. Lyon. Musik: Hans Sommer. Produktion: Sedif Pictures Corp. für: United Artists Corp. (UA). Produzent: Douglas Sirk, Rudolph Joseph. Länge: 86 Minuten, Schwarz-Weiß.

Darsteller: Charles Boyer (Father Marc Arnoux), William Demarest (Monsignor Michael Carey), Lyle Bettger (Dr. Peter Morrell), Barbara Rush (Terry Gilmartin), Leo G. Carroll (Father Rector Paul Duquesne), Walter Hampden (Father Edward Quarterman), Wesley Addy (Father John Fulton), Taylor Holmes (Father Keene), H.B. Warner (Fr. Jose Sierra), George Zucco (Father Robert Stuart), John McGuire (Father Tom Rawleigh), Clifford Brooke (Brother Clifford), Dorothy Adams (Mrs. Dunn), Molly Lamont (Mrs. Nora Gilmartin), Queenie Smith (Henrietta), Jacqueline De Wit (Miss Hamilton), Bill Edwards (Joe).

1950. Mystery Submarine

Regie: Douglas Sirk. Buch: George W. George, George F. Slavin. Kamera: Clifford Stine. Bauten: Bernard Herzbrun, Robert F. Boyle. Regie-Assistenz: Milton Carter, Charles Bennett. Schnitt: Virgil W. Vogel, Russell Schoengarth, Ralph Dawson. Musik: Milton Rosen. Produktion: Universal International Pictures Co. Inc. Produzent: Ralph Dietrich. Länge: 78 Minuten, Schwarz-Weiß.

Darsteller: Macdonald Carey (Dr. Brett Young), Marta Toren (Madeline Brenner), Robert Douglas (Cmdr. Eric von Molter), Ludwig Donath (Dr. Adolph Guernitz), Carl Esmond (Lt. Heldman), Fred Nurney (Bruno), Steve Pendleton (Asst. U. S. Atty. Paul Rodgers), Howard Negley (Capt. Elliott), Jacqueline Dalya (Carla von Molter), Katherine Warren (Mrs. Weber), Ralph Brooks (Stefan), Paul Hoffman (Hartwig), Bruce Morgan (Kramer), Peter Michael (Crew member), Larry Winter (Crew member), Frank Rawls (Crew member), Peter Similuk (Crew member), Damian O'Flynn (Admiral), Jim Hayward (Yacht captain), Lester Sharpe (Captain of the North Star), George L. Spaulding (Admiral), Keith Richards (Jenkins), Orlando Beltran (Belgrana Hospital orderly), Richard Mayer (Navy lieutenant), Thomas Browne Henry (Mr. Hagen).

1950/1951. Thunder on the Hill

Regie: Douglas Sirk. Buch: Andrew Solt, Oscar Saul. Vorlage: Bühnenstück ›Bonaventure‹ (1949) von Charlotte Hastings. Kamera: William Daniels. Bauten: Art Dir: Bernard Herzbrun, Nathan Juran. Regie-Assistenz: John Sherwood. Schnitt: Ted J. Kent. Musik: Hans J. Salter. Produktion: Universal International Pictures Co. Inc. (UI). Produzent: Michel Kraike. Länge: 84 Minuten, Schwarz-Weiß.

Darsteller: Claudette Colbert (Sister Mary), Ann Blyth (Valerie Carns), Robert Douglas (Dr. Jeffreys), Anne Crawford (Isabel Jeffreys), Philip Friend (Sidney Kingham), Gladys Cooper (Mother Superior), Michael Pate (Willie), John Abbott (Abel Harmer), Connie Gilchrist (Sister Josephine), Gavin Muir (Melling), Phyllis Stanley (Nurse Phillips), Norma Varden (Pierce), Valerie Cardew (Nurse Colby), Queenie Leonard (Mrs. Smithson), Patrick O'Moore (Mr. Smithson), Arthur Gould-Porter (Proprietor), Tudor Owen (Old man), Patricia O'Callaghan (Sister Helen), Felippa Rock (Sister Agatha), Alma Lawton (Nurse Brent), Betty Fairfax (Old woman), Tempe Pigott (Old crone), Steve Clark (Mr. Moore), Bill O'Leary (Mr. Evans), Ian Murray (Officious man), Lillie Burden (Villager), Pamela Henderson (Novice), Daphny O'Callaghan (Novice).

1951. The Lady Pays Off

Regie: Douglas Sirk. Buch: Frank Gill Jr., Albert J. Cohen. Kamera: William H. Daniels. Bauten: Bernard Herzbrun, Robert F. Boyle. Regie-Assistenz: Fred Frank. Schnitt: Russell F. Schoengarth. Musik: Frank Skinner. Produktion: Universal International Pictures Co. Inc. (UI). Produzent: Albert J. Cohen. Produktionsleitung: Mack D'Agostino. Länge: 80 Minuten, Schwarz-Weiß.

Darsteller: Linda Darnell (Evelyn Walsh Warren), Stephen McNally (Matt Braddock), Gigi Perreau (Diane Braddock), Virginia Field (Kay Stoddard), Ann Codee (Marie), Nestor Paiva (Manuel), Katherine Warren (Dean Bessie Howell), James Griffith (Ronald), Billy Newell (Bartender), Paul McVey (Speaker), Billy Wayne (Croupier), Lynne Hunter (Minnie), Jerry Hausner (Cab driver), John Doucette (Cab driver), Tristram Coffin (Carl), Ric Roman (Ricky), Nolan Leary (Doctor), Judd Holdren (Face), Maynard Holmes (Face), Stuart Randall (Face), Mickey Simpson (Burly houseman), Sayre Deering (Dealer), Jack Chefe (Maitre d'), Dorothy Nasser, Richard Gordon, Mildred Sellers, Vic Romito.

1951. Week-End with Father

Regie: Douglas Sirk. Buch: Joseph Hoffman. Vorlage: Story von George F. Slavin, George W. George. Kamera: Clifford Stine. Bauten: Bernard Herzbrun, Robert F. Boyle. Regie-Assistenz: Fred Frank, Phil Bowles. Musik: Frank Skinner. Produktion: Universal International Pictures Co. Inc. (UI). Produzent: Ted Richmond. Länge: 83 Minuten, Schwarz-Weiß.

Darsteller: Van Heflin (Brad Stubbs), Patricia Neal (Jean Bowen), Gigi Perreau (Anne Stubbs), Virginia Field (Phyllis Reynolds), Richard Denning (Don Adams), Jimmy Hunt (Gary Bowen), Tommy Rettig (David Bowen), Janine Perreau (Patty Stubbs), Maudie Prickett, Gary Pagett (Eddie), Forrest Lewis (Clarence Willett). Robert Rockwell (Kennedy), Charles J. Flynn (Burke), Richard Garland (Rogers), Cindy Garner (Dorothy), Frances Williams (Cleo), Elvia Allman (Mrs. G.), Dorothy Neumann (Rita), George Stern (Tommy's father), Marshall Reed (Engle), Hal Smith (Television M. C.), Katie Lee (Mother), Anitra Sparrow (Mother), Ralph Montgomery (Egbert's father), Jack Reynolds (Workman), Abe Dinovitch (Workman), Lloyd Jenkins (Ranger in boat), Robin Camp (Piano player), David Newell (Father), Carl Saxe (Eddie's father), James Gray (Owner), Billy Clark (Tommy), Alan Mendez (Egbert), Beverly Simmons (Gertrude), Martha Mears (Singer), Linda Green (Girl), Lynette Bryant (Girl), Beverly Monk (Girl), Dicke June Williams (Girl), Sammy Ogg (Boy), Ronald Hooker (Boy), Tony Taylor (Boy), Harland Conrad (Boy), Carol Dee (Child), Pat Pagett (Child), Frances Karath (Child), Jimmy Karath (Child), Patrick Ward (Child).

1951/1952. Has Anybody Seen My Gal?

Regie: Douglas Sirk. Buch: Joseph Hoffman. Vorlage: Story von Eleanor H. Porter. Kamera: Clifford Stine. Bauten: Bernard Herzbrun, Hilyard M. Brown. Regie-Assistenz: Fred Frank. Schnitt: Russell F. Schoengarth. Musik: Herman Stein. Produktion: Universal International Pictures Co. Inc. (UI). Produzent: Ted Richmond. Länge: 89 Minuten, Farbe.

Darsteller: Piper Laurie (Millie Blaisdell), Rock Hudson (Dan Stebbins), Charles Coburn (Samuel G. Fulton, aka John Smith), Gigi Perreau (Roberta Blaisdell), Lynn Bari (Harriet Blaisdell), William Reynolds (Howard Blaisdell), Larry Gates (Charles Blaisdell), Skip Homeier (Carl Pennock), Paul Harvey (Judge Wilkins), Paul McVey (Mr. Pennock), Gloria Holden (Mrs. Pennock), Frank Ferguson (Edward Norton), Forrest Lewis (Martin Quinn), Fred Nurney (Fredericks), Sally Creighton (Arline Benson), Helen Wallace (Shirley White), Willard Waterman (Dr. Wallace), Fritz Feld (Alvarez), Emory Parnell (Clancy), Charles Flynn (Joe), Barney Phillips (Workman), William Fawcett (Caretaker), Edna Holland (Seamstress), Leon Tyler (Personality boy), Charles Williams (Reporter), Joey Ray (Gambler), Sam Pierce (Gambler), Mack Chandler (Gambler), Harry Mendoza (Batson), James Guilfoyle (Jailer).

1952. No Room for the Groom

Regie: Douglas Sirk. Buch: Joseph Hoffman. Vorlage: Roman ›My True Love‹ (1945) von Darwin L. Teilhet. Kamera: Clifford Stine. Bauten: Bernard Herzbrun, Richard H. Riedel. Regie-Assistenz: Fred Frank, George Lollier. Schnitt: Russell F. Schoengarth. Musik: Frank Skinner. Produktion: Universal International Pictures Co. Inc. (UI). Produzent: Ted Richmond. Länge: 82 Minuten, Schwarz-Weiß.

Darsteller: Tony Curtis (Alvah Morrell), Piper Laurie (Lee Kingshead), Don DeFore (Herman Strouple), Spring Byington (Mama Kingshead), Lillian Bronson (Aunt Elsa), Paul McVey (Dr. Trotter), Stephen Chase (Dr. Taylor), Lee Aaker (Donovan Murray), Jack Kelly (Will Stubbins), Frank Sully (Cousin Luke), James Parnell (Cousin Mike), Lee Turnbull (Cousin Pete), Dolores Mann (Cousin Susie), Elsie Baker (Cousin Julie), Alice Richey (Cousin Kate), Lynne Hunter (Cousin Betty), Fess Parker (Cousin Ben), Fred J. Miller (Cousin Henry), Helen Noyes (Cousin Emmy), Janet Clark (Cousin Dorothy), William O'Driscoll (Relative), Harold Lockwood (Relative), Catherine Howard (Relative), Lucille LaMarr (Relative), David Janssen (Soldier), Ted Jordan (Soldier), Nicky Blair (Soldier), Tyler McDuff (Soldier), Tommy Long (Soldier), Paul Ely (Soldier), Harris Brown (Judge McCoy), Bill Baldwin (Doctor), Liz Slifer (Mrs. McCoy), Steve Wayne (Bellhop), Jack Daly (Customer at bar), Doug Banks (Orderly), Monte Montague (Conductor), Cy Stevens (Witness), Richard Mayer (Man on street).

1952. Meet Me at the Fair

Regie: Douglas Sirk. Buch: Irving Wallace. Vorlage: Short story ›The Great Companions‹ (1951) von Gene Markey. Kamera: Maury Gertsman. Bauten: Bernard Herzbrun, Eric Orbom. Regie-Assistenz: Fred Frank, Phil Bowles. Schnitt: Russell F. Schoengarth. Musik: Milton Rosen, Herman Stein. Musikalische Leitung: Joseph Gershenson. Lieder: Milton Rosen, Frederick Herbert, F.E. Miller, Benjamin Crothers, Kenny Williams, Marvin Wright, Franz Schubert, George Cooper, Henry Tucker, Stan Freeburg, Stephen Foster, Hughie Cannon. Produktion: Universal International Pictures Co. Inc. (UI). Produzent: Albert J. Cohen. Länge: 87 Minuten, Farbe.

Darsteller: Dan Dailey (Doc Tilbee), Diana Lynn (Zerelda Wing), Chet Allen (Tad), ›Scat Man‹ Crothers (Enoch), Hugh O'Brian (Chilton Corr), Carole Mathews (Clara), Rhys Williams (Pete McCoy), Thomas E. Jackson (Billy Gray), Russell Simpson (Sheriff Evans), George Chandler (Leach), Virginia Brissac (Mrs. Spooner), John Maxwell (Mr. Spooner), Doris Packer (Mrs. Swaile), Edna Holland (Miss Burghey), George L. Spaulding (State governor), Paul Gordon (Cyclist), Johnson & Diehl (Juggling act), The Black Brothers (Acrobatic comedy act), George Riley (Master of ceremonies), Iron Eyes Cody (Indian chief), June Evans (Woman offstage), Max Wagner (Iceman), Phil Arnold (Man offstage), Donald Kerr (Stage manager), Robert Shafto (Disraeli), George Arglen (Howie), Jon Gardner (Ed), Sam Pierce (Party stooge), Franklyn Farnum (Wall Street tycoon), Harte Wayne (Wall Street tycoon), Roger Moore (Wall Street tycoon), Jack Gargan (District Attorneys secretary), Brick Sullivan (Policeman), Dante Dipaolo (Specialty dancer).

1952. Take Me to Town

Regie: Douglas Sirk. Buch: Richard Morris. Vorlage: Story ›Flame of Timberline‹ von Richard Morris. Kamera: Russell Metty. Bauten: Alexander Golitzen, Hilyard M. Brown. Regie-Assistenz: Joseph E. Kenny, Gordon McLean. DIA-REG: Jack Daniels. Schnitt: Milton Carruth. Ton: Leslie I. Carey, Richard DeWeese. Musik: Musikalische Leitung: Joseph Gershenson. Lieder: Frederick Herbert, Milton Rosen, Lester Lee, Dan Shapiro, John Bacchus Dykes. Produktion: Universal International Pictures Co. Inc. (UI). Produzent: Ross Hunter, Leonard Goldstein. Produktionsleitung: Edward Dodds. Länge: 81 Minuten, Farbe.

Darsteller: Ann Sheridan (Vermilion O'Toole), Sterling Hayden (Will Hall), Philip Reed (Newton Cole), Lee Patrick (Rose), Lee Aaker (Corney), Harvey Grant (Petey), Dusty Henley (Bucket), Larry Gates (Ed Daggett), Forrest Lewis (Ed Higgins), Phyllis Stanley (Mrs. Stoffer), The Pickett Sisters: Dorothy Neumann (Felice Pickett), Ann Tyrrell (Louise Pickett), Robert Anderson (Chuck Ryan), Frank Sully (Sammy), Lane Chandler (Mike), Guy Williams (Hero), Alice Kelley (Heroine, Ida), Ruth Hampton (Dance hall girl), Jackie Loughery (Dance hall girl), Valerie Jackson (Dance hall girl), Anita Ekberg (Dance hall girl), Bill Baldwin (Railroad clerk), Robert Easton (Vendor), Fess Parker (Long John), Jim Diehl (Logger), Hugh Prosser (Logger), Cliff Lyons (Stagecoach driver), Mickey Little (Boy), Jimmy Karath (Boy), Jerry Wayne (Boy), Dusty Walker (Singer).

1952/1953. All I Desire

Regie: Douglas Sirk. Buch: James Gunn, Robert Blees. Vorlage: Roman ›Stopover‹ (1951) von Carol Brink. Kamera: Carl E. Guthrie. Bauten: Bernard Herzbrun, Alexander Golitzen. Regie-Assistenz: Joseph E. Kenny, Ronnie Rondell. Schnitt: Milton Carruth. Musik: David Lieberman. Produktion: Universal International Pictures Co. Inc. (UI). Produzent: Ross Hunter. Länge: 79 Minuten, Schwarz-Weiß.

Darsteller: Barbara Stanwyck (Naomi Murdock), Richard Carlson (Henry Murdoch), Lyle Bettger (Dutch Heineman), Marcia Henderson (Joyce Murdoch), Lori Nelson (Lily Murdoch), Maureen O'Sullivan (Sara Harper), Richard Long (Russ Underwood), Billy Gray (Ted Murdoch), Lotte Stein (Lena Maria Svenson), Dayton Lummis (Col. Underwood), Fred Nurney (Hans Peterson), Thomas E. Jackson (Dr. Tomlin), Virginia Brissac (Mrs. Tomlin), Lela Bliss (Belle), Guy Williams (Philip), Stuart Whitman (Dick), Charles Hand (John), Lois Austin (Mrs. Underwood), Guy Wilkerson (Clem), Henry Hoople (Clay), Alan DeWitt (Printer), Mary Newton (Mrs. Atkins), Edmund Cobb (Hack Driver), Wheaton Chambers (Mr. Atkins), Sally Fraser (Daughter), Henry Blair (Boy senior).

1953. Taza, Son of Cochise

Regie: Douglas Sirk. Buch: George Zuckerman. Vorlage: Story von Gerald Drayson Adams. Kamera: Russell Metty. Bauten: Bernard Herzbrun, Emrich Nicholson. Regie-Assistenz: Tom Shaw. Schnitt: Milton Carruth. Musik: Frank Skinner. Produktion: Universal International Pictures Co. Inc. (UI). Produzent: Ross Hunter. Länge: 79 Minuten, Farbe.

Darsteller: Rock Hudson (Taza), Barbara Rush (Oona), Gregg Palmer (Captain Burnett), Bart Roberts (Naiche), Morris Ankrum (Grey Eagle), Gene Iglesias (Chato), Richard H. Cutting (Cy Hegan), Ian MacDonald (Geronimo), Robert Burton (General Crook), Joe Sawyer (Sgt. Hamma), Lance Fuller (Lt. Willis), Brad Jackson (Lt. Richards), James Van Horn (Skinya), Charles Horvath (Kocha), Robert Hoy (Lobo), Barbara Burck (Mary), Dan White (Tiswin Charlie), Jeff Chandler (Cochise), William Leslie (Cavalry Sergeant), Edna Parrish (Indian), Seth T. Bigman (Indian), John Kay Hawks (Soldier).

1953/1954. Magnificent Obsession

Regie: Douglas Sirk. Buch: Robert Blees. Vorlage: Roman ›Magnificent Obsession‹ (1932) von Lloyd C. Douglas, Drehbuch (1935) von Sarah Y. Mason, Victor Heerman. Kamera: Russell Metty. Bauten: Bernard Herzbrun, Emrich Nicholson. Regie-Assistenz: William Holland, Gordon McLean. Schnitt: Milton Carruth. Musik: Frank Skinner. Produktion: Universal International Pictures Co. Inc. (UI). Produzent: Ross Hunter. Länge: 108 Minuten, Farbe.

Darsteller: Jane Wyman (Helen Phillips), Rock Hudson (Bob Merrick aka Robbie Robinson), Agnes Moorehead (Nancy Ashford), Otto Kruger (Randolph), Barbara Rush (Joyce Phillips), Gregg Palmer (Tom Masterson), Paul Cavanagh (Dr. Giraud), Sara Shane (Valerie), Richard H. Cutting (Dr. Dodge), Judy Nugent (Judy), Helen Kleeb (Mrs. Eden), Rudolph Anders (Dr. Fuss), Fred Nurney (Dr. Laradetti), John Mylong (= Jack Mylong-Münz) (Dr. Hofer), Alexander Campbell (Dr. Allan), Mae

Clarke (Mrs. Miller), Harvey Grant (Chris), Joe Mell (Dan), Robert B. Williams (Sgt. Burnham), Will White (Sgt. Ames), George Lynn (Williams), Jack Kelly (Mechanic), Lee Roberts (Mechanic), Lisa Gaye (Switchboard girl), Kathleen O'Malley (Switchboard girl), William Leslie (Customer), Lance Fuller (Customer), Brad Jackson (Customer), Myrna Hansen (Customer), Harold Dyrenforth (Mr. Jouvet), Norbert Schiller (Mr. Long), Paul Levitt (Anaesthetist), Joy Hallward (Maid), Ouida Hillman (Friend), Frederick Stevens (Cafe owner), Helen Winston (Receptionist), Gail Bonney (Phyllis), Bill Malkin (Doctor), Charles Victor (Doctor), George Brand (Doctor), Ray Quinn (Doctor), Jack Gargan (Doctor), Greta Ullman (Flower saleswoman), Jack Chefe (Waiter), Robert Herron (Taxi driver), Lucille Lamar (Nurse), Herschel Graham.

1953/1954. Sign of the Pagan

Regie: Douglas Sirk. Buch: Oscar Brodney, Barré Lyndon. Kamera: Russell Metty. Bauten: Alexander Golitzen, Emrich Nicholson. Regie-Assistenz: John Sherwood, Marshall Green, George Lollier. Schnitt: Milton Carruth, Al Clark. Musik: Frank Skinner, Hans J. Salter. Produktion: Universal International Pictures Co. Inc. (UI). Produzent: Albert J. Cohen. Länge: 95 Minuten, Farbe, Breitwand.

Darsteller: Jeff Chandler (Marcian), Jack Palance (Attila), Ludmilla Tchérina (Princess Pulcheria), Rita Gam (Kubra), Jeff Morrow (General Paulinus), George Dolenz (Emperor Theodosius), Eduard Franz (Astrologer), Allison Hayes (Ildico), Alexander Scourby (Chrysaphius), Howard Petrie (Gundahar), Michael Ansara (Edecon), Leo Gordon (Bleda), Moroni Olsen (Pope Leo I), Fred Nurney (Chamberlain), Sara Shane (Myra), Pat Hogan (Sangiban), Robo Bechi (Chilothe), Charles Horvath (Olt), Glenn Thompson (Seyte), Chuck Robertson (Mirrai), Walter Coy (Emperor Valentinian), Rusty Wescoatt (Tula), Norbert Schiller (Seer), Sim Iness (Herculanus), Edward Earle (Senator).

1954. Captain Lightfoot

Regie: Douglas Sirk. Buch: W.R. Burnett, Oscar Brodney. Vorlage: Roman ›Captain Lightfoot‹ (1954) von W.R. Burnett. Kamera: Irving Glassberg. Bauten: Alexander Golitzen, Eric Orbom. Regie-Assistenz: John Sherwood. Schnitt: Frank Gross. Musik: Frank Skinner. Produktion: Universal International Pictures Co. Inc. (UI). Produzent: Ross Hunter. Länge: 94 Minuten, Farbe, Breitwand

Darsteller: Rock Hudson (Michael Martin), Barbara Rush (Aga Doherty), Jeff Morrow (Captain Thunderbolt), Kathleen Ryan (Lady Anne More), Finlay Currie (Callahan), Denis O'Dea (Regis Donnell), Geoffrey Toone (Captain Hood), Hilton Edwards (Lord Glen), Sheila Brennan (Waitress), Harold Goldblatt (Brady), Charles Fitzsimons (Dan Shanley), Christopher Casson (Lord Clonmell), Philip O'Flynn (Trim), Shay Gorman (Tim Keenan), Kenneth MacDonald (Desmond, High Steward), Robert Bernal (Clagett), Louise Studley (Cathy), James Devlin (Tuer O'Brien), Mike Nolan (Willie the Goat), Edward Aylward (Big Tom), Lord Mount Charles

(English Gentleman), Lady Mount Charles (English Lady), Oliver McGauley (Shamus O'Neill), Nigel Fitzgerald (Sir George Bracey), Paul Farrell (Magistrate), Austin Meldon (Sir Edward Grant).

1955. All That Heaven Allows

Regie: Douglas Sirk. Buch: Peg Fenwick. Vorlage: Story von Edna L. Lee, Harry Lee. Kamera: Russell Metty. Bauten: Alexander Golitzen, Eric Orbom. Regie-Assistenz: Joseph E. Kenny, George Lollier, Gordon McLean. Schnitt: Frank Gross. Musik: Frank Skinner. Produktion: Universal International Pictures Co. Inc. (UI). Produzent: Ross Hunter. Länge: 89 Minuten, Farbe.

Darsteller: Jane Wyman (Cary Scott), Rock Hudson (Ron Kirby), Agnes Moorehead (Sara Warren), Conrad Nagel (Harvey), Virginia Grey (Alida), Gloria Talbott (Kay), William Reynolds (Ned), Charles Drake (Mick Anderson), Hayden Rorke (Dr. Hennessy), Jacqueline DeWit (Mona Plash), Leigh Snowden (Jo-Ann), Donald Curtis (Howard Hoffer), Alex Gerry (George Warren), Nestor Paiva (Manuel), Forrest Lewis (Mr. Weeks), Tol Avery (Tom Allenby), Merry Anders (Mary Ann), Helene Heigh (Ann), Vernon Rich (Bill), Paul Keast (Mark Plash), David Janssen (Freddie Norton), Gia Scala (Manuel's Daughter), Eleanor Audley (Mrs. Humphrey), Paul Smith (Tom), Jim Hayward (John), Alan DeWitt (Stationmaster), Helen Mayon (Nurse), Rosa Turich (Rozanna), Anthony Jochim (Mr. Adams), Joseph Mell (Mr. Gow), Helen Andrews (Myrtle), Lillian Culver (Mrs. Taylor), Donna Jo Gribble (Miss Taylor).

1955. There's Always Tomorrow

Regie: Douglas Sirk. Buch: Bernard C. Schoenfeld. Vorlage: Story ›There's Always Tomorrow‹ von Ursula Parrott. Kamera: Russell Metty. Bauten: Alexander Golitzen, Eric Orbom. Regie-Assistenz: Joseph E. Kenny, Gordon McLean. Schnitt: William Morgan. Musik: Herman Stein, Heinz Roemheld. Produktion: Universal International Pictures Co. Inc. (UI). Produzent: Ross Hunter. Länge: 84 Minuten, Schwarz-Weiß.

Darsteller: Barbara Stanwyck (Norma), Fred MacMurray (Clifford Groves), Joan Bennett (Marion Groves), William Reynolds (Vinnie), Pat Crowley (Ann), Gigi Perreau (Ellen), Jane Darwell (Mrs. Rogers), Race Gentry (Bob), Myrna Hansen (Ruth), Judy Nugent (Frankie), Paul Smith (Bellboy), Helen Kleeb (Miss Walker), Jane Howard (Flower girl), Frances Mercer (Ruth Doran), Sheila Bromley (Woman from Pasadena), Dorothy Bruce (Sales manager), Hermine Sterler (Tourist's wife), Fred Nurney (Tourist), Hal Smith (Bartender), Louise Lorimer (Chic lady with dog), James Rawley (Foreman), Jack Lomas (Pianist), Jean Byron (Saleswoman), Bert Holland (Clerk), Carlyle Mitchell (Mr. Carl), Mack Williams (Norma's hotel clerk), Richard Mayer (Customer), Pat Meller (Groom), Vonne Lester (Junior executive), Lorelei Vitek, Ross Hunter.

1955/1956. Written on the Wind

Regie: Douglas Sirk. Buch: George Zuckerman. Vorlage: Roman ›Written on the Wind‹ (1946) von Robert Wilder. Kamera: Russell Metty. Bauten: Alexander Golitzen, Robert Clatworthy. Regie-Assistenz: William Holland, Wilson Shyer. Schnitt: Russell F. Schoengarth. Musik: Frank Skinner. Produktion: Universal International Pictures Co. Inc. (UI). Produzent: Albert Zugsmith. Länge: 100 Minuten, Farbe.

Darsteller: Rock Hudson (Mitch Wayne), Lauren Bacall (Lucy Moore Hadley), Robert Stack (Kyle Hadley), Dorothy Malone (Marylee Hadley), Robert Keith (Jasper Hadley), Grant Williams (Biff Miley), Robert J. Wilke (Dan Willis), Edward C. Platt (Doctor Paul Cochrane), Harry Shannon (Hoak Wayne), John Larch (Roy Carter), Joseph Granby (R. J. Courtney), Roy Glenn (Sam), Maidie Norman (Bertha), William Schallert (Reporter), Joanne Jordan (Brunette), Dani Crayne (Blonde), Dorothy Porter (Secretary), Jane Howard (Woman beer drinker), Floyd Simmons (Man beer drinker), Cynthia Patrick (Waitress), Glen Kramer (College boy), Phil Harvey (College boy), Colleen McClatchey (College girl), Carlene King Johnson (College girl), Robert Brubaker (Hotel manager), Bert Holland (Court clerk), Don C. Harvey (Taxi starter), Carl Christian (Bartender), Bud Widom (Bartender), Gail Bonney (Hotel floorlady), Paul Bradley (Maitre d'), Joe Bailey (State trooper), Robert Malcolm (Hotel proprietor), Chester Jones (Attendant), William O'Brien (Waiter), Kevin Corcoran (Little boy in drugstore).

1956. Battle Hymn

Regie: Douglas Sirk. Buch: Charles Grayson, Vincent B. Evans. Vorlage: Lebensgeschichte ›Battle Hymn‹ (1956) von Colonel Dean Hess. Kamera: Russell Metty. Bauten: Alexander Golitzen, Emrich Nicholson. Regie-Assistenz: Marshall Green, Terry Nelson. Schnitt: Russell F. Schoengarth. Musik: Frank Skinner. Produktion: Universal International Pictures Co. Inc. (UI). Produzent: Ross Hunter. Länge: 108 Minuten, Farbe, Breitwand.

Darsteller: Rock Hudson (Col. Dean Hess), Anna Kashfi (En Soon Yang), Dan Duryea (Sgt. Herman), Don DeFore (Capt. Skidmore), Martha Hyer (Mary Hess), Jock Mahoney (Maj. Moore), Alan Hale Jr. (Mess sergeant), James Edwards (Lt. Maples), Carl Benton Reid (Deacon Edwards), Richard Loo (Gen. Kim), Philip Ahn (Lun-Wa), Bartlett Robinson (Gen. Timberidge), Simon Scott (Lt. Hollis), Teru Shimada (Korean official), Carleton Young (Maj. Harrison), Jung Kyoo Pyo (Chu), Art Millan (Capt. Reardon), William Hudson (Navy lieutenant), Paul Sorensen (Sentry), Phil Harvey (Lt. Thompson), Warren Hsieh (Li), James Hong (Maj. Chang), Ralph Ahn (ROK officer), Stanley Cha (ROK officer), May Lee (Korean woman spy), Kenneth Osmond (Tommy Peterson), Reg Parson (Lt. Lang), Amzie Strickland (Mrs. Peterson), Steve Pendleton (Capt. in control room), Kenneth MacDonald (Three-star general).

1956. Interlude

Regie: Douglas Sirk. Buch: Daniel Fuchs, Franklin Coen. Vorlage: Drehbuch ›When Tomorrow Comes‹ (1939) von Dwight Taylor, Roman ›Serenade‹ von James M. Cain. Kamera: William Daniels. Bauten: Alexander Golitzen, Robert Emmet Smith. Regie-Assistenz: Marshall Green. Schnitt: Russell F. Schoengarth. Musik: Frank Skinner. Motive von: Ludwig van Beethoven (Symphonie Nr. 3 in E-Dur ›Eroica‹, Klaviersonate Nr. 14 op. 27 Nr. 2 in cis-Moll ›Mondscheinsonate‹), Wolfgang Amadeus Mozart (Symphonie Nr. 41 in C-Dur ›Jupiter-Symphonie‹, Symphonie Nr. 36 in C-Dur ›Linzer Symphonie‹), Richard Wagner (Ouvertüre zu ›Tannhäuser‹); Johannes Brahms (Symphonie Nr. 1 in c-Moll, op. 68), Franz Liszt (Consolation Nr. 3); Robert Schumann (Symphonie Nr. 4 in d-Moll). Produktion: Universal International Pictures Co. Inc. (UI). Produzent: Ross Hunter. Länge: 90 Minuten, Farbe, Breitwand.

Darsteller: June Allyson (Helen Banning), Rossano Brazzi (Tonio Fischer), Marianne Cook (= Marianne Koch) (Reni Fischer), Françoise Rosay (Countess Reinhart), Keith Andes (Dr. Morley Dwyer), Frances Bergen (Gertrude Kirk), Lisa Helwig (Housekeeper), Herman Schwedt (Henig), Anthony Tripoli (Dr. Smith), John Stein (Dr. Stein), Jane Wyatt (Prue Stubbins), Gerd Kinkhardt (Countess's servant), Rudolph Anders (Hans), Paul Cavanagh (Ashley).

1956/1957. The Tarnished Angels

Regie: Douglas Sirk. Buch: George Zuckerman. Vorlage: Roman ›Pylon‹ (1935) von William Faulkner. Kamera: Irving Glassberg. Bauten: Alexander Golitzen, Alfred Sweeney. Regie-Assistenz: David Silver, Wilbur Mosier. Schnitt: Russell F. Schoengarth. Musik: Frank Skinner. Produktion: Universal International Pictures Co. Inc. (UI). Produzent: Albert Zugsmith. Länge: 91 Minuten, Schwarz-Weiß, Breitwand.

Darsteller: Rock Hudson (Burke Devlin), Robert Stack (Roger Shumann), Dorothy Malone (LaVerne Shumann), Jack Carson (Jiggs), Robert Middleton (Matt Ord), Alan Reed (Colonel Fineman), Alexander Lockwood (Sam Hagood), Chris Olsen (Jack Shumann), Robert J. Wilke (Hank), Troy Donahue (Frank Burnham), William Schallert (Ted Baker), Betty Utey (Dancing Girl), Phil Harvey (Telegraph Editor), Steve Drexel (Young Man), Eugene Borden (Claude Mollet), Stephen Ellis (Mechanic), Jack Chefe (Chef at Roger's Memorial Dinner), Bess Flowers (Newspaper Office Clerk).

1957/1958. A Time to Love and a Time to Die

Regie: Douglas Sirk. Buch: Orin Jannings. Vorlage: Roman ›Zeit zu leben und Zeit zu sterben‹ (1954) von Erich Maria Remarque. Kamera: Russell Metty. Bauten: Alexander Golitzen, Alfred Sweeney. Regie-Assistenz: Joseph E. Kenny, Michael Braun. Schnitt: Ted J. Kent. Musik: Miklós Rózsa. Produktion: Universal International Pictures Co. Inc. (UI). Produzent: Robert Arthur. Länge: 133 Minuten, Farbe, Breitwand.

Darsteller: John Gavin (Ernst Graeber), Liselotte Pulver (Elizabeth Kruse Graeber), Jock Mahoney (Immerman), Don DeFore (Hermann Boettcher), Keenan Wynn (Reuter), Erich Maria Remarque (Professor Pohlmann), Dieter Borsche (Captain Rahe), Barbara Rütting (Woman Guerrilla), Thayer David (Oscar Binding), Charles Regnier (Joseph), Dorothea Wieck (Frau Lieser), Kurt Meisel (Heini), Agnes Windeck (Frau Witte), Clancy Cooper (Sauer), John van Dreelen (Political Officer), Klaus Kinski (Gestapo Lieutenant), Alice Treff (Frau Langer), Alexander Engel (Mad Air Raid Warden), Dana J. Hutton (= Jim Hutton) (Hirschland), Bengt Lindström (Steinbrenner), Wolf Harnisch (Sergeant Mücke), Karl Ludwig Lindt (Dr. Karl Fresenburg), Lisa Helwig (Frau Kleinert).

1958/1959. Imitation of Life

Regie: Douglas Sirk. Buch: Eleanore Griffin, Allan Scott. Vorlage: Roman ›Imitation of Life‹ (1933) von Fannie Hurst. Kamera: Russell Metty. Bauten: Alexander Golitzen, Richard H. Riedel. Regie-Assistenz: Frank Shaw, Wilson Shyer. Schnitt: Milton Carruth. Musik: Frank Skinner. Musikalische Leitung: Joseph Gershenson. Songs: ›Imitation of Life‹ (Fain/Webster), ›Empty Arms‹ (Hughes/Herbert), ›Trouble of the World‹ (trad.). Produktion: Universal International Pictures Co. Inc. (UI). Produzent: Ross Hunter. Länge: 125 Minuten, Farbe.

Darsteller: Lana Turner (Lora Meredith), John Gavin (Steve Archer), Sandra Dee (Susie, age 16), Susan Kohner (Sarah Jane, age 18), Robert Alda (Allen Loomis, Lora's opportunistic agent), Dan O'Herlihy (David Edwards), Karen Dicker (Sarah Jane, age 8), Terry Burnham (Susie, age 6), Sandra Gould (Annette), Juanita Moore (Annie Johnson), Mahalia Jackson (Choir Soloist), John Vivyan (Young man), Lee Goodman (Photographer), Ann Robinson (Showgirl), Troy Donahue (Frankie), David Tomack (Mr. McKenney), Joel Fluellen (Minister), Jack Weston (Tom), Billy House (Fat man on beach), Maida Severn (Teacher), Than Wyenn (Romano), Peg Shirley (Fay), Cicely Evans (Louise), Bess Flowers (Geraldine Moore), Paul Bradley (Preston Mitchell), Napoleon Whiting (Kenneth), Nelson Leigh (Doctor), John McNamara (Doctor), Lynne Hunter (Schoolteacher), Myrna Fahey (Actress).

1975. Sprich zu mir wie der Regen (Kurz-Spielfilm)

Regie: Douglas Sirk, Hajo Gies. Vorlage: Bühnenstück ›Talk to Me Like the Rain and Let Me Listen‹ (1953) von Tennessee Williams. Kamera: Dietrich Lohmann. Schnitt: Peter Przygodda. Mitarbeit: Bruno Bollhalder, Willy Brunner, Violetta Feix, Friedrich Kappeler, Hans-Peter Scheier, Johann Schmid, Jürgen Wöhrle. Produktion: Hochschule für Fernsehen und Film (HFF), München. Länge: 12 Minuten, Farbe.

Darsteller: Christian Quadflieg (Mann), Renate Reger (Frau).

1977. Silvesternacht – Ein Dialog (Kurz-Spielfilm)

Regie: Douglas Sirk; Hajo Gies. Vorlage: Bühnenstück ›Silvesternacht‹ (1900) von Arthur Schnitzler. Kamera: Jörg Schmidt-Reitwein. Regie-Assistenz: Uli Edel. Schnitt: Uli Edel. Mitarbeit: Gerhardt Becker, Wolfgang Berndt, Doris Dörrie, Martin Gressmann, Frank Heinig, Christoph Kühn, Wolfgang Odenthal, Ulrike Reim, Marco Serafini, Maud Thonfeld, Gisela Weilemann, Tomy Wigand, Frank Zumbach. Produktion: Hochschule für Fernsehen und Film (HFF), München. Länge: 18 Minuten, Farbe.

Darsteller: Hanna Schygulla, Christian Berkel.

1978. Bourbon Street Blues (Kurz-Spielfilm)

Regie: Douglas Sirk. Buch: Douglas Sirk. Vorlage: Einakter ›The Lady of Larkspur Lotion‹ (1941) von Tennessee Williams. Kamera: Michael Ballhaus. Bauten: Georg Borgel, Hans Schönherr, Maria E. Faria. Regie-Assistenz: Georg Borgel, Johann Schmid. Schnitt: Ingrid Broszat. Musik: Mark Foster. Mitarbeit: Michael Breining, Klaus Eichhammer, Gustavo Graef-Marino, Kurt Hieber, Andreas Kahlert, Dieter Laske, Werner Masten, Wolfgang Mazur, Michael Schaack, Hans Schönherr. Produktion: Hochschule für Fernsehen und Film (HFF), München. Produktionsleitung: Tilman Taube, Hans Schönherr. Länge: 24 Minuten, Farbe.

Darsteller: Annemarie Düringer, Rainer Werner Fassbinder, Doris Schade, Michael Breining.

Literaturhinweise

Bücher und Buchbeiträge

Theodor W. Adorno: Gesammelte Schriften. Band 7. Frankfurt/Main 1970.

Antonin Artaud: Le théâtre et son double. Paris 1985.

Jörg Becker: Spiegelungen. Berlin 2017.

Wolfgang Becker: Sehnsucht nach dem Liebesglück. In: Wolfgang Becker, Norbert Schöll (Hg.): Methoden und Praxis der Filmanalyse. Opladen 1983.

Raymond Bellour, Jacques Brochier (Hg.): Dictionaire du Cinéma. Paris 1966.

Walter Benjamin: Ursprung des deutschen Trauerspiels. In: Gesammelte Schriften. Band I.1. Frankfurt/Main 1974.

Eric Bentley: The Life of Drama. New York 1964.

Lauren Berlant: National Brands/National Body. In: Bruce Robbins (Hg.): The Phantom Public Sphere. Minneapolis, London 1997.

Harold Bloom: The Ringers in the Towers. Chicago, London 1971.

Hans-Michael Bock, Michael Töteberg (Hg.): Douglas Sirk. Imitation of Life. Frankfurt/Main 1997. (Erweiterte Ausgabe von Jon Halliday: Sirk on Sirk.)

Michael R. Booth: English Melodrama. London 1965.

Francis Bordat: Splendeurs et misères de l'imaginaire. In: Jacques Aumont (Hg.): Les Voyages du spectateur. Clamecy 2004.

Jean-Loup Bourget: Douglas Sirk. Toulouse 1984.

Thomas Brandlmeier: Das Elend mit dem transzendentalen Subjekt. In: Peter Kremski (Hg.): Film in der Revolution. Revolution im Film. Essen 1990.

Thomas Brandlmeier: Manoel de Oliveira und das groteske Melodram. Berlin 2010.

Thomas Brandlmeier: Film noir. Die Generalprobe der Postmoderne. München 2017.

Thomas Brandlmeier: Das Mädchen vom Moorhof. In: Friedemann Beyer, Norbert Grob (Hg.): Der NS-Film. Stuttgart 2018.

Ben Brewster, Lea Jacobs: Theatre to Cinema. New York 1997.

Peter Brooks: The Melodramatic Imagination. New Haven, London 1976.

Donna M. Campbell: Walden in the Suburbs. In: Anthony D. Hughes, Miranda J. Hughes (Hg.): Modern and Postmodern Cutting Edge Films. Newcastle 2008.

Christian Cargnelli, Michael Palm (Hg.): Und immer wieder geht die Sonne auf.

Noël Carrol: The Moral Ecology of Melodrama. In: Daniel Gerould (Hg.): Melodrama. New York 1980.

Alberto Castellano: Douglas Sirk. Rom 1988.

Catull: Sämtliche Gedichte. München 1974.

Emilio di Cavalieri: Rappresentazione di Anima, et di Corpo. Rom 1600.

John G. Cawelti: Adventure, Mystery, and Romance. Chicago, London 1975.

Marianne Conroy: »No Sin in Lookin' Prosperous«. In: David E. James, Rick Berg (Hg.): The Hidden Fountain. Minneapolis, London 1996.
Francis Courtade, Pierre Cadars: Geschichte des Films im Dritten Reich. München, Wien 1975.
Christof Decker: Hollywoods kritischer Blick (social melodrama). Frankfurt/Main 2003.
Gilles Deleuze: Présentation de Sacher-Masoch. Paris 1967.
Martin Roman Deppner: Zur Farbdramaturgie Douglas Sirks. In: Anne Hoormann, Karl Schawelka (Hg.): Who's afraid of: Zum Stand der Farbforschung. Weimar 1998.
Denis Diderot: Paradoxe sur le comédien. Paris 1978.
Dion = Dio Chrysostom: Discourses I – IX. London, Cambridge/Mass. 1971.
Maurice Disher: Blood and Thunder. London 1949.
Tobias Ebbrecht: Fenster, Spiegel und ein Fernseher. In: Bettina Menke u. a. (Hg.): Das Melodram. Ein Medienbastard. Berlin 2013.
Euripides: Alkestis. Stuttgart 1981.
Peter William Evans: Written on the Wind. London 2013.
Victoria L. Evans: Douglas Sirk, Aesthetic Modernism and the Culture of Modernity. Edinburgh 2019.
Leslie A. Fiedler: The Return of the Vanishing American. London 1972.
Lucy Fischer (Hg.): Imitation of Life. New Brunswick/N.J. 1991.
Florence Fix: Le Mélodrame. Paris 2011.
Jean Follain: Le mélodrame. In: Nöel Arnaud u. a. (Hg.): Entretiens sur la paralittérature. Paris 1970.
Margrit Frölich u. a. (Hg.): Das Gefühl der Gefühle. Marburg 2008.
Christine Gledhill (Hg.): Home Is Where the Heart Is. London 1987.
Lisa Gotto: Schwarz-Weiß-Malerei. In: Christian Hißnauer, Andreas Jahn-Sudmann (Hg.): Medien-Zeit-Zeichen. Marburg 2007.
Frieda Grafe: Filmfarben. Berlin 2002.
David Grimsted: Melodrama Unveiled. Chicago 1968.
Thomas O. Haaksen, Andrew Felicilda: Melodrama and its Double. In: Deborah Asher Barnstone (Hg.): The Doppelgänger. Oxford u. a. 2016.
Jon Halliday: Sirk on Sirk. London 1971.
Arnold Hauser: Sozialgeschichte der Kunst. München 1953.
Amadeus Haux: Melodramatischer Eskapismus. Marburg 2016.
G. W. F. Hegel: System der Sittlichkeit. Hamburg 1967.
G. W. F. Hegel: Werke 7. Grundlinien der Philosophie des Rechts. Frankfurt/Main 1970.
G. W. F. Hegel: Werke 3. Phänomenologie des Geistes. Frankfurt/Main 1970.
Robert B. Heilman: Tragedy and Melodrama. Seattle, London 1968.
Knut Hickethier, Andreas Stuhlmann: Douglas Sirk. Hamburg 2017.
Immanuel Kant: Kritik der reinen Vernunft. Leipzig 1922.
Immanuel Kant: Moralische Schriften. Leipzig 1922.

Hermann Kappelhoff: Matrix der Gefühle. Berlin 2004.
Barbara Klinger: Melodrama and Meaning. Bloomington, Indianapolis 1994.
Siegfried Kracauer: Jacques Offenbach und das Paris seiner Zeit. Zürich 1962.
Elisabeth Läufer: Skeptiker des Lichts. Frankfurt/Main 1987.
Karl Marx, Friedrich Engels: Das kommunistische Manifest. Berlin 1929.
Frank D. McConnell: The Spoken Seen. Baltimore, London 1971.
Michel Mourlet: Sur un art ignoré. Paris 1965.
Laura Mulvey, Jon Halliday (Hg.): Douglas Sirk. Edinburgh 1972.
Laura Mulvey: Fetishism and Curiosity. London 1996.
Laura Mulvey: Repetition and Return. In: John Gibbs, Douglas Pye (Hg.): Style and meaning. Manchester, New York 2005.
Thomas R. Nadar: The Director and the Diva. In: Robert C. Reimer (Hg.): Cultural History through a National Socialist Lens. Rochester u. a. 2000.
Steve Neale: Genre and Hollywood. London, New York 2000.
Ovid: Werke. Berlin, Weimar 1982.
Frank Rahill: The World of Melodrama. London 1967.
James L. Rosenberg: Melodrama. In: R. W. Corrigan, J. L. Rosenberg (Hg.): The Context and Craft of Drama. San Francisco 1964.
Jean-Jacques Rousseau: Oeuvres complètes. Band II. Paris 1909.
Tom Ryan: The Films of Douglas Sirk. Jackson 2019.
Louis de Saint Just: Oeuvres choisis. Paris 1968.
Andrew Sarris: The American Cinema. New York 1968.
Johann N. Schmidt: Ästhetik des Melodrams. Heidelberg 1986.
Georg Seeßlen: Kino der Gefühle. Reinbek 1980.
William Shakespeare: King Richard II. Berlin, Darmstadt 1955.
Ben Singer: Melodrama and Modernity. New York 2001.
James L. Smith: Melodrama. London 1973.
Michael Stern: Douglas Sirk. Boston 1979.
Anton Tschechov: Dama s sobotshkoj. Moskau 2020.
François Truffaut: Mr. Hitchcock, wie haben Sie das gemacht? München 1973.
Nicola Valle: Origini del melodramma. Rom 1936.
A. Nicholas Vardac: Stage to Screen. Cambridge/Mass. 1949.
JoAnn Wypijewski (Hg.): Painting by Numbers. Komar and Melamid's Scientific Guide to Art. Los Angeles 1999.
Karsten Witte: Lachende Erben, Toller Tag. Berlin 1995.

Zeitschriften- und Zeitungsbeiträge

Jean-Claude Biette: Les Noms de l'auteur. In: Cahiers du Cinéma, Nr. 293, 1978.
Patrice Blouin: 7 Mélos capitaux de Douglas Sirk. In: Cahiers du Cinéma, Nr. 571, 2002.
Eithe Bourget, Jean-Loup Bourget: Sur Douglas Sirk. In: Positif, Nr. 137, 1972 und Nr. 142, 1972.

Thomas Brandlmeier: Mutter braucht kein Wasser, sie braucht Geld. Eine Analyse des Werks von Douglas Sirk. In: Film-Korrespondenz, Nr. 2, 1974ff.

Thomas Brandlmeier: Das Glück der Bürger. Zum Werk des Filmregisseurs Douglas Sirk. In: Medium, Nr. 3, 1987.

Thomas Brandlmeier: Interview mit Jörg Schmidt-Reitwein. In: epd-FILM, Nr. 7, 1990.

Bosley Crowther: IMITATION OF LIFE. In: New York Times, 18.04.1959.

Daniel Dohter (= Ulrich Kurowski): Was ist ein deutscher Film? Mutmaßungen über eine wenig bekannte Sache. In: FILM-Korrespondenz, Nr. 11, 1973.

Thomas Elsaesser: Tales of Sound and Fury. In: Monogram, Nr. 4, 1972.

Rainer Werner Fassbinder: IMITATION OF LIFE. In: Film (Velber), Nr. 2, 1971.

Tag Gallagher: White Melodrama. In: Film Comment, Nr. 34, 1998.

Jean-Luc Godard: Des Larmes et de la vitesse. In: Cahiers du Cinéma, Nr. 94, April 1959.

Fritz Göttler: Das Vorstellungsprojekt Sirk. In: FilmGeschichte, Nr. 9/10, 1997.

Frieda Grafe: Melodramen in Toulouse. In: Filmkritik, Nr. 10, 1971.

Frieda Grafe, Fritz Göttler: Imitation is Life. In: 24 Kinozeitschrift, Nr. 12, 1997.

Frieda Grafe: Das Allerunwahrscheinlichste. In: Süddeutsche Zeitung, Nr. 98, 1980.

Johannes Jacobi: Theater der alten Herren. In: Die Zeit, 21.03.1969.

Joachim Kaiser: Der Tod und Ionesco. In: Süddeutsche Zeitung, 02.03.1964.

Gertrud Koch: Von Detlef Sierck zu Douglas Sirk. In: Frauen und Film, Nr. 44/45, 1988.

Ulrich Kurowski: 39 Abschnitte über das Melodram. In: Filme, Nr. 11, 1981.

Ulrich Kurowski: Douglas Sirk. In: epd FILM, Nr. 3, 1987.

Jérôme Larcher: La rareté du mois. In: Cahiers du Cinéma, Nr. 570, 2002.

Jacques Lourcelles: Douglas Sirk. In: Matulu, Oktober/November 1972.

Joël Magny: Miroir de la vie. In: Cahiers du Cinéma, Nr. 392, 1987.

Russell Merritt: Melodrama. In: Wide Angle, Nr. 3, 1983.

Laura Mulvey: Notes on Sirk and Melodrama. In: Movie, Nr. 25, 1977.

Steve Neale: Douglas Sirk. In: Framework, Nr. 5, 1976/77.

Christopher Orr: Closure and Containment. In: Wide Angle, Nr. 2, 1982.

Julian Petley: Sirk in Germany. In: Sight and Sound, Nr. 1, 1987/88.

D.N. Rodowick: Madness, Authority and Ideology in the Domestic Melodrama of the 1950s. In: Velvet Light Trap, Nr. 19, 1982.

Andrew Sarris: Douglas Sirk. In: Film Culture, Spring 1963.

Hans Schumacher: DAS MÄDCHEN VOM MOORHOF. In: Film-Kurier, Nr. 255, 1935.

François Truffaut: Écrit sur du vent. In: Arts, Nr. 607, 1957.

Michael Walker: All I Desire. In: Movie, Nr. 34-35, 1990.

Wim Wenders: Douglas Sirk. In den Wind geschrieben. In: Der Standard, 16.03.2007.

Paul Willemen: Towards an Analysis of the Sirkian System. In: Screen, Nr. 4, 1972/73.

Sondernummern von Zeitschriften und Interviews

Bright Lights, Winter 1977/78. (mit Interview)
Cahiers du Cinéma, Nr. 189, 1967. (mit Interview)
Cahiers du Cinéma, Nr. 293, 1978. (mit Interview)
Film Comment, Juli/August 1978. (mit Interview)
Film Criticism, Nr. 2-3, 1999.
Filmkritik, Nr. 203, 1973. (mit Interview)
Interview, Nr. 3, 1979. (Interview)
Thomas Brandlmeier, Ulrich Kurowski: Gespräche mit Douglas Sirk. München, 1975–1978 (unveröffentlicht).
Positif, Nr. 259, 1982. (mit Interview)
S.A.U., Nr. 6/7, 1979. (Interview)
Screen, Nr. 2, 1971.
Süddeutsche Zeitung, Nr. 266, 1973. (Interview)
Süddeutsche Zeitung, Nr. 56, 1979. (Interview)
Theater Heute, Nr. 6, 1983. (Interview)
Wide Angle, Nr. 4, 1979. (Interview).
Wim Verstappen: Douglas Sirk. In: Skoop, Nr. 10, 1978/79. (mit Interview)

Personenverzeichnis